SHEHUI ZUZHI GUANLI SHIWU
社会组织管理实务

张玉玲　刘惠苑　编著

西北工业大学出版社

【内容简介】 全书分为三部分(共九章),分别从社会组织认知、社会组织基础管理以及社会组织运营与发展对社会组织管理实务展开论述,并进行详细地分析。本书以实际工作需求为导向,将理论知识与实务紧密结合起来,构建了完善的社会组织管理实务基础。

本书适合高等院校社会工作、公共事务管理专业学生和社会组织从业人员阅读学习。

图书在版编目(CIP)数据

社会组织管理实务/张玉玲,刘惠苑编著. —西安:西北工业大学出版社,2017.7(2019.5 重印)
ISBN 978-7-5612-5516-2

Ⅰ.①社… Ⅱ.①张… ②刘… Ⅲ.①社会组织管理—研究 Ⅳ.①C916.1

中国版本图书馆 CIP 数据核字(2017)第 196283 号

策划编辑:华一瑾
责任编辑:华一瑾

出版发行:西北工业大学出版社
通信地址:西安市友谊西路 127 号　邮编:710072
电　　话:(029)88493844　88491757
网　　址:www.nwpup.com
印 刷 者:兴平市博闻印务有限公司
开　　本:787 mm×1 092 mm　1/16
印　　张:14
字　　数:337 千字
版　　次:2017 年 7 月第 1 版　2019 年 5 月第 2 次印刷
定　　价:42.00 元

序

  春天,是行到水穷处,坐看云起时的日子;
  春天,是辛勤耕耘,播种希望的时候;
  春天,是面向大海,春暖花开的季节。
  2007年春天,广州科技贸易职业学院开始筹划创办社会组织管理专业(方向)。此书的作者及协作团队承担了这个光荣且具有历史使命的任务,因为这是全国第一个开办社会组织管理专业(方向)的高校。迄今已有十年时间。
  弹指间十年过去了,我们见证了我国社会组织的蓬勃发展,感受到了社会组织的盎然生机。
  它的标志性体现之一:从2012年7月1日起,广东省在全国率先放开社会组织直接登记。
  它的标志性体现之二:2013年3月,第十二届全国人大第一次会议审议通过了《国务院机构改革和职能转变方案》,明确提出加快形成政社分开、权责明确、依法自治的现代社会组织体制。成立行业协会商会类、科技类、公益慈善类、城乡社区服务类社会组织,直接向民政部门依法申请登记。
  它的标志性体现之三:2015年7月,中共中央办公厅、国务院办公厅印发《行业协会商会与行政机关脱钩总体方案》,吹响了行业协会商会与行政机关脱钩的号角。
  它的标志性体现之四:2016年8月,中共中央办公厅、国务院办公厅印发《关于改革社会组织管理制度、促进社会组织健康有序发展的意见》,明确提出稳妥推进社会组织直接登记,对行业协会商会、科技类、公益慈善类、城乡社区服务类社会组织直接登记的范围和登记机关做了具体的规定。
  它的标志性体现之五:从2016年9月1日起,《中华人民共和国慈善法》正式实施。作为慈善领域的基础性、综合性法律,慈善法创新了慈善事业体制机制,第一次提出了慈善组织概念。
  十年来,此书作者在教学和参与社会组织等级评估、社会组织公益创投评审以及指导社会组织实务过程中,不仅注重积累资料,采众家之长,还听取各方面的看法,潜心著述,完成了此书的编著,实在是可喜可贺!
  全书从操作需要的角度出发,注重社会组织知识的系统性和具体运作的实用性。很多的数据来源于管理机构、研究机构、实践机构、学者公开发表的资料和广东省特别是广州市、深圳市两地社会组织发展的实际;很多观点是对当前国内学术界关于社会组织管理的研究成果的综述,并参考了国外以及我国港、澳、台地区关于社会组织管理的先进经验和做法。当然,此书主要凝聚了作者十余年在社会组织管理课程的教学体会和思考,以及协作团队更多的理论和工作实践探索。
  与当前社会组织方面书籍的偏重理论,面向研究人员不同,此书主要面向社会组织从业人员。当然,对社会组织登记管理机关的工作人员也是大有裨益的。全书分三个部分,以社会组织认识开头,实际上是个引子,重头戏在后两个部分。书籍引入战略规划以及营销、人力资源和绩效管理等内容,注重技巧、方法和细节,是一本讲社会组织具体运作的操作书,也是给社会组织从业人员启迪和指导的工具书。希望此书后续不断更新和修订内容,能够更准确、更充分地体现社会组织管理的发展变化。

  本人曾经从事过社会组织登记管理工作,深感社会组织规范运作之重要,也为社会组织内部治理不善、管理水平不高以及从业人员能力不强而焦虑。看过这本书稿,甚为欣喜!此书的出版发行,既可作为学校的教科书,也可作为社会组织管理知识普及图书,将有利于提高社会组织管理水平,有助于提升社会组织从业人员业务能力。此书的作者请我作序,我欣然应承。应该说是被作者致力于社会组织管理研究的孜孜不倦的精神所感动,也是助力未来地区社会组织发展的责任使然。

  拉拉杂杂写了一些本人的所感所悟,是为序。

唐国平[*]

2017 年 3 月

---

[*] 唐国平,《大社会》杂志社社长、主编,广州社会组织学院行政院长。

目 录

第一部分 社会组织认知

第一章 社会组织概述 ………………………………………………………… 3
第一节 社会组织的内涵 ……………………………………………………… 3
第二节 社会组织的类型 ……………………………………………………… 7

第二章 国内外社会组织的产生和发展 ……………………………………… 18
第一节 国外社会组织的发展历史 …………………………………………… 18
第二节 国内社会组织的发展历程和特点 …………………………………… 26
第三节 国际非政府组织有重大影响力并发挥重要作用 …………………… 29

第二部分 社会组织基础管理

第三章 社会组织登记管理 …………………………………………………… 35
第一节 双重管理和分级管理是我国社会组织登记管理的重要原则 ……… 35
第二节 社会组织登记管理是社会组织管理的首要环节 …………………… 36
第三节 社会组织民政登记的优势和劣势 …………………………………… 37
第四节 社会组织登记的类型 ………………………………………………… 39
第五节 社会组织登记办理的步骤 …………………………………………… 44

第四章 社会组织法人治理 …………………………………………………… 53
第一节 理事会与理事 ………………………………………………………… 54
第二节 组织章程 ……………………………………………………………… 66
第三节 监事会(或监事) ……………………………………………………… 67
第四节 管理团队 ……………………………………………………………… 67
第五节 理事会会议或会员(代表)大会 ……………………………………… 68

第五章 社会组织财务管理 …………………………………………………… 86
第一节 社会组织财务管理的概念 …………………………………………… 86

第二节　社会组织财务管理的现状及应对策略 ………………………………… 89
第三节　社会组织财务管理的特征 ……………………………………………… 89
第四节　社会组织筹资问题 ……………………………………………………… 91
第五节　社会组织预算管理 ……………………………………………………… 96
第六节　社会组织收入与专业管理 ……………………………………………… 97
第七节　社会组织税收管理 ……………………………………………………… 98
第八节　社会组织财务报告与分析 ……………………………………………… 100
第九节　社会组织财务诚信、责任与监督问题 ………………………………… 102

第三部分　社会组织运营与发展

第六章　社会组织战略规划 ……………………………………………………… 109
第一节　战略规划是组织在较长一段时间内的重要航向 ……………………… 109
第二节　充分重视战略规划前的各项准备工作 ………………………………… 111
第三节　按照五个步骤去厘定战略规划 ………………………………………… 112

第七章　社会组织营销 …………………………………………………………… 118
第一节　产品、价格、推广、渠道是社会组织营销的核心 …………………… 119
第二节　社会组织营销具有与企业营销显著不同的特征 ……………………… 120
第三节　社会组织营销在性价比和组织形象塑造等方面的优势作用 ………… 122
第四节　策略性营销是社会组织管理的重要内容之一 ………………………… 123
第五节　社会组织营销的中心导向与发展趋势 ………………………………… 128

第八章　社会组织人力资源管理 ………………………………………………… 134
第一节　何谓社会组织人力资源及社会组织人力资源管理 …………………… 134
第二节　配置、绩效、培训等要素是社会组织人力资源管理的重要内容 …… 137
第三节　志愿者管理是社会组织人力资源管理的特殊内容 …………………… 144

第九章　社会组织绩效管理 ……………………………………………………… 151
第一节　平衡记分卡法 …………………………………………………………… 151
第二节　关键绩效指标法（KPI） ………………………………………………… 152
第三节　全视角考核法（360度评估） …………………………………………… 156

附录 ………………………………………………………………………………… 163
附录一　某社会组织理事的岗位描述样本 ……………………………………… 163
附录二　某会员式组织理事会细则样本 ………………………………………… 163

附录三　理事会构成工作表——专业知识、技能及个人信息 ……………… 165
附录四　理事构成工作表——理事会构成分析 ……………………………… 167
附录五　利益冲突声明样本 …………………………………………………… 168
附录六　新理事就任手册内容 ………………………………………………… 168
附录七　理事表现自查表 ……………………………………………………… 169
附录八　练习：应该是谁的责任？ …………………………………………… 169
附录九　广州市社会团体法人治理指引 ……………………………………… 170
附录十　广州市民办非企业单位法人治理指引 ……………………………… 183
附录十一　广州市非公募基金会法人治理指引 ……………………………… 187
附录十二　与社会组织财务管理相关的法律法规、文件 …………………… 196
附录十三　社会组织筹资和财务管理的职业道德规范 ……………………… 197
附录十四　筹资工作的十个要点 ……………………………………………… 198
附录十五　某妇女法律服务中心三年战略规划 ……………………………… 202
附录十六　中国医师协会第三届理事会五年发展规划 ……………………… 205
附录十七　某社会工作机构绩效考核表（一） ……………………………… 210
附录十八　某社会工作机构绩效考核表（二） ……………………………… 211

参考文献 …………………………………………………………………………… 213

跋 …………………………………………………………………………………… 215

第一部分
社会组织认知

第一部分

社会理论认知

第一章 社会组织概述

第一节 社会组织的内涵

社会组织是一种组织形态。

传统的公共行政与公共管理中,一直存在着"政府管制"和"市场机制"这两种互相对立的思维定式,即强调政府和市场非此即彼的作用,比较忽视社会组织参与的重要性。社会组织在公共服务和公共管理中扮演着十分重要的角色,为公共服务和公共管理提供了新的途径。

一、社会组织的概念

社会组织是一个非常宽泛模糊的概念。在一般意义上,所有由人组成的组织,包括政府和企业,都可称之为社会组织。我们所使用的"社会组织",并不是对所有人类社会组织的代称。这里的社会组织是一个特定的概念,特指与国家体系中的政府组织和市场体系中的企业组织相区别的组织。

在本书中,我们将它理解为下述含义:在民政部门登记且不以营利为目的,从事各类社会服务,开展各种公益或互益活动的公共组织。

社会组织这一特定概念正式规范使用,始于2006年10月党的十六届六中全会。除了社会组织这一概念外,实践中还使用许多不同的概念,如"民间组织""非政府组织""非营利组织""第三部门""公益组织"等。在现实生活中,社会组织主要包括各种被冠以"学会""研究会""协会""商会""促进会"和"联合会"等名称的会员制组织,以及包括基金会和各种民办社会服务机构、民办学校、民办医院、民办社会福利设施等社会服务在内的非会员制组织。

二、社会组织的属性

社会组织有非营利性、非政府和自治性等属性。

1. 非营利性

非营利性是社会组织的根本属性之一。非营利性即不以营利为目的,或者组织的存在目的不是积累财富或者创造利润,而是实现社会的公共利益。如何判断组织的"不以营利为目的",是理解非营利性的关键,非营利性的具体衡量指标有以下三方面。

(1) 不以营利为目的。企业的宗旨尽管表述各不相同,但都不能离开营利这一本质,所以营利是企业的根本宗旨。作为社会组织来讲,其宗旨也可以有各种不同的表述,但不以营利为目的是一切非营利组织的根本宗旨。换句话说,社会组织的宗旨不是为了获取利润,其基本的产权属性是公共财产。就政府而言,它的财产基础是由形成税收的国有资产决定的,所以政府要服务于全体纳税人。企业是创造利润和积累财富的部门,资产来源于投资形式,在机制上属于投资者所有，依据投资者的不同表现为国有、集体、股份和个人等多种产权形式。社会组织的资产主要来源于各种形式的社会捐赠，捐赠者在捐赠行为发生时就意味着宣布放弃对捐赠财产的所有权，而由受赠者（社会组织）在宗旨宣称的范围内用于公益事业。这部分资产同税收用于公共事业在本质上是一致的，不同之处在于一个是强制性纳税，一个是志愿性捐赠；一个通过政府而另一个通过社会组织，因此我们将基于捐赠的社会组织的财产基础解释为不同于国有财产的"公益产权"。如同政府不能将公共财政的资金分红给官员个人一样，社会组织作为受托人来经营管理社会的公益资产，也不享有对这部分资产的剩余索取权。

（2）社会组织要有明确的公益性或互益性的宗旨。基于社会组织的公益产权性质，它必须要有明确的利他的、社会性的组织宗旨，表明它承担社会或一定范围内的公共事务的责任。组织宗旨表明社会组织存在和发展的根本取向，是组织的价值认同，也反映了组织活动的范围及其行为方式。社会组织的宗旨应当体现公益性或互益性的要求。一个社会组织是否具有公益性或互益性的组织宗旨，通常可从两方面来判断：一方面要看它的主要活动领域是否属于社会公共事业的范畴，比如教育、医疗、文化、环保、扶贫以及社区服务等社会服务领域；另一方面要看它开展活动或提供服务的主要方式是否采取市场机制，比如价格、竞争和利润等形式。从一般意义上说，社会组织不宜主要采取市场机制活动于风险高、竞争激烈且利润率很高的市场领域。

（3）社会组织的资产和产生的利润不得以任何形式转变为私人财产。这里有三层含义：首先，基于社会组织的公益产权性质，其资产不属于任何个人，侵占社会组织的任何形式的资产都是公然侵占公益资产，应受到法律制裁；其次，基于公益产权的社会组织资产在运作过程中产生的任何形式的利润都不得分红，因为社会组织作为公益资产的托管机构不具有剩余索取权，组织的利润无权用于成员或相关人员的分配（分红）；最后，当一个社会组织解散或破产的时候，其剩余资产不能像企业一样在成员之间分配，而只能转交给其他公共部门（政府或宗旨相近的其他社会组织）继续用于公益或互益目的。这也是由社会组织的公益产权性质决定的。

理解社会组织的资产属性与其非营利性的关系，需要避免一些误区。一个经常出现的误解是：社会组织既然是社会的就不能开展经营性活动。在市场经济条件下，社会组织和企业一样是一定的经营主体，只不过它的经营对象不是私有财产而是一定形式的公共资产，最主要的是公益资产。在公益资产方面，社会组织接受社会的委托来管理、运作和分配一定形式的公益资产，既有责任按照捐赠人的意愿使之最终用于受益人，又有责任最大限度地提高公益资产的管理、运作和分配的效率。

社会组织不仅要确保公共资产不致流失，还要努力使公共资产保值增值，确保公共服务事业得到可持续发展。社会组织将资产保值增值的方式很多，主要包括资产存入银行所获得利息、购买国债、股票以及通过服务获得收入等，只要在法律及章程许可的范围内都是可行的。换而言之，社会组织并不是不能经营或者不求利润，更不能不讲经营效率以及任意消耗资产。"非营利性"是一个用以界定组织性质的词汇，它强调这种组织的经营和运作不是以牟取利润为目的，但并不包含限制组织开展经营活动的意思。每一个社会组织都有责任妥善管理和合理经营公益资产，努力提高公益资产的使用效率，从而最大限度地履行宗旨承诺的公共责任。

这里还有必要区分几个容易混淆的概念。常常有人将"非营利"和"非赢利""非盈利"混为一谈，严格地说这是不恰当的。中文的"赢"含有"赚"意，相对于"赔"而言，所以"赢利"指的是赚得利润(make profit)或赚得了利润((profit),强调结果;中文的"盈"意指充满、多余,"盈利"强调的是得到的利润(profit)或者较多的利润(many profit),强调果实;而中文的"营"突出的是谋求某种目的,"营利"是指以利润为目的(seek profits for profits),强调的是过程及其目的。因此,我们认为:"非营利性"不能写作"非赢利性"或者"非盈利性"。

另外一个常常发生的误解是:既然不以营利为目的,社会组织的员工就只能实行低薪。这种误解是和对社会组织社会地位的误解联系在一起的。社会组织的利润不能用于个人分红,并不意味着社会组织工作人员获得的报酬一定很低,这是一种极大的误解。事实上,许多世界上著名的社会组织在薪酬上并不亚于跨国公司。比如国际红十字会的会长、联合劝募协会的总裁、哈佛大学的校长,以及一些公益基金会的首席执行官等,这些世界一流的社会组织的领导人享有和世界一流的跨国公司总裁同等的薪酬。在国内,部分发展态势较好的公益性社会组织和行业性社会组织,如恩派公益组织发展中心,全国众多的5A级行业协会、商会,其机构从业人员的薪酬水平不输于商业机构。在一个开放的、竞争的现代社会里,没有一流的薪酬就难以吸引和留住一流的人才,而社会组织要想得到充分的发展,真正成为与政府、企业相对应的第三部门,成为有效积累和经营公益资产的社会组织,就必须拥有并不断积累优秀的专业人才。其实,在英、美等发达国家,社会组织之所以有着较高的社会地位和较大的社会影响,是和它们拥有一大批高素质的专业员工队伍分不开的,而英、美社会组织固定员工的薪酬一般并不低于同等规模的企业员工薪酬水平。

2. 非政府性

非政府性是社会组织的根本属性之一。它强调社会组织在社会功能上有着与政府类似的公共管理职能的同时,是与政府组织体系完全不同的社会组织。具体来看,社会组织的非政府性包括以下两层含义。

(1)社会组织的产生是以社会旨趣而不是以国家职能为基础。政府是国家意志的体现,它按照国家制度需要定义职能,不同国家制度下政府的职能不同,其中维护国家安全、提供公共服务是最基本的职能,这些职能通过各级各类国家机关、政府机构以及国有事业单位得以贯彻和实现。社会组织的存在基础不同于政府,它不是履行国家公共职能的工具,而是生活在社会中的一定的人群依据他们共同的兴趣、意志、利益、志向以及愿望等自发组建的社会组织,它赖以产生、存在和发展的基础不是国家职能,而是一定的社会旨趣。

(2)社会组织在提供公共服务和承担公共责任上区别于政府。社会组织按照组织宗旨提供公共服务并承担相应的公共责任,而政府提供公共服务和承担公共责任的边界则是国家的制度框架与利益范围。这里有两层含义:一方面社会组织的公共服务和公共责任有可能超越国界,比如从人类共同利益的角度提供全球范围内的公共物品;另一方面社会组织的公共服务和公共责任不必考虑纳税人的要求,而更多地是依据组织自身的宗旨承诺,它所提供的公共物品可以是面向某一特殊群体的,而不是广泛的人群。

3. 自治性

除了非政府性、非营利性之外,自治性也是社会组织的重要特性之一。自治性指的是:社会组织作为独立的自治组织,在人事、财务、决策等方面不依附于任何其他的社会组织,具有独立的决策及其行使能力,能够进行有效的自我管理,是公民实现自组织的社会机制。与市场经济中的企业一样,社会组织也是独立自主的社会主体,它们与政府之间既有功能互补、相互协调的一面,又有彼此竞争、权力制衡以及相互监督的一面。社会组织的自治性体现了其独立于政府、独立于企业的社会性格,构成公民社会的自治基础。

社会组织的自治性涉及到一个具体的经济问题,即社会组织的经济独立性问题。如果一个社会组织的主要收入经常性地依赖于政府或者某一个机构或个人,那么它独立自主的自治性就可能受到威胁。在英国等一些欧洲国家,政府是社会组织资金来源的一个重要渠道,为了确保社会组织不因接受政府资助影响其自治性,英国制定了社会组织和政府关系准则,规定政府不得干预社会组织的决策。有些社会组织则公开声明不接受政府资助。

4. 志愿性

志愿精神是社会组织非常重要的精神资源,基于志愿精神形成的志愿活动及其经常化是社会组织的重要特征之一。

社会组织的志愿性有以下三层含义。

(1)组织的志愿性。社会组织的成立基于志愿,成员的参加基于志愿,资源尤其资金的集中,也是基于志愿性的社会捐赠。由此形成的社会组织对于其成员来说,不应是强迫、强制或行政指令性的组织,而应当是自由人的自由联合体。

(2)服务的志愿性。社会组织和政府一样,都是提供公共服务的公共组织,但是社会组织不同于政府的地方在于它提供公共服务是基于志愿精神而不是行政权力。基于志愿精神的公共服务能够更加确切地反映捐赠者的意愿和受益人的需要。尤其在发生重大灾害的时候,社会组织能够更加及时、准确和专业地动员公益资源开展救助活动。在日本1995年发生阪神大地震之后,在台湾1999年发生"9·21"大地震之后,在美国2001年发生"9·11"恐怖袭击事件之后,在我国2008年"5·12"汶川地震之后,2010年4月青海玉树地震之后,都有一批批社会救援组织迅速、及时地开展救援活动,谱写了一曲曲志愿救助的动人凯歌。

(3)活动的志愿性。社会组织不是自上而下的行政机关,没有等级森严的科层结构,而是开放式、网络式的公民志愿组织,这些组织的优势不在其结构,而在于它们具有广泛动员公众参与的能量。许多社会组织看上去规模很小,却能够动员成千上万的志愿者开展声势浩大的公益活动。在美国、英国和日本等发达国家,几乎每一个普通公民都定期或不定期地参加社会组织开展的一定形式的志愿活动,使得志愿活动成为公民普遍崇尚的文化。北京地球村环境文化中心、绿家园志愿者网络和自然之友等社会组织,其组织规模都不过10余人,但是它们开展的环保志愿活动却往往能够动员成百上千的普通百姓积极参与,形成影响巨大的环境保护公众参与潮流。

5. 组织性

组织性指的是一定的组织形式,它是社会组织的另一个重要特征。

组织性常常被看作是社会组织不言而喻的前提,任何组织都要有一定的存在形式。这里的问题是:组织性所强调的究竟是什么?组织性表现为"合法性",即只有进行合法登记才能被认可。

一般而言,组织性指的是:社会组织应具有一定的正式组织形式,包括有较为固定的办公场所、较为固定的人员、经常性的活动、一定的组织章程及制度规范等等。需要强调的是,这些条件并不是一成不变的,而是相对的、可变的,比如随着互联网技术的发展出现大量的网上社团,如何界定其组织性就不能拘泥于上述标准。从本质上来说,我们把"一定的正式组织形式"解释为:具有一定的组织边界、持续性和组织认同。

6. 公益性/互益性

一般来说，社会组织从其提供公共服务的性质上可以分为公益性和互益性两种类型：公益性公共服务强调的是其受益群体为不特定多数人群；互益性公共服务则强调受益群体的特定性。但是无论是公益性还是互益性都具有利他的性质，可以把互益性理解为一定范围内的公益性或者较低程度的公益性，在这种意义上可以说，社会组织在总体上具有公益性的特征。在许多国家，政府对于社会组织采取减免税的优惠措施，但是公益性程度不同的社会组织往往享受不同的税收待遇，例如英国使用"慈善组织"和"社会企业"两组不同的概念来区分公益性的社会组织和行业协会等互益性社会组织，并在税收制度上设定两种不同的减免税标准。

三、中国社会组织的特色

中国社会组织与国外非政府组织(Non-Govermmetal Organizations，NGO)相较有明显的自身特色

"NGO"一词带有强烈的西方文化和制度结构的色彩，它的两个核心特征，即非政府性和非营利性，正是对国家—市场—公民社会三元分立结构的反映。中国有着不同于西方的社会结构和制度文化，完全按照西方标准来界定和理解，一方面很难找到严格符合这一定义的组织，另一方面，在中国社会经济转型的时期，又确实存在并不断新生了一些与政府、企业所不同的"第三领域"的组织，上述定义也无法全面反映中国社会组织的发展状况。

中国的社会组织具有不同程度的自治性与志愿公益性，不是宗教或政党组织。中国的社会组织与国外 NGO 相比较，有其自身鲜明的特色。

(1)社会组织的法律地位与实际属性不完全对等。从法律地位上言，中国的社会组织指的是在各级民政部门登记注册、得到行政认可的社会组织。但是有些注册的社会组织具有很强的政府色彩，它们在人员编制、资金来源、组织结构及功能等方面类似于政府的事业单位；一些营利性的民办学校、民办医院和培训中心等也登记为民办非企业单位，在名义上成为社会组织。另外也有很多在工商注册登记或未登记的"草根民间组织"，却在行使着社会组织公益性的公共管理职责。

(2)社会组织的发展受到事业单位转型的影响。在计划经济时代，国家负有政治治理、经济生产和社会公益事业等各方面的责任，社会组织以"单位"为基本单元，机关单位、企业单位和事业单位都是国家职能的实现机制。随着市场经济的发育，这些"单位"逐渐分化成为市场体系中不同运作机制的部门。事业单位也是典型的计划经济体制下的产物，带有强烈的"国家"统率"社会"的色彩。随着市场经济的发展，事业单位也开始改革或转型。在原有的事业单位中，一部分相对独立出来，成为具有一定自治性的实体，更多的还处在转型的过程中。从发展的角度看，事业单位必将分化，除少量重要的由国家财政支持成为国立的事业组织，大量的事业单位或者转化为市场经济中独立运作的经济实体，即企业，或者成为自治性的社会组织。

第二节 社会组织的类型

社会组织分为社会团体、民办非企业单位和基金会三种类型

从我国现行法律和行政管理的实际情况看，我国的社会组织大致包括以下三类：社会团

体、民办非企业单位和基金会。

2016年5月,民政部对《社会服务机构登记管理条例》《民办非企业单位登记管理暂行条例(修订草案征求意见稿)》公开征求意见。意见稿明确,将民办非企业单位更名为社会服务机构,规定提供扶贫济困等公益慈善类社会服务机构可直接申请登记。相较于民办非企业单位,社会服务机构这一命名更能准确反映此类组织的社会组织性质和社会服务功能。为保持一致,该意见稿将民办非企业单位修改为社会服务机构。但截止至2017年3月本书校稿时,意见稿还未最终确定,目前民办非企业单位登记仍沿用1998年国务院发布的《民办非企业单位登记管理暂行条例》。

一、社会团体

1. 社会团体的含义

社会团体,是由自然人、法人或其他组织自愿组成的,为实现会员共同意愿,按照章程开展活动的非营利性社会组织。它主要包括行业协会、联合会、商会、促进会、联谊会和研究会等。社会团体简称"社团",是会员制社会组织。

2. 社会团体的属性和类别

《社会团体登记管理条例》把一切合法的社团都置于政府的直接管理之下,因此,在现阶段的中国大陆符合西方标准的合法的"非政府组织"是不存在的。因此,对于中国的社团研究来说,西方式的"非政府组织"概念并不是一个十分有效的分析工具。用"双重性"这一术语来从总体上界定中国社团的基本属性是恰如其分的。"双重性"是一个内涵丰富的概念,它意味着:社团的构成具有"半官半民"的"二元结构";社团的行为受到"行政机制"和"自治机制"的"双重支配";社团往往要同时依赖"体制内"和"体制外"的两种资源。相应地,社团也常常通过"官方"和"民间"的"双重渠道"去获取资源;社团还必须同时满足"社会"和"政府"的"双重需求",因而社团的活动领域也只能是"社会"和"政府"共同认可的交叉地带。

社团存在的根本目的,是为自主而灵活的研究、交流、探索和尝试提供有力的支持和良好的环境,是为了关注共同的或长期的社会问题,是为公民提供参与公共决策和社会发展的渠道,是为了代表、综合、表达以及捍卫特殊集团的利益,是为了在政府和社会公众之间架设桥梁。

从功能上来看,中国的社团主要有学术性社团、行业性社团、专业性社团和联合性社团等。

(1)学术性社团。学术性社团是专家、学者和科研工作者自愿组成,为促进自然科学、人文社会科学、交叉科学教学研究的深入,普及科学知识、培养人才,促进科学和社会经济的可持续发展,维护自身合法权益而开展活动的非营利性社会组织。其宗旨和任务是组织和联系从事同一领域研究工作的专家、学者和热心该学科的其他人员,按照一定的原则和方法开展学术活动,促进学术发展,繁荣科学文化事业,推动科学技术向生产力的转化。学术性社团能够推动科学研究,促进社会进步,并且能影响社会生活的各个方面乃至党和政府的决策。学术性社会团体的名称参照《中华人民共和国学科分类国家标准》二级学科设置。对符合学科标准的,一般以学会命名;对未达到学科标准的,则以研究会命名。

(2)行业性社团。行业性社团是指相同或相近领域的法人组织组成,通过沟通本行业企业与政府的关系,协调同行业的利益,规范市场行为,提供行业服务,反映会员需求,保护和增进全体成员合法权益的非营利性社会组织。其中行业性协会是同行业之间,为了避免不正当竞争,维护共同利益,进行自我协调、自我约束、自我管理,以自愿形式组成的社会团体;行业性商会是以流通服务为主的社会团体,通过提供信息来源、沟通贸易渠道,为本行业内企业的产品在国内外流通提供服务;同业公会则是行业内各协会的联合体。行业性协会的宗旨是协调行业内部的关系,规范行业行为,为行业提供各种服务,维护行业合法权益,沟通企业与政府间的联系,开展调查研究和经验交流,提出行业发展规划,促进行业的繁荣和发展。行业性社团作为政府和企业间的中介机构,其主要职能是统筹、规划、协调和服务。行业性社会团体的名称参照《国民经济行业分类》中类标准设置,一般以行业协会和同业公会命名。

(3)专业性社团。专业性社团是指相同领域或相近领域的法人组织和专业人士围绕专业技术和专业资金开展专业活动,提高专业能力,维护自身合法利益而组成的为经济社会服务的非营利性社会组织。其宗旨是代表本专业协助政府处理专项事务,协调专业内部关系,收集有关各方面的意见和建议,研究和解决本专业发展中的问题,加强交流协作,提供多种服务,举办社会公益活动,推动事业的发展。专业性社团包括专业人员社团和专项事业社团。专业人员社团有消费者协会、志愿者协会、书法家协会等,其职能主要是维护社团成员自身的权益,加强成员间的了解和内外交流,协助解决人民生活中遇到的许多问题,承担社会需要的部分社会工作。专项事业社团主要有专项技术协会等,如羽毛球协会、美妆协会等,主要职能是在自愿的基础上,调动众多社会成员,募集各界财物资源,或发挥社团智力优势,具体落实公益事业,推动社会文明进步。专业性社会团体的名称参照《国民经济行业分类》小类标准设置,一般以协会命名。

(4)联合性社团。联合性社团是由相同或不同领域的法人组织或个人为了共同的兴趣、爱好和利益进行横向交流而自愿组成的非营利性社会组织,如北京大学校友会、中国国际友好城市联合会等。其宗旨是团结成员,密切关系,加强成员间的相互帮助和支持,引导成员遵守法律,维护国家的统一和民族的团结,发挥政府的参谋助手作用,成为政府与成员间的纽带和桥梁。联合性社团分为联谊类社团和联合类社团两种,一般以联谊会、联合会命名。联谊类社团根据相同人群的需求设置,一般以联谊会命名;联合类社团根据相同或不同领域法人组织的需求设置,参照《国民经济行业分类》门类标准设置,一般以联合会和促进会命名。

【案例】
☆**学术性社会团体——中华医学会**
　　中华医学会是中国医学科学技术工作者自愿组成并依法登记成立的学术性、公益性、非营利性法人社团,是党和国家联系医学科技工作者的桥梁和纽带,是发展中国医学科学技术事业的重要社会力量。
　　中华医学会(Chinese Medical Association,CMA)成立于1915年。现有83个专科分会,50万名会员,下设部门16个,法人实体机构3个,另与解放军军事医学科学院合办医学图书馆1个。中华医学会以团结、组织广大医学科学技术工作者,遵守国家宪法、法律和法规,贯彻国家科学技术工作和卫生工作方针为宗旨。崇尚医学道德,弘扬社会正气。坚持民主办会原则,充分发扬学术民主,提高医学科技工作者专业技术水平,促进医学科学技术的繁荣和发展,促进医学科技的普及与推广,促进医学科学技术队伍的成长,促进医学科技与经济建设相结合,为会员和医学科技工作者服务,为人民健康服务,为社会主义现代化建设服务。
　　中华医学会的主要业务包括:开展医学学术交流;编辑出版123种医学、科普等各类期刊及 100 余种音像出版物;开展继续医学教育;开展国际间学术交流;开展医学科技项目的评价、评审和医学科学技术决策论证;评选和奖励优秀医学科技成果(包括学术论文和科普作品等);开展专科医师的培训和考核;发现、推荐和培养优秀医学科技人才;宣传、奖励医德高尚、业务精良的医务人员;承担政府委托职能及承办委托任务;设立临床研究专项资金,提高临床科研水平;组织医疗事故技术鉴定和预防接种异常反应技术鉴定工作;推动医学科研成果的转化和应用;向党和政府反映医学科技工作者的意见和要求。

☆行业性社会团体——广州市汽车服务业协会

广州市汽车服务业协会(原广州汽车销售行业协会)于 2000 年 8 月 29 日经广州市民间组织管理局批准,正式成立,是具有法人资格的非营利性社会团体,是广州市依法成立较早的全市性、综合性、非盈利的社会团体,是由广州地区经销商集团、品牌 4S 店、二手车交易市场、汽车零配件及用品、汽车维修保养、汽车租赁、汽车会展、汽车培训、汽车美容、汽车改装、汽车物流、汽车信息化、汽车保管、汽车燃油供应、汽车检测认证、汽车回收拆解再制造、汽车金融保险、汽车文化(广告、报刊杂志、论坛、资讯、娱乐、俱乐部、赛车和旅游等)及相关产业联合发起并自愿组成的社会团体组织,是广州地区行业协会、各类企业及其企业经营者的联合组织。会员来自各行业协会(商会)、企业界和有关经济中介机构、科研单位、新闻媒体、信息产业单位以及热心于经济管理与发展研究的工作者。

协会现有会员 4S 店约 300 家,分布在广州地区十区两市。广州市汽车服务业协会作为广州市工商行政管理局授权"广州市 12315 汽车投诉维权工作站",肩负着维护广州市汽车流通领域的规范发展,为消费者提供投诉维权服务。为行业服务、为政府服务、为会员服务以及为消费者服务的同时,也受广州市政府有关部门委托。该协会的主要职能:

(1)协调职能。制定并执行行规行约和各类标准,协调同行业之间的经营行为。

(2)沟通职能。作为政府与企业之间的桥梁,向政府传达企业的共同要求,同时协助政府制定和实施行业发展规划、产业政策、行政法规和有关法律。

(3)代表职能。代表本行业全体企业的共同利益。

(4)监督职能。倡导行业自律,对行业相关产品和服务质量、竞争手段、经营作风进行严格监督,维护行业信誉,鼓励公平竞争,打击违法、违规行为。

(5)公正职能。受政府委托汽车领域相关项目。如受理 12315 汽车产品和服务投诉、市场准入资格认证等。

(6)服务职能:如信息服务、教育与培训服务、咨询服务、组织会议、举办展览和广告宣传等。

(7)统计职能。对本行业的基本情况进行统计、分析、并发布结果。为政府有关部门制定政策提供依据的同时,也为会员单位提供行业动态。

(8)研究职能。开展对本国行业在国内外发展情况的基础调查,研究本行业面临的问题,提出建议,出版刊物,供企业和政府参考。

凡在广州地区从事汽车产、销行业及相关行业的,具有独立法人资格,合法经营的单位,承认并遵守协会章程,通过自愿申请,经协会理事会审议通过,在 10 个工作日内,即可成为广州市汽车服务业协会(原名为广州汽车销售行业协会)的会员单位。

协会日常办事机构是秘书处。秘书处下设:政策法规研究室、财务室、法律事务部、信息网络部、培训部、会员综合服务部和申诉举报服务部。

☆ **专业性社团——广州青年志愿者协会**

广州青年志愿者协会成立于1995年6月5日,是由志愿从事社会服务和社会公益事业的市民和社会团体组成的全市性社会团体法人,是中国青年志愿者协会、广东省青年志愿者协会的团体会员,接受共青团广州市委的领导。协会现有直属总队17支,团体会员121个,全市共有注册志愿者123.5万人,专兼职工作人员14人,志愿者管理骨干超过1万人。中国工程院院士钟南山担任协会荣誉会长,网易CEO丁磊、富力集团董事长张力、美在花城冠军赵荣等社会知名人士担任协会形象大使。协会服务领域广泛,服务项目丰富,先后在敬老助残、应急救援、扶贫助弱、绿色环保、健康普及、援外服务、大型赛会等领域实施志愿服务项目超过2 200个。协会现已成为全市最具有影响力、号召力和公信力的志愿组织,成为培养市民责任意识、奉献精神和服务能力的公民学校,成为广州精神文明建设和志愿服务事业的旗帜标兵。

☆ **联合性社团——中华环保联合会**

中华环保联合会是经中华人民共和国国务院批准,民政部注册,中华人民共和国环境保护部主管,由热心环保事业的人士、企业、事业单位自愿结成的、非营利性的、全国性的社团组织。中华环保联合会的宗旨是围绕实施可持续发展战略,围绕实现国家环境与发展的目标,围绕维护公众和社会环境权益,充分体现中华环保联合会"大中华、大环境、大联合"的组织优势,发挥政府与社会之间的桥梁和纽带作用,促进中国环境事业发展,推动全人类环境事业的进步。

联合会主要职能有以下几项。

团结、凝聚各社团组织以及各方面的力量,共同参与和关爱环保工作,加强环境监督,维护公众和社会环境权益,协助和配合政府实现国家环境目标、任务,促进中国环境事业发展;

确立中国环保社团应有的国际地位,参加双边、多边与环境相关的国际民间交流与合作,维护我国良好的环境国际形象,推动全人类环境事业的进步与发展。

联合会工作主要集中在以下领域:

(1)为政府提供环境决策建议。围绕国家环境与发展的目标和任务,充分发挥政府与社会之间的桥梁和纽带作用,为各级政府及其环境保护行政主管部门提供决策建议。

(2)为公众和社会提供环境法律权益的维护。组织开展维护环境权益和环境法律援助的理论与实践活动,推动维护环境权益的立法,建立环境权益保障体系,设立维护环境权益中心,下设维护环境权益法律咨询委员会、维护环境权益项目管理部、维护环境权益专项基金和环境律师事务所,对环境权益受到侵害的公民、法人尤其是弱势群体进行救助——调查取证、法律援助、调解协商、帮助申诉、支持诉讼等等,维护公众和社会的环境权益。

(3)为社会提供公共环境信息和环境宣传教育活动。开展环境领域公众参与和社会监督,建立公众环境信息网站,提供相关的环境政策和技术咨询服务,搭建环境领域公众参与和社会监督平台,组织开展环境保护、维护环境权益的宣传教育活动,提高全民族和全社会的环境意识;

(4)促进中国环保NGO组织健康发展并确立其应有的国际地位。组织开展中国环保NGO调研工作,与国内外环保NGO组织建立广泛联合,多渠道筹集资金,促进NGO组织的能力建设和健康发展。确立联合国经社理事会咨商地位,组织参加双边、多边与环保相关的国际民间交流与合作,维护我国良好的环境保护国际形象;中国政府及其有关组织委托的其他工作。

(本部分资料来源于中华医学会、广州市汽车服务业协会、广州青年志愿者协会、中华环保联合会官网,资料采集时间:2017年1月)

二、民办非企业单位

根据国务院1998年10月25日颁布的《民办非企业单位登记管理暂行条例》的规定,民办非企业单位是指企业事业单位、社会团体和其他社会力量以及公民个人利用国有资产举办的,从事非营利性社会服务活动的社会组织。如各类民办学校、民办幼儿园;民办医院、诊所;民办艺术表演团体、文化馆、图书馆、纪念馆;民办体育场、馆、院、社、俱乐部;民办福利院(敬老院);民办科研研究所(院)等。

民办非企业单位是非会员制社会组织,是我国特有的概念,是20世纪90年代以来逐步产生的发展起来的,其产生是我国计划经济体制向市场经济体制转型的结果,是我国事业单位体制改革的结果。

1996年,中央从完善我国社会组织管理格局的角度出发,决定把民办非企业单位交由民政部门进行统一归口登记。当时,民办非企业单位叫"民办事业单位",主要是由编制部门进行登记管理的。按照编制部门提供的情况,全国的民办非企业单位大概有70万家。但是,从2000年开始,民政部门对民办非企业单位进行了复查登记。据民政部社会组织管理局统计,全国民办非企业单位的登记数字2001年年底为8万余家,2002年5月底9.6万余家,2015年3月为止,已达到28.9万余家。

民办非企业单位作为社会性机构,与营利性机构有两点重大的区别。一是民办非企业单位的所得不能在成员中分配,不能分红;二是民办非企业单位解散时,其剩余财产不能让举办者带走,要用于同类其他公益事业。民办非企业单位与社会团体的区别在于社会团体是按照会员的共同意愿集合而成的群众组织,根据章程开展活动,而民办非企业单位没有会员,但是有固定人员、固定专业,向社会提供服务的实体。民办非企业单位的功能主要是整合民间的人力、物力、财力,在政府和市场所不及的领域或者难以完全掌握的领域,为公共利益服务。由于民办非企业单位的组织形式灵活超脱,它们还可以同海内外进行各种民间往来,有力地推动着中国改革开放的进程。

1. 民办非企业单位的特点

民办非企业单位从它的定义以及该条例的其他规定来看,有下述主要的特点。

(1)民间性。民间性是民办非企业单位区别于事业单位的主要特征,体现在两个方面。一是举办主体的非政府性。民办非企业单位由企事业单位、社会团体和其他社会力量以及公民个人举办的,而事业单位的举办主体是政府部门。二是举办资金的民间性。民办非企业单位应当利用非国有资产举办,虽然允许有国有资产的成分,但国有资产不占主导和支配地位。《民办非企业单位登记暂行办法》第五条件第二款明确规定:"民办非企业单位必须有与其业务活动相适应的合法资产,且其合法财产中的非国有资产份额不能低于总财产2/3。开办资金必须达到本行(事)业所规定的最低限额。"

(2)非营利性。非营利性是民办非企业单位区别于企业的本质特征。民办非企业单位的非营利性体现在两个方面。一是宗旨上,民办非企业单位应着眼于从事一定的社会事业,以为社会提供服务为主要目的。《民办非企业单位登记暂行办法》第四条件第二款规定:"民办非企业单位不得从事营利性经营活动。"二是在财务管理和分配体制上,虽然民办非企业单位可以根据其提供的社会服务收取合理的费用,但是不得以营利为其宗旨和目的。民办非企业单位的盈余和清算后的剩余财产中只能用于社会公益事业,不得在成员中分配。

(3) 实体性。实体性是民办非企业单位区别于社会团体和基金会的主要特征。民办非企业单位依法设立成为法定类型的社会组织,并面向公众提供具体的社会服务,是运作型的非营利组织,不同于会员式的社会团体和资助型的基金会。

(4) 服务性。服务性是民办非企业单位区别于社会团体和基金会的重要特征,民办非企业单位主要是通过提供和销售各种专业化的服务来获得经营收益。尽管存在社会认识的观念问题,但不可否认的是民办非企业单位作为实体性的民间非营利组织,其所提供的公共服务,既是对政府公共服务的补充,又是形成相互竞争的公共服务格局的必要基础。民办非企业单位提供的公共服务内容广泛,既包括为公民和其组织从事经济或生产活动所提供的服务,如科技推广、咨询服务等;又包括为公民的生活、发展与娱乐等社会性直接需求提供的服务,如义务教育、公共卫生、社会福利以及环境保护等。

2. 民办非企业单位的分类

从行业和活动领域看,民办非企业单位主要集中和活跃于以下领域:

(1) 教育事业,有民办学历教育、民办非学历教育和民办培训机构等。

(2) 卫生事业,如民办门诊部(所)、医院、民办康复、保健和疗养院(所)等。

(3) 文化事业,如民办艺术表演团体、文化馆(活动中心)、图书馆(室)、博物馆(院)、美术馆、画院、名人纪念馆、收藏馆和艺术研究院(所)等。

(4) 科技事业,如民办科学研究院(所、中心)、民办科技传播或普及中心、科技服务中心和技术评估所(中心)等。

(5) 体育事业,如民办体育俱乐部,民办体育场、馆、院以及社等。

(6) 劳动事业,如民办职业培训学校或中心,民办职业介绍所等。

(7) 民政事业,如民办福利院、敬老院、托老所、老年公寓以及民办社区服务中心(站)等。

(8) 社会中介服务业,如民办评估咨询服务中心(所)、民办信息咨询调查中心(所)和民办人才交流中心等。

(9) 法律服务业,如民办法律咨询援助中心等。

(10) 其他民办事业。

3. 民办非企业单位的作用

民办非企业单位在我国社会、经济、科技、文化发展以及对外交往中发挥着越来越重要的作用。特别是一些民办的学校、医院、科研和社会福利机构,在推动我国社会经济发展、促进公益事业、繁荣市场、活跃文化、方便群众生活、培养人才等方面起到了积极的作用。具体而言,主要有以下几方面。

(1) 扩大公共服务供给和改善公共服务绩效。

(2) 吸纳社会就业和培育新的经济增长点。

(3) 推动事业单位改革和政府职能转变。

(4) 促进社会资本培育和公民社会成长。

【案例】

☆民办非企业单位　例1:广州中大社工服务中心

中大社工服务中心是依托中山大学社会工作专业成立的专业社工服务机构,成立于2009年6月,2010年3月起正式投入运营。中心坚持"社区为本,家庭为重"的项目发展理念和专营社区家庭综合服务的发展模式,秉承"理念先行,品质至上"的原则,致力于现有国内社区家庭综合服务专业水准的提升,在社区家庭综合服务的实践基础上进行理论研究与倡导,丰富中国社会工作的本土化内涵。

自2009年6月成立以来,机构在全市相继建立了"5+2+2"服务网络,包括5个家综、2个社区服务中心和2个服务专项。其中中心成功运作了广州市首家街道一级的家庭综合服务中心——联和一家,广州市首批20家社区综合服务中心试点单位之一——北京街家庭服务中心,以及广州市首家社区级家庭服务中心——联和街玉树社区家庭服务中心。

2011年8月13日,前国家主席胡锦涛在中央政治局委员、前广东省委书记汪洋等领导的陪同下视察了机构北京街项目点——北京街家庭服务中心。2012年,机构被评为"广州市先进集体(2009—2011年度)";同年,机构荣获全国社会工作服务机构"优秀单位"称号;机构联和街项目——联和街家庭综合服务中心(联和一家)获得民政部全国专业社会工作服务项目评选一等奖;机构发表的《社工跟进儿童多动症个案》一文荣获2012年全国社会工作服务机构第二届联系会"优秀成果奖";机构入选参展首届中国公益慈善项目交流展示会。2013年11月机构获选"广东省社会工作专业人才重点实训基地"。2014年2月,机构理事长兼总干事贺立平荣获"第三届广东省优秀社工导师"称号;机构荣获首届广州市社会工作案例评选活动"单位组织奖";9月机构荣获广州市天河区2013—2014年度社会组织"金鹰奖";同年12月机构荣获广州市民政局颁发5A社会组织称号。2015年1月5日,中共中央政治局常委、国务院总理李克强,国家科学技术部部长万钢,工业和信息化部部长苗圩一行莅临中大社工玉树社区家庭服务中心调研考察。

中大社工服务中心以专业规范的社工方法,提升服务品质;以严谨实务的专业信念,规范社工行为;以开放创新的姿态,迎接新的挑战,着力打造中国优秀社会工作机构的典范。

(本部分资料来源于广州中大社工服务中心官网的中心简介,资料采集时间:2016年12月)

☆民办非企业单位　例2:广东实验中学附属天河学校

广东实验中学附属天河学校(简称"省实附中"),是由广东实验中学与广州昊源集团属下之广州实验教育发展有限公司联合创办的民办完全中学。

省实附中坚持实施素质教育,践行"为了每一位学生的进步,为了每一位学生的发展"的育人理念,以"知、爱、能、品"为育人目标,形成包括艺术、体育、科技、生活、心理以及环境等六方面特色教育;学校践行高效教学,逐步形成"互动探究""精讲精练"的课堂特色,通过多达70多项的课外分类活动,使20多个学生社团提高学生的综合素质,培养人格健全、身心健康、基础扎实、学有所长的优秀中学生。

省实附中被环境保护部宣传教育中心和美国环保协会EDF联合授予的"酷中国——全民低碳行动计划优秀学校",先后被评为中国创新型学校、广东省餐饮服务食品安全示范单位、广东省"十佳"民办学校、广东省最具影响力的民办中小学、广州市安全文明校园、广州市中小学心理健康教育示范校、广州市绿色学校、广州市科学技术普及基地、广州市义务教育阶段特色学校、天河区依法治校示范校以及广州市社会组织评估等级4A级等。

(本部分资料来源于广东实验中学附属天河学校官网的学校简介,资料采集时间:2016年12月)

三、基金会

2004年颁布实施的《基金会管理条例》中将基金会定义为"利用自然人、法人或者其他组织捐赠的财产,以从事公益事业为目的,按照本条例的规定成立的非营利性法人"。这一定义含有以下四个要素。

(1)可以设立基金会的法律主体:自然人(个人)、企业以及其他组织都可以。

(2)发起设立基金会所依据的财产:捐赠而来,不能以获得物质性回报为目的。

(3)基金会活动的公益性:这是对所有基金会的共同要求。

(4)产生了一个新的独立法人,它拥有对于捐赠财产的使用权,捐赠财产独立于捐赠人而存在。

基金会是非会员制社会组织,尽管基金会在三类社会组织中数量最少,但因其特有的资金优势,使其成为其他社会组织的支持性机构。自1981年第一家基金会——中国儿童少年基金会诞生以来,我国基金会从无到有,从少到多,从小到大,已经历了30多年的曲折发展历史。

1. 公益性是基金会的本质属性

公益性是基金会的本质属性,所有的基金会都必须是公益性的。公益性的最根本的特征在于使不特定的公众受益。

最基础性的公益就是慈善行为。慈善主要指扶贫济困、救灾助残在内对弱势群体和个人的帮助活动,目的是使受助者过上一般人的基本生活,而不是更高层次的发展。从这个意义上讲,慈善是公益事业的一部分。通常慈善多指"雪中送炭"的事业,而公益不仅仅是"雪中送炭",还包括"锦上添花"。慈善是公益,但公益不仅仅是慈善,公益的概念远比慈善大,促进社会发展和进步、促进公民参与等能够提升社会公共福利的事业都是公益事业。

对公益事业权威的解释是《中华人民共和国公益事业捐赠法》,该法第三条规定:"本法所称公益事业是指非营利的下列事项:(一)救助灾害、救济贫困、扶助残疾人等困难的社会群体和个人的活动;(二)教育、科学、文化、卫生、体育事业;(三)环境保护、社会公共设施建设;(四)促进社会发展和进步的其他社会公共和福利事业。"其中第(四)项所指是非常宽泛的,也是不断变化的。

基金会同样具有非营利性的属性。"非营利"是比公益更基本的概念。在法律意义上,"非营利性"要求一个组织需要满足三方面的要求:①存在非营利的分配与收入约束机制,它要求基金会的捐赠人、理事会成员和实际委托管理者不得从基金会的财产及其运作中获得"红利",即除了必要的工资、成本之外,不得获得收入分红;②存在非营利的组织运作和管理机制,也称为"非谋利控制",要求基金会在其决策、执行和监督的各个环节都要规避追求高回报的高风险行为,避免用利润和收益作为激励手段的管理规划;③存在非营利的财产保全机制,也称为"财产保全限制",要求基金会不得以捐赠以外的其他方式(如集资、投资、合资和并购等)变更财产及其产权结构,当基金会终止其活动并注销时,其剩余财产不得以任何形式给包括捐赠人在内私人所有,而只能用于合乎其宗旨的其他公益活动。

简而言之,营利不能用于分红,而必须继续用于公益事业;不能有高风险投资;基金会的财产在任何时候不能私有。

基金会的非营利性造成了一定的社会误解,认为基金会不能从事营利性的活动。实际上,作为公益组织和非营利性法人,基金会不是不能挣钱,而是不能分钱。《基金会管理条例》澄清了在这方面的模糊认识,通过制度设计放松对基金会"挣钱"的管制,杜绝基金会"分钱"的可能,保障基金会"花钱"的公益性。组织内部的每一个员工都参与公益财产的运作和管理,良好的内部治理和有效管理是基金会实现其公益使命的重要环节。

2. 基金会主要有公募基金会与非公募基金会两种形式

《基金会管理条例》将基金会分为公募基金会与非公募基金会两种形式。

公募基金会属于公共筹款型基金会,主要靠面向社会公众开展的公开募捐活动获得资金以从事公益事业,按照募集资金的地域范围分为全国性公募基金会和地方性公募基金会;非公募基金会属于独立基金型的基金会见附录12,不得向社会公众开展公开募捐活动,主要依靠接受特定对象的捐赠资金及其增值从事公益事业。

此外,根据资金使用方式,基金会还可以划分为以下三类。

(1) 资助型基金会。基金会将筹集到的资金主要用于资助其他组织运作公益项目,而不是自己运作公益项目。其主要功能为资助一些专门致力于某种特定公益目的的组织去开展项目。

例如,南都基金会定位为资助型基金会,在整个公益行业的生态链中,是一个资金和资源提供者,扮演"种子基金"的角色。南都基金会通过资金支持来推动优秀公益项目和公益组织,带动民间的社会创新,实现支持民间公益的使命。

(2) 运作型基金会。基金会使用自己筹集到的资金运作公益项目。

传统上,我们国家成立较早的大型公募基金会主要属于运作型基金会。但近年来也看到了这些基金会中的一小部分,开始向着资助型基金会或混合型基金转变的趋势。

例如,中国扶贫基金会的尝试代表了我国运作型基金会的一条改革路径。目前,中国扶贫基金会已经成为中国规模最大、实力最强的专职扶贫公益机构。中国扶贫基金会率先完成了"去行政化"的过程,机构专业化水平也很高。中国扶贫基金会自成立以来一直是自我运作项目。近年来,中国扶贫基金会资助草根 NGO 方面的工作开展了很多。从 2005 年到 2012 年,中国扶贫基金年会投入资金约 5 522 万元,资助了 133 个公益项目,同时提供项目管理等能力培训。此外,中国扶贫基金会与欧盟合作举办 4 期"促进公民社会发展——中国 NGO 能力建设项目",56 家 NGO 的 102 人接受了培训。在 2013 年 8 月 19 日举办的"美丽乡村·首届乡村发展公益论坛"上,中国扶贫基金会刘文奎秘书长正式宣布,未来 3 年内,基金会将投入 2 500 万元用于资助草根 NGO 开展支持农村社区发展的项目。

(3) 混合型基金会。以上二种基金会兼而有之,它们既运作公益项目,又开展资助活动。

3. 基金会具有资源动员、社会倡导等功能

不同的基金会以及同一基金会的不同阶段,发挥的功能各有侧重,但概括起来,我国基金会主要有下述功能。

(1) 资源动员功能。基金会的资源动员功能主要表现通过各种慈善性、公益性的募款活动筹集善款和吸纳各种社会捐赠,从而动员社会的慈善捐赠资源。以大规模的公众募款为特征的大众慈善是我国基金会早期的典型特征,也是我国基金会所发挥的首要功能,通过基金会这种组织形式,信托大型公益项目,进行广泛的社会动员,在短时间内募集推动公益服务和社会救助事业的原材料,在一定程度上弥补了国家公共服务资金的不足。资源动员功能是我国基金会最早的,也是特有的功能,通过资源动员,将原本没有基金积累的基金会变成真正的公益资产的集合,成为名副其实的财团法人。

(2)社会倡导功能。基金会的倡导功能可分为以下三类。

第一类是引导社会风尚的社会倡导功能,基金会通过设立专项奖励项目,用于表彰在某一领域,做出突出贡献的个人或组织,以此弘扬社会正气,宣传公益理念。在某种意义上,基金会通过奖励这一形式引导社会风尚的行为,可以看作是基金会在提供特殊的公共产品,即公益精神产品。各地见义勇为基金会、教师奖励基金会等属于典型的以引导社会风尚为首要功能的基金会。

第二类倡导功能可视为基金会资源动员功能的副产品,因为在资源动员的过程中,基金通过公益项目动员起来的不仅仅是具体的慈善捐款,还有公众的爱心和慈善意识,部分基金会的公益项目所传达出的使命与理念,大大激发了公众的同情心和慈善心,客观上实现了社会倡导功能。有些基金会的大型公益项目甚至成为爱国主义教育的重要形式。

第三类倡导功能是基金会针对政府和立法机构所进行的参与公共政策的政策倡导功能。具体表现为积极和关注相关立法和公共政策的制定和实施过程;为特定群体特别是弱势群体表达利益诉求和政策主张,以实现公共政策过程中更广泛的社会公正。这类倡导功能与其他倡导类的社会组织类似。

(3)公益服务功能。与美国基金会以资助为主不同,我国基金会更多是运作公益项目,直接关注与最终受益人群,提供公益服务遂成为我国基金会的重要功能之一。基金会将其动员的社会资源,按照组织的公益宗旨和理念并遵循对社会所做出的承诺,用于开展各种形式的公益性的社会服务。尽管项目主导是绝大多数基金会的运作模式,但由于基金会自身缺少自上而下的组织体系,具体的公益服务项目依然要依托其他组织来落实,我国有很多基金会都是依靠行政体系内已有的组织网络来实施项目,发挥公益服务功能。

(4)资助孵化功能。在美国,绝大部分基金会选择作为资助型组织,以支持其他组织作为资金使用的方式,这是因为基金会的优势在于资金,为其他组织提供资金资助是基金会实现公益宗旨最为有效的方式。理论上,由基金会提供资金,由基层组织提供服务,是公民社会最佳的资源配置结构,可以用更低的管理成本,实现更广泛的目标并达到更深入的效果。

我国基金会早期很少支持其他社会组织发展,几乎没有资助孵化功能,但随着非公募基金会的大量涌现,有越来越多的基金会选择以间接支持社会组织作为资金使用定位,决定"找人花钱"。此时,基金会扮演"种子基金"的作用,可起到资金和人力放大化的效果。如果资金雄厚的基金会能够成为民间公益的支持性机构和资金提供者,则有望改变民间公益资源的配置结构,推动中国社会组织在本土基金的资助下发展壮大。

第二章 国内外社会组织的产生和发展

第一节 国外社会组织的发展历史

一、社会组织的产生、发展与演变

社会组织经历了怎样的发展历程,近20年来西方各国政府普遍开展的治道变革与社会组织发展的关系如何,目前各国社会组织发展的状况以及在此基础上对各种不同发展模式的分析,对于我们进一步深入认识社会组织,促进我国社会组织的发展具有十分重要的意义。通过了解西方社会组织的历史渊源、其产生和发展的过程,西方政府的治道变革和社会组织发展的密切关系,美国、欧洲和亚洲有代表性的几个国家社会组织发展的现状,分析不同发展模式带给我们的启示。

资产阶级革命是对封建专制制度的否定,这不仅是一个残酷的暴力革命的过程,而且包含着意识形态、思想文化以及社会观念等一系列深刻的变革。在这个过程中,新兴的资产阶级巧妙地利用结社的形式,通过成立各种社团、俱乐部以及沙龙等,开展大规模的启蒙、教育以及宣传等活动,甚至组织政治斗争和议会党团活动,积极推进了资产阶级革命的进程。这一现象先后出现在17世纪后期英国革命期间和18世纪末的法国大革命期间,在美国的南北战争期间也有突出的体现。

资本主义作为一种基本的生产方式和社会经济制度,从16世纪和17世纪开始萌芽,到19世纪最终确立起来。关于19世纪的资本主义,马克思在《资本论》中作了全面的分析。资本主义生产方式包括了从商品、货币和资本开始,到工厂、市场以及危机,乃至近代国家、法律、国际关系和价值观念等等在内的一整套的范畴、规律、机制、制度、体制和文化。伴随着资本主义的产生,一方面,社会生产力迅猛发展,社会财富以前所未有的规模和速度急剧膨胀;另一方面,资本主义自身所包含的一系列根本的制度缺陷,带来了各种严重的社会问题和日益激化的社会矛盾,导致经常发生的经济危机和战争,以及资本主义各国普遍存在的相对贫困化和绝对贫困化。随着阶级对立的尖锐化,无产阶级运动风起云涌。为了缓解社会矛盾和冲突,资产阶级政府不得不颁布法律,提供救济,一方面允许各种民间结社的存在和发展,另一方面鼓励和保护民间慈善和救济活动的发展。英国在17世纪末颁布了《慈善法》和《济贫法》,1824年废除了禁止结社条例,1832年颁布了《新济贫法》等。在这些法案的影响下,英国先后出现了许多开展慈善救济活动的民间社会组织,以及一大批由产业工人自发成立的工人协会。在法国、德国和其他欧洲国家,19世纪中叶同样出现了一大批政治性的社团。

美国早在独立战争前就开始有民间的社会组织,哈佛大学、新泽西大学(普林斯顿大学)等著名大学就创设于17世纪。独立战争期间出现了一大批志愿者组织,如民间的消防队、仓储团等。在南北战争期间,最著名的社会组织是19世纪30年代由反对奴隶制度的人们共同创立的废奴协会,该组织在1840年拥有2 000个地方组织,会员总数达25万人。法国著名政治学家托克维尔(Charles Alexis de Tocqueville)在19世纪30年代对当时的美国社会进行了深入考察,在其代表作《论美国的民主》一书中,他用大量的篇幅描述了当时美国的社会组织——民间结社和政治结党的问题。根据他的记述,美国在19世纪初出现了大量的社会社团,其中有许多是"依法以乡、镇、市、县为名建立的常设社团",还有大量"根据个人的自愿原则建立和发展的社团"。他认为美国社会出现大量社会社团的原因,在于美国人所特有的自由、自主、互助、结社以及民主的精神。

可见,随着资本主义的产生和发展,在欧美一些国家里,社会组织作为一种组织形式,开始登上了历史舞台。早期的社会组织和资本主义的民主、自治、慈善等价值取向及社会精神有关,也反映了当时社会不平等的现实。

二、成熟期的社会组织

1. 资本主义发展时期

伴随资本主义的发展进入成熟期,社会组织的数量更多,范围更广,作用更突出。

19世纪末,资本主义的发展进入一个被称为"帝国主义"或"垄断资本主义"的成熟时期,垄断和金融寡头的统治成为这一时期资本主义的基本特征。在一些主要资本主义国家里,垄断组织通过生产和资本的集中,控制了一个又一个的工业部门,它们与银行资本相融合,形成规模巨大、无所不包的金融寡头,在国内推行垄断资产阶级的寡头统治,在国外则通过商品输出和资本输出加快殖民扩张,争夺势力范围。

随着资本主义进入新的发展阶段,社会组织的发展也表现出以下一些新的特征。

(1) 在各主要资本主义国家,致力于社会变革、社会改造的工人团体不断涌现。1881年英国工人成立了民主联盟(后改名为"社会民主联盟"),1883年俄国工人成立了劳动解放社,1886年美国工人成立了劳动者联盟(即"劳联")。尽管这些工人团体在组织、思想和路线上有极大的差异与分歧,但它们都表现出无产阶级组织起来维护自身权益并与垄断资产阶级相抗衡的趋势。这些工人团体的一部分和马克思主义相结合,成为社会主义运动的一支重要力量。

(2) 出现了一批致力于社会公益事业的基金会和一批致力于慈善事业的社会组织。一方面,随着垄断条件下财富的不断集中,阶级矛盾日益激化,垄断资本家为缓解矛盾并避免冲突,将其一部分剩余利润集中起来,成立各种形式的基金会或信托机构,用于开展社会公益活动。著名的摩根、卡内基、洛克菲勒等基金会,都诞生于这个时期。另一方面,面对日益严重的贫困化的现实,许多慈善人士、特别是基督教教徒慷慨解囊,兴办起各种各样的慈善组织。1897年,在美国波士顿及周边地区,一个基督教团体发起向15万穷人提供一顿免费圣诞晚餐的活动,著名的慈善组织救世军(Salvation Army)由此诞生。1919年,在伦敦的一家大剧院里,一家名叫救助儿童会(Save the Children)的慈善组织开始向挨饿的儿童发放免费食物,它后来成为全世界苦难儿童的救星。1942年,在英国成立了一个专门救助穷人的慈善机构——乐施会(Oxfam UK),这一组织后来发展成为世界最大的国际非政府组织网络。

(3) 致力于战场救护的社会组织日益活跃,促成了国际公约的签订并成功地建立了国际红十字会。早在18世纪,日内瓦公益会采纳了一名叫亨利·杜南的慈善家的建议,成立了为推动战时救护的"伤兵救护国际委员会"。随着战争的频繁发生,许多国家相继成立了伤兵救护会。1864年8月,英、法、意、美、荷等16国代表在日内瓦签署《万国红十字会公约》,制定了改善战地伤病者境遇的国际通则,并建议各国成立民间的救护团体。国际红十字会的成立对缓解战争所带来的对人类生命的摧残起到了重大的作用。在两次世界大战中,各交战国都积极动员力量参加红十字救护活动。例如,美国在第一次世界大战中,多数学校设立了急救和护理课程,动员大批妇女参加战伤救护,使得美军的战伤比率从南北战争时期的17%,下降到8.1%。在第二次世界大战中,美国进一步在军队中设置了军医、卫生兵和战地医院等,使战伤人员及时得到救治,战伤比率进一步下降到4.5%。

(4)一批致力于社会公益事业的社会组织出现在科学、教育和卫生等领域。在科学领域,最著名的是诺贝尔基金会的成立。该基金会根据著名化学家阿尔弗里德·诺贝尔的遗嘱而建立,致力于奖励国际上对于物理、化学、生理、医学、经济、文学和促进世界和平有重大贡献的人,该奖于每年12月10日在瑞典首都斯德哥尔摩颁发。在教育领域,19世纪末20世纪初,欧美各国在学校教育发展的基础上形成了较为系统的师范教育体系,许多大学开设了教育课程,出现了一些私立的师范学院,包括日本、中国等许多国家在内,纷纷兴办民办学校,民办教育方兴未艾。在卫生领域,美国、新加坡等许多国家出现了慈善性的医院,主要面向穷人施医赠药,受到社会的关注和政府的资助。

总的来看,在资本主义进入成熟期以后,社会组织的数量更多了,活动的范围更广了,对社会经济发展的影响也更大了。这一时期社会组织已经出现在许多国家里,一些后来影响巨大的社会组织开始登台并扮演重要的角色。

2. 第二次世界大战(简称"二战")后期

二战后的社会组织,开始在国际政治、环境保护以及世界和平等事业中发挥重要作用。

20世纪前半叶的两次世界大战给人类带来了巨大的灾难。战争期间和战后初期出现了许多类似国际红十字会的慈善救济组织和志愿人员组织,它们活跃在战场和战后初期经济社会重建的舞台上,发挥了重要的作用。

二战结束以后,整个世界的政治经济格局发生了巨大变化。战争中发展起来的智能和资源利用,为战后的科技革命准备了条件,后者则给人类带来了诸如空间技术、核能、电子计算机等一系列影响深远的新技术,导致了社会经济的巨大变革;战后在世界范围内很快形成了两大阵营、三种国家,加速了国际格局多极化和整个世界一体化的进程;联合国登上了国际治理的舞台,世界民主化、世界和平、妇女解放、国际援助、民族主义以及社会主义等各种国际潮流不断兴起。人类历史的发展进入了一个新的时代。伴随世界范围内经济社会的重建和国际经济政治格局的巨大变化,社会组织的发展也呈现出良好的势头,主要表现在以下几方面。

(1)各种形式的社群组织层出不穷,在社会重建和社会变革中扮演着越来越重要的角色。大危机和世界大战后普遍的经济萧条和社会重组,特别是席卷全球的民族自治和革命运动,激发了各种社会群体的自我解放、自我保护和自治意识,在世界各国,涌现出多种形式的社群组织,如妇女组织、产业工人组织、农民组织、社区居民组织、儿童保护组织以及青少年组织等,它们在各国的社会重建和社会变革中发挥了积极作用。

(2)联合国体系诞生,非政府组织开始登上国际政治的舞台。为了保障和维护世界和平,1945年全世界50个国家的282名代表汇聚美国旧金山召开大会,签署通过了《联合国宪章》并宣布成立联合国。《联合国宪章》第71条规定:经社理事会作为负责协调经济和社会活动的联合国机构,在提出建议和开展活动时,须与有关非政府组织进行磋商。1952年,经社理事会在其288号决议里,进一步定义"有关非政府组织"为:凡不是根据政府间协议建立的国际组织。在联合国的上述方针下,非政府组织在二战后不久即登上了国际政治的舞台。

(3)在二战后恢复重建的过程中,一批致力于慈善救助的社会组织应运而生。1947年,一位名叫卜皮尔的年轻美国人来到战乱中的中国,目睹无数无助儿童的惨状,回国后奔走呼号,于1950年创设了世界宣明会(World Vision),旨在帮助世界各地的穷人,特别是贫困儿童。经过数十年的努力,这个组织的扶贫项目遍及世界89个国家,资助了近1亿的穷人摆脱贫困。许多世界著名的慈善救济和扶贫组织,也都是在这个时期诞生的。

(4)人权问题受到国际社会的普遍关注,人权非政府组织开始登上国际舞台。鉴于战争期间对人权的极大践踏,二战后成立的联合国在其宪章中首次将"人权"一词写入国际文件,并于1946年成立了联合国人权委员会,1948年通过了《世界人权宣言》。在各有关国家和联合国的推动下,形成了人权活动国际化的潮流。1961年,著名的人权非政府组织大赦国际(Amnesty International)在伦敦成立,以后又相继成立了人权观察、美洲观察等一批国际人权非政府组织,为推动世界人权事业的发展起到了重要的作用。

(5)环境问题日益突出,环境保护非政府组织应运而生。环境问题在二战后初期就引起人们的重视,联合国成立不久的1948年,一个由政府和非政府组织组成的自然保护机构——国际自然保护联盟(IUCN)在日内瓦成立。随着二战后科技革命所带动的世界范围经济的迅速增长,环境问题越来越突出,越来越多的非政府组织致力于自然资源和环境保护事业。世界自然保护基金(1961年)、地球之友(1969年)以及绿色和平组织(1970年)等著名的环保组织相继成立。

(6)致力于和平事业的非政府组织不断发展壮大,为二战后国际和平做出了积极贡献。二战后虽未再发生世界大战,但局部战争和区域冲突时有发生,严重威胁着世界和平和人类安全。除国际红十字会等原有的一些社会救援组织继续发挥积极作用外,相继出现了一批致力于和平事业的新的非政府组织。其中包括反对核武器、反对军备竞赛、反对地雷、反对朝鲜战争、越南战争、两伊战争等的反战组织,以及对战争灾难的救援组织等。无国界医生组织(Doctors without Borders)是成立于20世纪70年代的国际志愿者组织,它由各国的专业医学人员组成,旨在协助那些饱受战火及自然灾害蹂躏的灾民脱离困境。

三、国(境)外的社会组织

1. 当今世界的社会组织现状的研究

1972年,在瑞典首都斯德哥尔摩召开的联合国人类环境大会上,召开了历史上第一次非政府组织的国际会议——"环境NGO论坛"。来自世界各国的数以千计的非政府组织的代表聚集在一起,就日益严重的环境问题进行了热烈的讨论。这是一次划时代的会议,它标志着社会组织开始积极介入国际重大事务的决策,逐步成为国际政治舞台上的一支重要力量。

20世纪80年代以来,随着世界范围内出现的市场化、民主化、民营化和全球化的浪潮,社会组织出现了蓬勃发展的局面。苏联的解体和东欧的剧变带来了迅速的经济市场化和政治民主化,使得各种各样的社会组织在一夜之间遍地开花。在欧美等发达国家,民营化的浪潮此起彼伏,推动着各国政府将一个又一个的国有企业推向市场,并不得不对政府自身施行改革,许多公益性领域开始成为竞争性领域,政府也减少了对这些领域的补贴,社会组织数量的增多和规模的扩大使它们逐渐成熟,不仅在一国内部而且在国际事务中发挥着越来越重要的作用,一个被称为"全球公民社会"的社会部门正在逐步形成。

随着社会组织在全球范围内的发展,人们越来越多地注意到存在于政府之外的这个特殊部门在社会发展中的作用。1990 年,萨拉蒙教授开始主持一个在全球范围内对社会组织开展比较研究的大型国际合作项目(The Johns Hopkins Comparative Nonprofit Sector Project,简写 CNP,1990—1994)他们在美国、英国、法国、意大利、德国、匈牙利、埃及、日本、泰国、印度、巴西以及加纳等 12 个国家进行了大规模的调查;1995—1999 年,CNP 在总结和充实的基础上,进一步将调查范围扩大到 42 个国家。CNP 第一阶段的主要成果集中反映在萨拉蒙和何尔姆特·安海尔(Helmut·K·Anheier)主编的《崛起的部门》(1994)一书中,第二阶段的主要成果反映在萨拉蒙、安海尔和其他 4 人共同主编的《全球公民社会》(1999)一书中。综合这两本书的基本观点,CNP 的主要结论大致可以概括为下述几方面。

(1)在世界上几乎所有的国家里,都存在一个由社会组织组成的庞大的社会部门。这个部门的平均规模大约是占各国 GDP 的 4.6%,占非农就业人口的 5%,占服务业就业人口的 10%,相当于政府公共部门就业人口的 27%。

(2)社会部门在不同国家间的发展是不平衡的。从有酬员工的规模来看,比重高的如荷兰、爱尔兰和比利时等均占到非农就业人口的 10% 以上,低的如墨西哥、罗马尼亚、斯洛文尼亚等均不到 1%,美国、英国和日本分别为 7.8%,6.2% 和 3.5%。

(3)在社会部门的就业人口中,包含大量的志愿者,其规模大约占到该部门总就业人口的 1/3,其中西欧和拉美要略高于其他地区。

(4)在社会部门中,各个不同领域的发展是不平衡的。从就业比重来看,在美国、日本、澳大利亚和爱尔兰,最发达的三个领域依次是保健(35%)、教育(29%)和社会服务(15%);在西欧,这三个领域的次序为教育(28%)、社会服务(27%)和保健(22%);在拉美则为教育(44%)、专业服务(12%)和保健(12%);而在中欧国家,这个次序为文化休闲(35%)、教育(18%)和社会服务(12%)。

(5)从社会部门的收入来源看,占比重最大的是服务收费(49%),其次为来自政府的各种资助(40%),最低的是各种慈善所得(11%)。服务收费占比重较大的领域是专业服务(88%)、文化休闲(65%)和发展领域(52%)。政府资助占比重较大的领域是保健(55%)、教育(47%)和社会服务(45%)。

总的来看,萨拉蒙教授认为:社会部门在世界各国的发展表明,一个由社会组织所发动的全球性的"社会团体革命(global associational revolution)"正方兴未艾,它对 21 世纪所具有的意义,也许如同民族国家的兴起对 20 世纪所具有的意义一样重大。

2.主要国家(地区)的社会组织

20 世纪 80 年代以来社会组织的迅猛发展,突出表现在两方面:①无论是在发达国家还是在发展中国家,社会组织都致力于各种社会问题的解决,积极参与包括社区建设、地方自治、公共政策制定和执行在内的公共管理过程,成为多元化时代社会发展与改革的生力军;②在国际舞台上,非政府组织致力于各种全球性问题的解决,积极参与国际决策,成为全球化时代国际治理的一支越来越重要的力量。关于后一方面的内容将在第三节里集中介绍。这里我们先来看看当今世界主要国家和地区的社会组织的发展情况。

社会组织存在于当今世界的各个国家和地区,在各相关国家和地区的经济社会发展中扮演着重要的角色。我们选择了10类国家和地区,分别就其社会组织发展的情况作以下概述。

(1)美国。美国的社会组织在总体上是一个很大的部门,占国内生产总值的6.9%和非农就业人口的7.8%(见表2-1)。在活动领域,美国的相当数量的社会组织集中在健康护理等医疗卫生保健领域和高等教育领域,这两部分占社会组织就业总数的67.8%。美国社会组织活动的一大特点是动员大批志愿人员参与各种社会的慈善活动。有调查显示有49%的美国公众每年利用业余时间参加各种社会的慈善活动,其志愿活动所创造的价值约合2 000亿美元。在美国的社会组织中,宗教性的慈善服务组织、社区互助和公益服务组织、各种慈善救济基金会以及联合劝募组织等,是影响大且很有特色的社会组织。

表2-1 1995年美国的社会部门

5 020亿美元的支出
　　——占GDP的6.9%
8 600 000名支薪职员
　　——占非农就业的7.8%
　　——占服务业就业的16.5%
　　——占政府公共部门就业的46.7%

(2)日本。日本的社会组织规模在总体上并不大,占国内生产总值的4.5%和非农就业人口的3.5%(见表2-2)。其中有许多成立于20世纪70年代以后,主要集中在医疗卫生保健、社会福利和国际合作领域。在日本的社会组织中,有90%以上是没有登记注册的所谓"任意团体",只有不到10%是正式登记注册的法人组织("社团法人""财团法人"等)。其原因在于日本长期以来采取限制社会组织发展的"主管官厅负责制",即社会组织登记注册必须获得主管官厅的许可。1998年日本改变了这种做法,颁布《特定社会活动促进法》(NPO法),鼓励社会组织进行法人登记。目前,注册登记为NPO法人的社会组织越来越多。

表2-2 1995年日本的社会部门

2 136亿美元的支出
　　——占GDP的4.5%
2 100 000支薪职员
　　——占非农业就业的3.5%
　　——占服务业就业的13.7%
　　——占公共部门就业的39.8%

在日本,开展国际合作的社会组织是一支非常引人注目的力量,这些组织基本上都是20世纪60年代以后成立的,主要在发展中国家开展各种形式的援助和救援活动,如基督教海外医疗协会、难民救助会、曹洞宗东南亚难民救济会、日本国际志愿服务中心等。据不完全统计,目前这类组织有近400家。它们早期的活动主要集中在提供各种形式的紧急救援方面,20世纪90年代以来则更多地侧重于帮助当地政府与非政府组织开展生产生活自救与产业开发,并积极协助当地居民进行自我组织与自治管理。日本政府也通过立法、优惠税制和提供财政补贴等措施积极支持这些社会组织的活动。

(3)澳大利亚。澳大利亚的社会组织在总体上是一个很大的部门,占国内生产总值的5.2%和非农就业人口的7.2%(见表2-3)。在活动领域,澳大利亚的社会组织大多数集中在教育、社会服务和医疗保健三个领域。在历史上,澳大利亚的许多社会组织和宗教有着密切关系,其中一些组织长期保持着志愿服务的传统。在20世纪70年代,政府设立基金鼓励社区服务,一批开展社区服务的社会组织得到了很大发展。但是,20世纪90年代以来随着政府资助的减少,社区领域的社会组织出现了明显的萎缩。在澳大利亚的社会组织中,有一些组织主要接受政府的委托开展国际援助方面的业务。

表2-3 1995年澳大利亚的社会部门

190亿美元的支出
——占GDP的5.2%
402 574名支薪职员
——占非农业就业的7.2%
——占服务业就业的15.3%
——占公共部门就业的31.2%

(4)英国。英国的社会组织在就业人口上有150万左右,超过整个经济领域就业人口的6%,社会组织的总体支出为749亿美元,占GDP的6.6%。社会组织活动最为集中的是教育研究、文化娱乐和社会服务三个领域。英国社会组织的一个重要特点是它们在资金来源上对政府资助的依赖性较大(1995年占45%)。

在英国的社会组织中,最具特色的是社会科技社团。其中较著名的如英国皇家学会、爱丁堡皇家学会、科学促进协会、皇家研究所、生物学协会、工程研究所协会、科学技术研究所等。这些组织一般都具有悠久的历史,通过出版科学刊物、资助科学研究、举行各种形式的科学会议等,促进科学技术的发展。这些组织的资金主要来源于会费、财团及个人捐赠和政府资助等。

(5)德国。德国的社会组织在总体上并不很大,它们占国内生产总值的3.9%和非农就业人口的4.9%(见表2-4)。在历史上,德国有着悠久的民间结社传统,出现过许多政治性社团。德国宪法规定公民有结社的自由,民法中设置了"社团""财团"和"公法人"三个基本类目。1964年制定了专门的《结社法》,对社会组织的登记管理作了详细的规定。

表2-4 1995年德国的社会部门

944亿美元的支出
——占GDP的3.9%
140万名支薪职员
——占非农就业的4.9%
——占服务业就业的11.6%
——占公共部门就业的30.4%

在德国,政府和社会组织之间长期保持着密切的合作关系。德国社会组织收入的64%来自政府,换言之,政府财政支持是德国社会组织赖以生存和发展的支柱。第二次世界大战以后,德国政府在社会福利领域采取所谓"第三方补贴"的原则,通过支持社会组织发展来增进整个社会福利。在卫生保健、社会保险等领域实行直接补助;在教育领域主要补贴初等和中等教育;在社会服务领域主要资助弱势群体,如老年人和残疾家庭;在发展领域主要通过资助开展再就业培训;在国际合作方面则运用政府基金资助相关的社会组织进行国际救灾及发展援助等一系列活动。

(6)芬兰。芬兰的社会组织规模在总体上比较小,仅占国内生产总值的3.8%和非农就业人口的3%(见表2-5)。相对于社会组织来说,芬兰有一个强大的政府公共部门,基本教育、高等教育和社会福利等许多领域都主要由政府公共部门来提供免费服务,社会组织主要集中在职业教育、成人教育、卫生保健和其他社会服务等领域。和欧洲其他国家相比,芬兰社会组织从政府获得的财政支持相对很少(25%),相反,会费收入和收费部分在社会组织的收入中占有很大比重(40.3%)。其中一个重要原因是:芬兰的行业协会较为发达。在芬兰,存在许多依据行业特点建立的自律组织,如各种协会、联盟、委员会和联合会等,也有许多专业性的行业中介组织,如芬兰全国律师事务所协会、会计师事务所协会、审计师事务所协会等。这些组织中许多已有上百年的历史,在运作管理和社会影响等方面都日臻完善,不仅发挥着咨询服务、行业规范等职能,而且积极游说各级政府,参与相关的立法过程,并在其中发挥关键性的作用。

表2-5　1996年芬兰的社会部门

47亿美元的支出
　　——占GDP的3.8%
62 848名支薪职员
　　——占非农就业的3.0%
　　——占服务业就业的9.5%
　　——占公共部门就业的12.9%

(7)孟加拉。孟加拉虽是亚洲的一个发展中国家,但是孟加拉却有着一批相当发达的社会组织。1998年,孟加拉最大的社会组织——农村进步委员会(BRAC)年度预算达2.9亿美元,全职员工人数达2.4万人,其活动遍及全国,内容包括医疗保健、教育服务以及小额信贷等各个方面。类似的巨型社会组织在孟加拉并不少见。孟加拉社会组织发达的原因在于经济的落后和政府的弱小,使得政府难以提供起码的社会福利,社会组织便取而代之成为社会公共物品的主要提供者。在孟加拉社会组织的发展中,最具特色的是小额信贷的所谓GB扶贫模式的开发和普及。小额信贷最初在1976年由一位大学教授提出,经若干年试验后于1983年正式由乡村银行在全国推广。到1998年,通过乡村银行发展的从事小额信贷的会员总数达237万人,贷款总额达4.2亿美元。目前,这一模式已经在中国和许多发展中国家成功采用,取得了很好的效果。

(8)印度。印度和孟加拉一样,有着发达的社会组织,被称为NGO大国。印度在历史上有着悠久的慈善和志愿精神的传统,无论是基督教,还是印度教和锡克教,都从不同的侧面倡导人类的善行,鼓励志愿活动。独立后印度的社会组织从20世纪60年代开始发展,到20世纪80年代进入一个全面发展的鼎盛时期。据估计,印度现有NGO数量超过百万,遍布全国,其中有许多规模很大的社会组织,活跃在教育、医疗保健、农村发展、妇女和儿童等弱势群体保护等领域。首都新德里集中了一批规模大、财力雄厚且与政府有密切关系的社会组织。印度政府对 NGO 采取"共生与规制"相结合的方针,一方面在财政、计划、发展战略以及经济社会政策等许多方面,导入 NGO 参加,发挥其积极的作用;另一方面在登记注册和使用外国资金上又对其有一定的规制,使它们纳入国家发展的轨道。

(9)菲律宾。菲律宾的社会组织具有较强的政治倾向。在历史上它们往往作为政府或者教会、企业的代理人,在马科斯时代曾因反政府而著称,阿基诺时代以来则作为独立的政策主体积极地介入公共政策过程,参与国家计划的制定和实施。目前,菲律宾有各种社会组织约10万家,主要包括:提供各种服务和政策建议的发展组织、开展各种公益活动的慈善组织、提供资金援助的基金会以及作为政治家和企业附属机构的所谓"变形 NGO"。这些社会组织致力于人权问题、妇女问题、城市贫困问题、医疗保健、环境保护、劳务输出以及少数民族等各种社会问题的解决,在菲律宾的经济社会发展中扮演着重要的角色。

第二节 国内社会组织的发展历程和特点

在中国国内,总的来看社会组织处于快速发展时期,我们和世界上大多数国家相比有相当的差距,主要表现在社会组织的规模比较小、资金筹措能力比较低、社会公信度和影响力也比较差,因而整体能力不强;加之社会组织存在与发展的外部环境,特别是法律制度环境还不够健全。

一、中国社会组织的起源

中国社会组织源起于民间结社和民间公益活动

从历史上看,中国社会组织并非始自今日,而是有着悠久的历史和漫长的发展过程的,其中也曾有过发展的高潮。

在中国历史上,有着极为悠久绵延的民间结社和民间公益活动的历史源流及其原型。在中国古代,从先秦时代起就有"会党""社会"之说,民间结社在春秋战国时期颇为盛行。后汉出现政治结社——朋党,以及著名的黄巾(会党)起义。宋代在民间出现各种互助性、慈善性的"合会""义仓""义社""善会"等。元朝末年以白莲教为中心发动的红巾起义最后将朱元璋推上了皇帝的宝座。自明朝以后绵延不断的各种秘密宗教和社会组织如罗教、大成教、天地会和哥老会等,直至近代的洪帮、青帮,其间尽管充满争斗与黑暗,但随处可见的"仗义""行善"精神,无不构成中国历史上有别于封建政府一统天下的民间社会。

二、中国现当代历史角度下的社会组织发展的四大阶段

1. 第一阶段

这一阶段从 20 世纪初至 1949 年新中国建立。

由于该阶段中国处在各种势力相互争夺的半殖民地半封建的特殊历史时期,中国社会出现了大量的民间社会组织。据现有资料,至少包括了以下 6 类:

(1)行业协会。它包括各种"会馆""行会"等,它们是由传统的手工业者、早期工商业者等组成的维护群体利益和行业秩序的民间社会组织,其中一部分是传统商会、行会的延续,另一部分是伴随民族工商业的兴起而发展起来的新型行业组织。

(2)互助与慈善组织。它包括各种"互助会""合作社""协会""慈善堂""育婴堂"等,其

中一部分是中国传统的互助组织和慈善组织的延续,另一部分则主要由外国传教士所建。

(3)学术性组织。它包括各种"学会""研究会""学社""协会"等,其中一部分产生于清末洋务运动时期,是思想启蒙和西学东渐的产物;另一部分产生于20世纪20年代—30年代,是五四运动和新文化运动的产物。

(4)政治性组织。如学联、工会、妇联和青年团等革命性社团,以及相反的如"三青团""干社"等反革命社团,还有在抗战期间兴起的各种战地服务组织、救国会等,这类组织一般都具有很强的政治色彩。

(5)文艺性组织。如各种剧团、剧社、文工团、棋会和画社等,主要由文艺界人士创设。

(6)中国近代一直被蒙上一层神秘面纱的"会党"或秘密结社。如哥老会、洪帮和青帮等,这类组织往往带有反政府的倾向,其中一部分为革命党人所利用。

这一时期,为了规范民间组织的管理,1932年10月,国民党政府曾公布过一部名为《修正民众团体组织方案》的法规。这大约是中国历史上第一部有关社会组织的专门法规。此后,中国共产党领导的边区政府曾于1942年颁布了《陕甘宁边区民众团体组织纲要》以及《陕甘宁边区民众团体登记办法》。

2. 第二阶段

这一阶段从新中国成立至1976年结束。

新中国建立以后,根据社会主义原则对民间结社进行了彻底的清理和整顿。这次清理整顿的过程大致持续到20世纪50年代前期。在整个过程中,有两个方面的变化对民间社会组织的发展带来了重大的影响。一方面是一部分民间组织的政治化,一些政治倾向明显的团体被定义为"民主党派",转化为政党组织,如中国民主同盟和九三学社等。另一个重要的变化是一部分民间组织被依法取缔,一大批封建组织和反动组织被新政权根据新的法律规定而加以取缔,其中既包括会党和反动政治团体,也包括一些带有浓厚封建色彩的互助组织和慈善组织,还有一大批宗教性的组织。从那时候起,非政治性开始成为中国民间组织的一个鲜明而重要的特征。这一时期在立法上,曾于1950年9月制定了《社会团体登记暂行办法》,采取类举法对社会团体进行了定义,规定了社会团体的登记管理办法及相应的一些原则。经过清理整顿以后,中国的社会团体在20世纪50年代—60年代中期出现了一个较为迅速的发展时期。据统计,1965年全国性社会团体由解放初期的44个增加到近100个;地方性社会团体发展到6 000多个。

1966—1976年间中国的民主与法制建设受到一定影响。

3. 第三阶段

这一阶段从改革开放开始至20世纪90年代末期。

改革开放政策的全面推行,使中国的经济、政治、社会生活以及文化观念发生了巨大的变化。这种变化很快反映到民间组织的发展上来。在整个20世纪80年代,社会团体的数量增长呈现出空前的势头。有研究者曾对浙江省萧山市社会团体在20世纪80年代的发展进行过统计,据他们的调查,1978—1990年的12年间,该市的社会团体数量增长了近24倍。萧山市的情况从一个局部反映了20世纪80年代全国社会团体的发展,说明在这一时期,随着经济发展和社会政治环境变得较为宽松,中国的社会团体得到了长足的发展。

随着社会组织的大量涌现,制定于20世纪50年代初期的原有法律法规和管理制度显然已无法适应新形势的需要。在这一阶段,中央政府顺应现实发展与管理的需求,制定有关法规。1998年10月，国务院公布了《社会团体登记管理条例》，该条例共6章32条，是新中国成立后的第二部社会团体法规。1988年8月和1989年6月，国务院先后发布了《基金会管理办法》和《外国商会管理暂行规定》。1998年10月，国务院发布了《民办非企业单位登记管理暂行条例》，同时修订了《社会团体登记管理条例》；1999年6月，全国人大发布了《中华人民共和国公益事业捐赠法》。

进入20世纪90年代以后，中国政府认同了市场经济体制，而且确立了"小政府，大社会"的改革目标。经济体制的转轨和政府职能的转变为民间组织的发展提供了较为宽广的空间。在经过一段时间的调整以后，社会团体的发展在20世纪90年代中期出现了一个新的高潮。

4. 第四阶段

这一阶段自进入21世纪以后至今。伴随着市场经济体制改革的深化、经济和社会全球一体化速度的加快以及公共服务供给体系的逐步优化，进入21世纪以后，我国的社会组织发展获得了许多历史性的机遇，社会对于社会组织的需求更加突出，而各式各样的社会组织也应运而生。党中央立足国家发展的实际，在社会组织建设方面进行了一系列理论与实践创新，首次提出了"社会组织"的新概念；创新管理模式，建立现代化社会组织体制，社会管理以及社会组织自治逐步法治化；不断更新和加强党建内容；在社会组织设立党组织、发挥党的核心作用、增强党的工作辐射力度、加强党组织的制度保障；不断激发社会组织活力，鼓励支持社会组织全方位参与社会治理，实现政府与社会组织的良性互动。总之在这个阶段中，社会组织逐步实现由"管理"到"治理"的转变。

根据民政部《2015年社会服务发展统计公报》，截至2015年底，全国已登记社会团体共约32.9万个，在促进经济发展、繁荣社会事业、创新社会治理、扩大对外交往等方面发挥了积极作用。其中，工商服务业类约3.7万个，科技研究类1.7万个，教育类1.0万个，卫生类1.0万个，社会服务4.8万个，文化类3.3万个，体育类2.3万个，生态环境类0.7万个，法律类0.3万个，宗教类0.5万个，农业及农村发展类6.2万个，职业及从业组织类2.1万个，其他5.3万个。

民办非企业单位的迅速发展也在此时期得到充分体现。随着市场经济的迅猛发展，公民个人以及其他社会力量投资兴办学校、医疗机构、社会福利机构和研究机构等社会性社会服务组织的积极性迅速高涨。根据《2015年社会服务发展统计公报》，截至2015年底，全国共有民办非企业单位约32.9万个，比上年增长12.7%。其中：科技服务类1.6万个，生态环境类433个，教育类18.3万个，卫生类2.4万个，社会服务类4.9万个，文化类1.7万个，体育类1.4万个，商务服务类3 355个，宗教类114个，国际及其他涉外组织类7个，其他1.9万个。

在基金会方面，根据《2015年社会服务发展统计公报》，截至2015年底，全国共有各类基金会4 784个，比上年增加667个，增长16.2%，其中：公募基金会1 547个，非公募基金会3 198个；民政部登记的基金会202个、涉外基金会9个、境外基金会代表机构29个。公募基金会和非公募基金会共接收社会各界捐赠439.3亿元。

在这一阶段，法律法规不断得到完善和发展。2004年3月，国务院发布了《基金会管理条例》；2016年8月1日，民政部在其官方网站公布《社会团体登记管理条例》（修订草案征求意见稿）及其说明全文，征求社会各界意见；2016年4月，全国人大常委会发布了《中华人民共和国境外非政府组织境内活动管理法》；特别是2016年3月，全国人大发布了《中华人民共和国慈善法》，作为慈善领域的基础性、综合性法律，慈善法创新了慈善事业体制机制，进一步促进了我国慈善事业健康发展。随着一系列法律法规的发布和执行,社会组织的宏观管理逐步走上了法制化的轨道。

三、中国香港地区和台湾地区的社会组织

中国的香港地区和台湾地区都有着较为发达的社会组织。

在香港地区,社会组织往往被叫做志愿机构,它们一方面受到宗亲会、同乡会等华人社团积善济贫精神的传统影响,另一方面体现着自下而上的志愿精神且具备民主自治的性格,与政府保持良好的合作伙伴关系,在香港地区社会福利和经济社会发展中发挥着重要作用。据香港自由之路(Free Way)统计,截至1998年,香港地区的NGO数量为3 106家,其中一半左右集中在社会服务领域,街坊会等传统慈善组织占10%,而致力于政治问题、社会问题和环境问题的社会组织则相对较少。在资金方面,香港地区社会组织对政府的依赖性较大,它们一半以上的资金来自政府。1997年回归以来,许多香港地区社会组织致力于对内地贫困地区的扶贫开发,加强了与内地社会组织的交流与合作,一些国际NGO也利用香港地区作为据点,加强对中国贫困地区的支援活动,其中较为突出的有乐施会、救世军以及世界宣明会等。

台湾地区的非政府组织活动在20世纪80年代中期以前受到严格的限制。1987年"解严"以后,各种形式的非政府组织如雨后春笋般地迅速成长起来。台湾地区和香港地区一样,宗亲会、同乡会等传统的华人社团有相当的影响,在社区支援、社会福利等领域发挥着很大的作用。同时,具有宗教背景的各种慈善组织也十分活跃,如1966年设立的慈济会,其活动遍及济贫、医疗保健、家庭扶助、教育培训以及灾害救援等领域,在1999年"9·21大地震"期间发挥了极大的作用。目前,台湾地区有各类社会团体1.5万多家,其中社会服务和慈善团体占比重最大(31%),其后依次是:学术文化(14%)、国际(13%)、体育(11%)和经济(10.3%)。除社会团体外,基金会也是台湾地区社会组织的一个重要组成部分,据喜马拉雅研究发展基金会的调查统计,台湾现有各种基金会1 649家(1999年),它们从资金方面为社会组织的活动提供了重要的支持。

第三节 国际非政府组织有重大影响力并发挥重要作用

如前所述,国际非政府组织是和联合国体系密切结合在一起的。早在1945年签订的联合国宪章中,就规定了一个关于联合国经社理事会与NGO之间的联系框架。1968年,联合国经社理事会规定:在有关国际公益性事务中发挥作用的NGO可获得联合国体系的咨商地位,获得这种地位的NGO即为国际非政府组织。目前,全球范围内共有约2 000家NGO获得了这种地位,我国也有一些组织获得联合国咨商地位而成为国际非政府组织。这些国际非政府组织活跃在世界范围内的政治、经济和社会的各个主要领域里,积极参与国际治理过程,推动各种全球性问题的解决,有力地影响着世界局势,从而成为当今世界上最有影响力的社会组织。

一、国际非政府组织定义的基本标准及其分类

1. 关于国际非政府组织定义的基本标准

根据联合国协会的定义,判断一个组织是否为国际非政府组织的基本标准如下:

（1）该组织是否具有国际性的目标（不含致力于两个国家之间友好关系的团体以及纪念个人的团体）？

（2）该组织会员中是否有国际会员？应至少有来自三个以上国家的个人或团体会员，他们应拥有该组织内的完全投票权。同时应允许同类活动领域的其他个人（含团体）加入该组织。

（3）该组织有既定的章程，且其管理机构及理事会的成员应由会员定期选举产生；该组织有固定的办公场所，开展的活动应是可持续性的。

（4）该组织的理事会成员在一定期间内可由同一国家的公民担任，但在一定期限之后必须实行轮流制。

（5）该组织开展活动的资金的主体部分，应来自三个以上的国家。

（6）当该组织与其他组织之间建立一定隶属关系时，仍始终能开展独立活动，且在其理事会中享有独立的席位。

（7）该组织的活动一直在继续。

以上只是从一般意义上判断国际社会组织的标准或其基本定义，一个组织要成为国际非政府组织，还必须向联合国经社理事会提出正式的申请。

2. 国际非政府组织的分类

1968年，联合国经社理事会通过了一个有关NGO参与联合国事务的重要决议（第1296项决议）。该决议规定：具备一定条件经申请并得到联合国认可的非政府组织，有资格参加联合国经社理事会或其他相关国际会议，可提交提案、发言或者提交相应文件，从而获得相应的咨商地位而成为国际非政府组织。

根据这项决议，具有联合国咨商地位的国际非政府组织，包括以下三类。

第一类：一般咨商地位。与经社理事会至少一半以上的活动有关，能够在总体上参与咨商并拥有能代表许多不同国家的多数会员的非政府组织。经社理事会对这类非政府组织能够进行一般问题的咨询，它们拥有提案权，能够出席经社理事会的所有会议并发言，能提交建议书。这类组织数量极为有限，在1998年时共有41个，其中包括国际红十字会（League of Red Cross Societies, LRCS）和联合国协会世界联合会（Word Federation of United Nations Association, WFUNA）等。

第二类：专门咨商地位。与经社理事会的一部分活动有关，能够在某一特定的领域参与咨商并在国际上相当知名的非政府组织。经社理事会对这类非政府组织能够进行专门问题的咨询，它们能够出席经社理事会召开的有关会议并发言，能提交建议书。这类组织在1998年时共有354个，其中包括大赦国际、基督教青年会（Young Men's Christian Association, YMCA）等。

第三类：注册咨商地位。在经社理事会进行注册登记，在必要时能够对经社理事会或其下属机构以及联合国其他机构提供必要咨询的非政府组织。这类非政府组织并不能出席经社理事会所召开的一般会议，而在联合国讨论与其专业相关的问题时才可出席会议并提交建议书。这类组织在1998年时共有533个，其中包括我国的中国残疾人联合会、日本创价学会和亚洲太平洋青年联盟等。

在联合国经社理事会中，专门设有一个非政府组织委员会（Committee on NGO），负责审核接纳非政府组织，认可它们在联合国的咨商地位。该委员会有权要求前来注册的非政府组织提交书面陈述和相应的书面材料，以及它们的预算和资金来源报告。

申请注册联合国咨商地位的非政府组织,必须遵从联合国宪章的精神和原则,积极致力于有关国际问题的解决。同时,作为必要条件,一国的非政府组织要申请联合国咨商地位,须得到该国政府的同意,而该国政府须在联合国享有席位。

1996年,联合国经社理事会通过了1996(31)号决议,对1968年的决议作了一定的修改和补充,主要是扩大了对非政府组织的承认范围,允许各国和各地区的非政府组织以自身的名义参加经社理事会的会议并发表意见。

目前,我国在联合国享有咨商地位的组织主要有:中国联合国协会、中华全国妇女联合会、中国残疾人联合会、中国人权研究会、中国人民对外友好协会、中国妇女发展基金会和中国女企业家协会。

二、国际非政府组织参与国际决策和国际治理,推动全球问题的解决

国际非政府组织参与国际决策的机制多种多样,其中最主要的是围绕联合国主办的各种国际会议所建立起来的联系机制,即在联合国召开国际会议的同时同地,召开同主题的非政府组织国际论坛。这种机制创始于1972年在斯德哥尔摩召开的联合国人类环境大会,后来成为惯例。近二十几年先后有:1992年里约热内卢的环境与发展大会,1994年开罗的人口与发展大会,1995年哥本哈根的社会发展大会,1995年北京的世界妇女大会,1996年伊斯坦布尔的第二次人居会议以及2002年8月在南非约翰内斯堡召开的新的环境与发展大会等。

1992年6月,在巴西的里约热内卢召开了联合国环境与发展大会。170个国家的代表团参加了会议,有110多位国家元首或政府首脑出席了会议。这次会议通过了《里约环境与发展宣言(里约宣言)》和《21世纪议程》两个纲领性文件及《关于森林问题的原则声明》,并签署了《气候变化框架公约》和《生物多样性公约》。在整个会议的议程中和所有这些会议文件的起草过程中,都留下了非政府组织努力的印迹。来自全世界165个国家的3万多名非政府组织的代表出席了同时同地召开的全球非政府组织论坛,其中具有联合国咨商地位的约500家国际非政府组织不仅参加了同期召开的规模浩大的全球非政府组织论坛,约也自始至终参加了联合国环发大会及其筹备会议,对会议起草的所有文件施加了影响。同时,各国非政府组织经过深入研讨,发表了全球非政府组织的共同行动条约——《地球宪章》。

除上述会议机制外,非政府组织还通过联合国体系内各机构所建立的联系和合作机制,积极参与国际决策。目前,联合国体系内许多机构都设有与非政府组织联系与合作的专门机制,如联合国教科文组织下设非政府组织会议,世界银行设有非政府组织——银行委员会等。有些联合国机构和特定的非政府组织之间建立定期的联系机制,如联合国难民事务高级事务署与志愿机构国际委员会之间,联合国人类居住中心与住区国际联盟之间,联合国环境规划署与环境联盟中心国际之间等。联合国开发计划署虽然没有同某个非政府组织之间建立定期的固定联系,但是在处理各种问题时都及时向非政府组织进行必要的咨询等。

第二部分
社会组织基础管理

第三章　社会组织登记管理

第一节　双重管理和分级管理是我国社会组织登记管理的重要原则

一、双重管理

所谓双重管理,指对社会组织的登记注册管理及日常性管理实行登记管理部门和业务主管单位双重负责的体制。双重管理是关于中国社会组织登记管理方面的一项重要原则,在《社会团体登记管理条例》《民办非企业单位登记管理暂行条例》两个条例中作了全面具体的阐述。两个条例规定:国务院民政部门和县级以上地方各级人民政府民政部门是本级人民政府范围内社会组织的登记管理部门。登记管理部门负责社会组织的成立、变更以及注销的登记或者备案,对社会组织实施年度检查,对社会组织执行条例的情况进行监督检查,对违反条例的行为依法给以处罚。

按照规定,国务院有关部门和县级以上地方各级人民政府有关部门、国务院或者县级以上地方各级人民政府授权的机构,是有关行业、学科或者业务范围内社会组织的业务主管单位。业务主管单位负责社会组织筹备申请、成立登记、变更登记以及注销登记前的审查;监督、指导社会组织遵守宪法、法律、法规和国家政策,依据其章程开展活动;负责社会组织年度检查的初审;协助登记管理部门及其他有关部门查处社会组织的违法行为;会同有关部门指导社会组织的清算事宜。

双重管理加强了政府在登记管理方面对社会组织的监督、管理和限制,并通过分散责任回避了登记机关与社会组织之间的直接冲突,使得社会组织在通过登记注册成为合法组织之前,必须首先成为政府所属的一定职能机构所需要和能够控制的对象,并受其管理和控制。这种管理体制限制了社会组织的成立。

目前,从全国范围来看,除行业协会商会类、科技类、公益慈善类和城乡社区服务类四类社会组织登记不需要业务主管部门前置审批和不执行双重管理外,其余社会组织仍执行双重管理体制。

但是,我国部分地区已经先行先试进行社会组织直接登记改革。例如,自2012年7月起,广东省全面铺开社会组织直接登记改革:除法律法规规定需要前置审批的以外,将社会组织的业务主管单位改为业务指导单位,社会组织直接向民政部门申请成立。在北京,从2013年4月起,对行业协会商会类、科技类、公益慈善类以及城乡社区服务类社会组织全面实行直接登记,降低了社会组织登记条件。直接登记指除国家法律法规规定须前置行政审批的情况外,社会组织可以直接向登记管理机关(即民政部门)申请登记,无须经相关部门前置审批,也即无须找业务主管单位挂靠。目前,三地仍需要前置审批的领域主要涉及教育、培训、卫生以及环保这些类别的民办非企业单位。直接登记一方面并未改变相关业务部门对社会组织依法管理和业务指导的职责;另一方面,要求政府各有关部门将之纳入指导监管范畴,形成"登记管理机关统一登记、有关部门各司其职管理"的依法监管体系。在直接登记的地区,政府进一步明确了税务、公安、人事劳动、外事、市场监管以及质检等有关职能部门对社会组织的监督管理责任。

二、分级管理

分级管理原则,是社会组织登记管理制度上的重要原则。

所谓分级管理原则,就是对社会组织按照其开展活动的范围和级别,实行分级登记、分级管理的原则。这项原则在1998年颁布的两个条例中得到明确和完善。条例规定:全国性的社会组织,在两个以上省、自治区和直辖市开展活动的社会组织,其登记管理机关应当是国务院民政部门,相应地其业务主管单位应当是中央一级的党政机关以及中央人民政府授权的机构;地方性的社会组织,由所在地人民政府的登记管理机关负责登记管理,相应地其业务主管单位应当是所在地党政机关以及同级人民政府授权的机构;地方性的跨行政区域的社会组织,由所跨行政区域的共同上一级人民政府的登记管理机关负责登记管理,相应地其业务主管单位应当是所跨行政区域的共同上一级党政机关以及同级人民政府授权的机构。

第二节 社会组织登记管理是社会组织管理的首要环节

社会组织登记管理是社会组织管理部门对社会组织的成立、变更和注销行为进行规范化的引导和约束,以期实现社会组织健康发展和促进社会进步的活动过程。

登记注册一直是社会组织行政管理领域的难题之一。在法律意义上,我国只有在民政部门登记注册的社会团体、民办非企业单位和基金会才是被承认的社会组织。社会组织登记管理是社会组织行政管理的首要工作,它是各级各类社会组织管理部门进行社会组织管理与监督的首要环节。

一、社会组织登记管理是社会组织行政管理的一种形式

为了方便社会组织行政管理部门对各级各类社会组织进行规范管理,使其经营运作合法化,同时也是为了更好的对社会组织获得的经营性收入进行监管、征税,需要进行社会组织登记管理。可以说,社会组织登记管理是社会组织行政管理的一种形式。社会组织登记既是一种行政行为,又是极严肃的法律行为,一经登记的社会组织即产生法律效力,不可随意更改。

二、社会组织登记有助于落实管理主体责任

根据现代管理理论,落实管理主体责任,明确和规范组织内部人员的行为,有助于加快形成政社分开、权责明确、依法自治的现代组织管理体制,从而有利于组织加速诚信体系建设,提升整体服务质量。因此在社会组织内部,这项工作必须首先落实到社会组织的登记管理。只有先进行组织登记,明确法人制度,根据章程设定法人治理结构,落实重大事项的议事和决策制度,并据此开展各项业务工作,才能为管理主体责任的落实提供前提。

第三节 社会组织民政登记的优势和劣势

一、社会组织民政登记的优势

社会组织民政登记指的是在我国各级各类民政机关进行组织分类登记的行为。民政登记主要有下述优点。

1. 有利于获得政府购买服务支持

近几年,北京、上海、广州和深圳等地政府推进的政府购买社会组织服务,都要求服务供应方是经民政部门正式登记备案的社会组织,并要求评估和年检等级达到一定标准。例如,2012年6月,广东省民政厅《关于印发〈关于确定具备承接政府职能转移和购买服务资质的社会组织目录的指导意见〉的通知(粤民〔2012〕135号文)》对申报承接政府转移职能和购买服务资质的社会组织应当具备的条件进行了要求,具体见表3-1。

表3-1 承接政府转移职能和购买服务的社会组织应具备的资质条件

承接政府转移职能和购买服务的社会组织应具备的资质条件
(一)必要条件 1. 依照有关法律法规登记注册,具有独立承担民事责任的能力; 2. 具有健全的法人治理结构,完善的内部管理制度、信息公开制度和民主监督制度; 3. 具有独立的财务管理、财务核算和资产管理制度,以及依法缴纳税收、社会保险费的良好记录; 4. 有符合要求的固定办公场所及合法稳定的收入来源,有3个以上专职工作人员; 5. 具备提供公共服务所必需的设备、专业技术人员及相关资质; 6. 在参与政府购买服务项目前两年年检合格;因故未能参加等级评估或因成立时间不足而未能连续参加最近两个年度年检的,应自成立以来无违法违规行为,社会信誉好; 7. 政府购买服务主体提出的其他专业方面的合理资质要求; 8. 其他。 (二)优先条件 1. 评估等级在3A以上; 2. 获得捐赠税前扣除资格和非营利组织免税资格; 3. 曾多次承接政府职能转移和购买服务; 4. 在国内或本地区内具有较大影响力,在行业内具有较高的公信度和声誉,曾获得部、省、市等荣誉; 5. 枢纽(联合)型社会组织。

2. 更容易向基金会申请项目资助

多数公募基金会对机构的资质要求严格,要求必须是民政登记备案机构。有一些非公募基金会(如南都公益基金会5·12灾后重建项目)和境外基金会(如福特基金会"好邻居"项目)不严格要求是民政注册,但强调宗旨上的公益性(慈善性质),需要机构来证明自身的非营利性。

3. 有利于建立社会合法性

在民政部门正式登记的社会组织,是我国社会组织存在的正式形式,具有合法性,确立这一资格有利于社会认同其正式的、公开活动的身份,从而便于其各项业务的开展。

4. 有机会享受税收和公共产品价格优惠

民政登记的公益组织可享受企业所得税和营业税等税收优惠,在企业所得税方面,财政部和国家税务总局 2009 年出台的《关于非营利组织企业所得税免税收入问题的通知》和《关于非营利组织免税资格认定管理有关问题的通知》规定,符合条件的非营利组织的捐赠收入、财政拨款以外的其他政府补助收入和会费等收入免征企业所得税。我国各地税务管理部门每年定期开展非营利组织免税资格认定工作,很多社会组织已经获得免税资格。在营业税方面,《中华人民共和国营业税暂行条例》规定,托儿所、幼儿园、养老院、医院、诊所和学校等的服务收入免征营业税。"营改增"试点自 2016 年 5 月 1 日全面推行以来,财政部、国家税务总局对于营业税种原有的大部分税收优惠政策采取"平移模式",基本上延续了原营业税优惠政策。由于政策落实问题,很多非营利组织(尤其是民办非企业单位机构)还没有享受到优惠,在税收上与企业并没有区别。但从长远来看,落实税收优惠只是时间问题,需要耐心等待。此外,水、电等实施价格双轨制的产品,对在民政登记的社会组织按照民用价格标准执行。

5. 有利于接受社会捐赠

2016 年,财政部和民政部依据《中华人民共和国公益事业捐赠法》《财政票据管理办法》《公益事业捐赠票据使用管理暂行办法》等,制定并出台了《财政部 民政部关于进一步明确公益性社会组织申领公益事业捐赠票据有关问题的通知》(财综[2016]7 号文),《通知》规定,在各级民政部门依法登记的社会团体、基金会以及民办非企业单位可以到同级财政部门申领公益事业捐赠票据。根据《中华人民共和国企业所得税法》《中华人民共和国个人所得税法》《财政部、国家税务总局、民政部关于公益性捐赠税前扣除有关问题的通知》的规定,公益性社会团体(也涵盖部分民办非企业单位机构)和基金会可以向政府申请公益捐赠税前扣除资格,个人、企业对其的捐赠支出可以在所得税税前扣除。从而有效地维护捐赠方的利益,扩大受赠面,激励捐赠方。

6. 有利于吸引志愿者加入

组织的公益属性更有利于吸引志愿者的全身心投入。例如,在民政登记为公益性社会团体的社会组织,必须在法定约束下,以非营利为目的、从事公益事业,与志愿者的志愿性、无偿性和公益性是一致的,双方在共同宗旨下有更多合作可能。与商业注册的企业相较而言,志愿者对于公益性社会团体的归属感、认同感的程度会更高,这也是民政登记的魅力之一。

二、社会组织民政登记的劣势

此外,民政登记的也有下述一些弱项。

1. 现有政策限制严格

出于行业领域的特殊性,部分特种行业社会组织的登记必须经过前置审批。例如,目前我国对环保社会组织管理实行的是民政部门与环保部门的双重管理模式,环保类社会组织的登记,由于前置审批程序繁多,限制严格,一部分民间环保类社会组织仍处于非正式登记组织的状态。

2. 登记程序繁琐

当前,除可以直接登记的四类社会组织外(行业协会商会类、科技类、公益慈善类和城乡社区服务类),其余类型的社会组织登记程序相对比较繁琐,需要获得业务主管部门的前置审批(部分组织难以找到业务主管部门),还要取得政府的信任和公众的认可,使很多有登记注册需要的组织望而却步。

3. 组织受限多、独立性较低

我国目前组织进行工商登记注册不须业务主管单位,只要满足资金、场地等基本要求就能登记注册。工商注册可通过中介公司代理,注册手续非常便捷。此外,工商注册的组织,由于组织没有非营利的性质,可以以赢利为目的,便于开展经营性活动和进行分红、投资,有利于资产保值增值、扩大组织规模。与民政登记相比,受政府干预和约束小,独立性、灵活性和自主性强。

第四节　社会组织登记的类型

社会团体、民办非企业单位、基金会是我国社会组织登记的三大登记类型。目前我国基金会的数量占社会组织总数的比例较小,而社会团体和民办非企业单位是两种最主要的登记类型,是社会组织的类型主体。

有些创始人在举办机构并有意登记时,不清楚在社会团体和民办非企业单位二者之间应如何选择。本章认为,二者就性质而言,社会团体实行会员制,会员拥有选举、参与重大决策等权利与义务;民办非企业单位是向社会提供某种服务的组织,组织结构具有实体性。就登记审批而言,社会团体的成立审批更加严格繁琐,严格遵循同一区域内业务领域相同或相似的组织不予批准、"一业一会"的制度,但广东省除外。广东省民政厅在2012年7月印发《广东省民政厅关于进一步培育发展行业协会商会的实施意见》(粤民民〔2012〕105号文),突破"一业一会"的限制,允许同行业申请成立登记同类型的行业协会,并在名称上予以明确区分;同时,放宽设立标准,打破行业协会现行设立标准的限制,允许按国民经济行业分类的小类标准设立行业协会;允许按产业链各个环节、经营方式和服务类型设立行业协会。

社会团体比民办非企业单位多了申请筹备环节,程序更复杂,而民办非企业单位(如培训学校和民办医院)的登记要容易一些。就经费来源而言,社会团体可以发展会员、收取会费、开会费收据;民办非企业单位不能收取会费,只能以捐赠形式开具捐赠票据。在机构设立方面,社会团体可以举办民办非企业单位,但民办非企业单位不能举办社会团体;社会团体可以设立分支机构,民办非企业单位不能设立分支机构。

在民办非企业单位中,按承担民事责任不同,其登记形式分为法人、合伙和个体三种形式。有的地方如北京只允许注册为法人一种形式,有些领域则要求必须注册为法人。比较而言,注册为法人后,将独立享有民事权利、承担民事责任,有利于开展对外经济活动,承担有限责任,而个体和合伙形式要承担无限连带责任。在注册资金方面,一般是个体性质的民办非企业单位注册资金比合伙、法人性质的要少。在治理结构方面,法人形式的是理事会有决策权,合伙和个体是出资人决策。在财税方面,个体和合伙不能领购和开具税务发票,进行经济往来时比较麻烦。在实际的登记数量上,登记为法人的民办非企业单位占大多数,比较多的原因是某些民办非企业单位(如民办学校)只能登记为法人,登记为个体的数量次之,登记为合伙的则非常少。综合考虑,在有条件的情况下,民办非企业单位最好登记为法人。

目前我国三类社会组织的登记系根据1998年国务院发布的《社会团体登记管理条例》和1998年公布的《民办非企业单位登记管理暂行条例》,以及2004年发布的《基金会管理条例》来执行。2016年5月,民政部对《社会服务机构登记管理条例》《民办非企业单位登记管理暂行条例》(修订草案征求意见稿)公开征求意见;2016年8月,民政部在其官方网站公布《社会团体登记管理条例》(修订草案征求意见稿)及其说明全文,征求社会各界意见。但截止至2017年3月本书校稿时,意见稿还未最终确定,目前社会团体、民办非企业单位登记仍沿用1998年版(见表3-2)。

表3-2 社会团体登记管理条例

社会团体登记管理条例

(1998年10月25日中华人民共和国国务院令第250号发布 自1998年10月25日起施行)

第一章 总 则

第一条 为了保障公民的结社自由,维护社会团体的合法权益,加强对社会团体的登记管理,促进社会主义物质文明、精神文明建设,制定本条例。

第二条 本条例所称社会团体,是指中国公民自愿组成,为实现会员共同意愿,按照其章程开展活动的非营利性社会组织。

国家机关以外的组织可以作为单位会员加入社会团体。

第三条 成立社会团体,应当经其业务主管单位审查同意,并依照本条例的规定进行登记。社会团体应当具备法人条件。

下列团体不属于本条例规定登记的范围:

(一)参加中国人民政治协商会议的人民团体;

(二)由国务院机构编制管理机关核定,并经国务院批准免于登记的团体;

(三)机关、团体、企业事业单位内部经本单位批准成立、在本单位内部活动的团体。

第四条 社会团体必须遵守宪法、法律、法规和国家政策,不得反对宪法确定的基本原则,不得危害国家的统一、安全和民族的团结,不得损害国家利益、社会公共利益以及其他组织和公民的合法权益,不得违背社会道德风尚。

社会团体不得从事营利性经营活动。

第五条 国家保护社会团体依照法律、法规及其章程开展活动,任何组织和个人不得非法干涉。

第六条 国务院民政部门和县级以上地方各级人民政府民政部门是本级人民政府的社会团体登记管理机关(以下简称登记管理机关)。

国务院有关部门和县级以上地方各级人民政府有关部门、国务院或者县级以上地方各级人民政府授权的组织,是有关行业、学科或者业务范围内社会团体的业务主管单位(以下简称业务主管单位)。

法律、行政法规对社会团体的监督管理另有规定的,依照有关法律、行政法规的规定执行。

第二章 管 辖

第七条 全国性的社会团体,由国务院的登记管理机关负责登记管理;地方性的社会团体,由所在地人民政府的登记管理机关负责登记管理;跨行政区域的社会团体,由所跨行政区域的共同上一级人民政府的登记管理机关负责登记管理。

第八条 登记管理机关、业务主管单位与其管辖的社会团体的住所不在一地的,可以委托社会团体住所地的登记管理机关、业务主管单位负责委托范围内的监督管理工作。

第三章 成立登记

第九条 申请成立社会团体,应当经其业务主管单位审查同意,由发起人向登记管理机关申请筹备。

第十条 成立社会团体,应当具备下列条件:

(一)有50个以上的个人会员或者30个以上的单位会员;个人会员、单位会员混合组成的,会员总数不得少于50个;

续表

(二)有规范的名称和相应的组织机构;
(三)有固定的住所;
(四)有与其业务活动相适应的专职工作人员;
(五)有合法的资产和经费来源,全国性的社会团体有10万元以上活动资金,地方性的社会团体和跨行政区域的社会团体有3万元以上活动资金;
(六)有独立承担民事责任的能力。
社会团体的名称应当符合法律、法规的规定,不得违背社会道德风尚。社会团体的名称应当与其业务范围、成员分布、活动地域相一致,准确反映其特征。全国性的社会团体的名称冠以"中国""全国""中华"等字样的,应当按照国家有关规定经过批准,地方性的社会团体的名称不得冠以"中国""全国""中华"等字样。

第十一条 申请筹备成立社会团体,发起人应当向登记管理机关提交下列文件:
(一)筹备申请书;
(二)业务主管单位的批准文件;
(三)验资报告、场所使用权证明;
(四)发起人和拟任负责人的基本情况、身份证明;
(五)章程草案。

第十二条 登记管理机关应当自收到本条例第十一条所列全部有效文件之日起60日内,作出批准或者不批准筹备的决定;不批准的,应当向发起人说明理由。

第十三条 有下列情形之一的,登记管理机关不予批准筹备:
(一)有根据证明申请筹备的社会团体的宗旨、业务范围不符合本条例第四条的规定的;
(二)在同一行政区域内已有业务范围相同或者相似的社会团体,没有必要成立的;
(三)发起人、拟任负责人正在或者曾经受到剥夺政治权利的刑事处罚,或者不具有完全民事行为能力的;
(四)在申请筹备时弄虚作假的;
(五)有法律、行政法规禁止的其他情形的。

第十四条 筹备成立的社会团体,应当自登记管理机关批准筹备之日起6个月内召开会员大会或者会员代表大会,通过章程,产生执行机构、负责人和法定代表人,并向登记管理机关申请成立登记。筹备期间不得开展筹备以外的活动。
社会团体的法定代表人,不得同时担任其他社会团体的法定代表人。

第十五条 社会团体的章程应当包括下列事项:
(一)名称、住所;
(二)宗旨、业务范围和活动地域;
(三)会员资格及其权利、义务;
(四)民主的组织管理制度,执行机构的产生程序;
(五)负责人的条件和产生、罢免的程序;
(六)资产管理和使用的原则;
(七)章程的修改程序;
(八)终止程序和终止后资产的处理;
(九)应当由章程规定的其他事项。

第十六条 登记管理机关应当自收到完成筹备工作的社会团体的登记申请书及有关文件之日起30

续表

日内完成审查工作。对没有本条例第十三条所列情形,且筹备工作符合要求、章程内容完备的社会团体,准予登记,发给《社会团体法人登记证书》。登记事项包括:

(一)名称;

(二)住所;

(三)宗旨、业务范围和活动地域;

(四)法定代表人;

(五)活动资金;

(六)业务主管单位。

对不予登记的,应当将不予登记的决定通知申请人。

第十七条　依照法律规定,自批准成立之日起即具有法人资格的社会团体,应当自批准成立之日起60日内向登记管理机关备案。登记管理机关自收到备案文件之日起30日内发给《社会团体法人登记证书》。

社会团体备案事项,除本条例第十六条所列事项外,还应当包括业务主管单位依法出具的批准文件。

第十八条　社会团体凭《社会团体法人登记证书》申请刻制印章,开立银行账。社会团体应当将印章式样和银行账号报登记管理机关备案。

第十九条　社会团体成立后拟设立分支机构、代表机构的,应当经业务主管单位审查同意,向登记管理机关提交有关分支机构、代表机构的名称、业务范围、场所和主要负责人等情况的文件,申请登记。

社会团体的分支机构、代表机构是社会团体的组成部分,不具有法人资格,应当按照其所属于的社会团体的章程所规定的宗旨和业务范围,在该社会团体授权的范围内开展活动、发展会员。社会团体的分支机构不得再设立分支机构。

社会团体不得设立地域性的分支机构。

第四章　变更登记、注销登记

第二十条　社会团体的登记事项、备案事项需要变更的,应当自业务主管单位审查同意之日起30日内,向登记管理机关申请变更登记、变更备案(以下统称变更登记)。

社会团体修改章程,应当自业务主管单位审查同意之日起30日内,报登记管理机关核准。

第二十一条　社会团体有下列情形之一的,应当在业务主管单位审查同意后,向登记管理机关申请注销登记、注销备案(以下统称注销登记):

(一)完成社会团体章程规定的宗旨的;

(二)自行解散的;

(三)分立、合并的;

(四)由于其他原因终止的。

第二十二条　社会团体在办理注销登记前,应当在业务主管单位及其他有关机关的指导下,成立清算组织,完成清算工作。清算期间,社会团体不得开展清算以外的活动。

第二十三条　社会团体应当自清算结束之日起15日内向登记管理机关办理注销登记。办理注销登记,应当提交法定代表人签署的注销登记申请书、业务主管单位的审查文件和清算报告书。

登记管理机关准予注销登记的,发给注销证明文件,收缴该社会团体的登记证书、印章和财务凭证。

第二十四条　社会团体撤销其所属分支机构、代表机构的,经业务主管单位审查同意后,办理注销手续。

社会团体注销的,其所属分支机构、代表机构同时注销。

第二十五条　社会团体处分注销后的剩余财产,按照国家有关规定办理。

第二十六条　社会团体成立、注销或者变更名称、住所以及法定代表人,由登记管理机关予以公告。

续表

第五章 监督管理

第二十七条 登记管理机关履行下列监督管理职责:
(一)负责社会团体的成立、变更以及注销的登记或者备案;
(二)对社会团体实施年度检查;
(三)对社会团体违反本条例的问题进行监督检查,对社会团体违反本条例的行为给予行政处罚。

第二十八条 业务主管单位履行下列监督管理职责:
(一)负责社会团体筹备申请、成立登记、变更登记以及注销登记前的审查;
(二)监督、指导社会团体遵守宪法、法律、法规和国家政策,依据其章程开展活动;
(三)负责社会团体年度检查的初审;
(四)协助登记管理机关和其他有关部门查处社会团体的违法行为;
(五)会同有关机关指导社会团体的清算事宜。

业务主管单位履行前款规定的职责,不得向社会团体收取费用。

第二十九条 社会团体的资产来源必须合法,任何单位和个人不得侵占、私分或者挪用社会团体的资产。

社会团体的经费,以及开展章程规定的活动按照国家有关规定所取得的合法收入,必须用于章程规定的业务活动,不得在会员中分配。

社会团体接受捐赠、资助,必须符合章程规定的宗旨和业务范围,必须根据与捐赠人、资助人约定的期限、方式和合法用途使用。社会团体应当向业务主管单位报告接受、使用捐赠、资助的有关情况,并应当将有关情况以适当方式向社会公布。

社会团体专职工作人员的工资和保险福利待遇,参照国家对事业单位的有关规定执行。

第三十条 社会团体必须执行国家规定的财务管理制度,接受财政部门的监督;资产来源属于国家拨款或者社会捐赠、资助的,还应当接受审计机关的监督。

社会团体在换届或者更换法定代表人之前,登记管理机关、业务主管单位应当组织对其进行财务审计。

第三十一条 社会团体应当于每年3月31日前向业务主管单位报送上一年度的工作报告,经业务主管单位初审同意后,于5月31日前报送登记管理机关,接受年度检查。工作报告的内容包括:本社会团体遵守法律法规和国家政策的情况、依照本条例履行登记手续的情况、按照章程开展活动的情况、人员和机构变动的情况以及财务管理的情况。

对于依照本条例第十七条的规定发给《社会团体法人登记证书》的社会团体,登记管理机关对其应当简化年度检查的内容。

第六章 罚 则

第三十二条 社会团体在申请登记时弄虚作假,骗取登记的,或者自取得《社会团体法人登记证书》之日起1年未开展活动的,由登记管理机关予以撤销登记。

第三十三条 社会团体有下列情形之一的,由登记管理机关给予警告,责令改正,可以限期停止活动,并可以责令撤换直接负责的主管人员;情节严重的,予以撤销登记;构成犯罪的,依法追究刑事责任:
(一)涂改、出租、出借《社会团体法人登记证书》,或者出租、出借社会团体印章的;
(二)超出章程规定的宗旨和业务范围进行活动的;
(三)拒不接受或者不按照规定接受监督检查的;
(四)不按照规定办理变更登记的;
(五)擅自设立分支机构、代表机构,或者对分支机构、代表机构疏于管理,造成严重后果的;

续表

> （六）从事营利性的经营活动的；
> （七）侵占、私分以及挪用社会团体资产或者所接受的捐赠、资助的；
> （八）违反国家有关规定收取费用、筹集资金或者接受、使用捐赠、资助的。
> 前款规定的行为有违法经营额或者违法所得的，予以没收，可以并处违法经营额1倍以上3倍以下或者违法所得3倍以上5倍以下的罚款。
> 第三十四条 社会团体的活动违反其他法律、法规的，由有关国家机关依法处理；有关国家机关认为应当撤销登记的，由登记管理机关撤销登记。
> 第三十五条 未经批准，擅自开展社会团体筹备活动，或者未经登记，擅自以社会团体名义进行活动，以及被撤销登记的社会团体继续以社会团体名义进行活动的，由登记管理机关予以取缔，没收非法财产；构成犯罪的，依法追究刑事责任；尚不构成犯罪的，依法给予治安管理处罚。
> 第三十六条 社会团体被责令限期停止活动的，由登记管理机关封存《社会团体法人登记证书》、印章和财务凭证。
> 社会团体被撤销登记的，由登记管理机关收缴《社会团体法人登记证书》和印章。
> 第三十七条 登记管理机关、业务主管单位的工作人员滥用职权、徇私舞弊、玩忽职守构成犯罪的，依法追究刑事责任；尚不构成犯罪的，依法给予行政处分。
> 第七章 附 则
> 第三十八条 《社会团体法人登记证书》的式样由国务院民政部门制定。
> 对社会团体进行年度检查不得收取费用。
> 第三十九条 本条例施行前已经成立的社会团体，应当自本条例施行之日起1年内依照本条例有关规定申请重新登记。
> 第四十条 本条例自发布之日起施行。1989年10月25日国务院发布的《社会团体登记管理条例》同时废止。

《社会服务机构登记管理条例》《民办非企业单位登记管理暂行条例》（修订草案征求意见稿）《基金会管理条例》此处省略。

第五节 社会组织登记办理步骤

在社会组织登记办理问题上，本部分仅详述社会团体的登记办理步骤，民办非企业单位、基金会的登记办理不作详述。视机构性质的不一，三类组织登记办理会存在些许出入。社会团体在登记办理中，比民办非企业单位、基金会，增加了关于会员情况的要求和内容，登记办理手续也相对较多。而基金会则对举办时的注册资金有明确要求。

作为一种社会组织形态，社会团体与其他社会组织一样，需要通过一定的形式取得社会的承认和法律的保护。登记是国家确定社会团体合法性的基本形式，也是社会团体取得社会承认的法定渠道。

在我国，作为一类社会法人组织，社会团体组织形态从无到有、从有到无都需要登记，以确定其合法性，登记事项发生变更也同样需要进行变更登记，社团不再存在要进行注销登记。登记由登记管理机关进行。

总体而言，社会组织登记办理有两个步骤，第一是认真解读有关登记制度，第二是有条理地办理有关登记手续。

一、登记

1. 登记管理的目的和意义

社团登记管理是指调整和规范社团各种登记行为的法律程序和措施。

根据国家的有关法律、法规,对社会团体的成立、变更、注销、年检进行规范和调控,是社团管理的一个重要形式。对社会团体进行登记管理,一方面体现了国家行政机关依法对社会团体实施管理的职能,另一方面也为社团的生存发展提供了保障和依据。

社会团体作为一种社会组织形态,处在整个社会关系中,并以自己的特定身份在社会上活动,就必须受到一定的法律法规的调整和规范。而社团本身要使自己取得合法地位,得到社会承认,并受到法律保护,也要通过履行社团登记的法律程序来实现。

实施社团登记有利于促进社会主义民主政治建设。社团登记作为法定的程序,在保障公民结社自由的同时,也可以限制滥结社,以维护社会稳定。只有通过登记,社会团体才能取得合法的地位,才能参加各种社会活动,人民群众才能通过与自己联系的社团组织向政府反映自己的意见和要求。从而维护自己的利益,促进社会政治的民主化。随着改革开放的深入和政府职能的转变,社会团体将越来越多地参与社会政治和事务管理。实施社团登记管理有利于加快我国民主政治建设的进程。

实施社团登记有利于充分发挥社会团体的积极作用。社会团体按照规定进行登记,确定法人地位,就能被社会所承认,并以独立的民事主体享有民事权利,承担民事义务,这有助于其在社会主义物质文明和精神文明建设中发挥积极作用。

实施社团登记有利于促进社会团体的自身建设。通过登记,有利于增强社会团体的自主意识,促进其遵纪守法,完善制度,强化内部管理机制,规范行为,更好地加强自身建设。

一个社会团体经由民政部门登记后,才获得法人地位,取得民事主体资格,以社团的名义开展与其业务范围相适应的活动。不经过民政部门登记,任何组织以社会团体的名义对外开展任何活动都是非法的,都是必须被查处的。现在社会上有些人以社会团体的名义骗取人们的信任、诈骗钱财,甚至进行危害国家安全的活动,应予以严厉打击。

2. 业务流程

(1)申请筹备社团。经有关业务主管单位同意,由发起人向登记管理机关呈送筹备社会团体的申请文件。

(2)审批筹备申请。登记管理机关在60个工作日内对社团筹备申请进行审查并以书面形式做出批准筹备和不批准筹备的决定。

(3)筹备:经登记管理机关批准筹备成立的社会团体,自批准之日起6个月内召开会员大会或会员代表大会,通过章程,产生执行机构、负责人和法定代表人。

(4)申请成立社团。筹备完成后,向登记管理机关申请成立登记。

(5)登记。收到完成筹备工作的社会团体申请成立登记的全部有效文件之日起,登记管理机关在30个工作日内完成审查工作,对符合登记条件的社会团体发出准予登记的通知。

(6)发证。准予登记的社会团体到民政部门办理领取登记证书事宜。

(7)文件存档。民政部门将材料归档,并保存档案信息。

(8)公告。民政部门对准予登记的社会团体予以公告。

3. 社团登记的章程

在《社会团体章程示范文本》(1998年11月26日中华人民共和国民政部制)的"说明"中明确指出:此章程范本,旨在为社会团体制订章程时提供依据,规范社会团体行为。社会团体制订章程,原则上应包括此章程范本所涉及的内容,并可根据实际情况作适当的补充。社会团体据此范本制订的章程,须报社团登记管理机关核准方能生效。社团登记管理机关将以核准后的章程为据进行监督管理。因此,社会团体组织结构的依据必须首先遵循《社会团体章程示范文本》所规范的内容(见表3-3),再结合该社会团体的实际另行设立。

表3-3 社会团体章程示范文本

第一章 总 则

第一条 本团体的名称(包括英文译名、缩写)

(社团的名称应当符合法律、法规的规定,不得违背社会道德风尚。社团的名称应当与其业务范围、成员分布、活动地域相一致,准确反映其特征。全国性的社会团体冠以"中国""全国""中华"等字样的,应当按照国家有关规定经过批准;地方性的社会团体应冠以本行政区域名称,不得冠以"中国""全国""中华"等字样。社会团体的名称,不得使用已由社团登记管理机关明令撤销或取缔的社会团体的名称)

第二条 本团体的性质(其中必须载明:组成的人员或单位;学术性、联合性、专业性或行业性;全国性或地方性;自愿结成;社会性社会组织)

第三条 本团体的宗旨(其中必须载明:遵守宪法、法律、法规和国家政策,遵守社会道德风尚)

第四条 本团体接受业务主管单位、社团登记管理机关的业务指导和监督管理(必须载明具体的业务主管单位和社团登记管理机关)

第五条 本团体的住所(载明×省×市)

第二章 业务范围

第六条 本团体的业务范围(必须具体、明确):

(一)×××××××××××;
(二)×××××××××;
(三)×××××××××;
(四)×××××××××;
(五)×××××××××。

第三章 会 员

第七条 本团体的会员种类(单位会员、个人会员)

第八条 申请加入本团体的会员,必须具备下列条件:

(一)拥护本团体的章程;
(二)有加入本团体的意愿;
(三)在本团体的业务(行业、学科)领域内具有一定的影响;
( )×××××××××。

第九条 会员入会的程序是:

(一)提交入会申请书;
(二)经理事会讨论通过;
( )×××××××××;
( )由理事会或理事会授权的机构发给会员证。

第十条 会员享有下列权利:

续表

（一）本团体的选举权、被选举权和表决权；
（二）参加本团体的活动；
（三）获得本团体服务的优先权；
（四）对本团体工作的批评建议权和监督权；
（五）入会自愿、退会自由；
（　）××××××××××。

第十一条　会员履行下列义务：
（一）执行本团体的决议；
（二）维护本团体的合法权益；
（三）完成本团体交办的工作；
（四）按规定交纳会费；
（五）向本团体反映情况，提供有关资料；
（　）××××××××××。

第十二条　会员退会应书面通知本团体，并交回会员证。
会员如果1年未交纳会费或不参加本团体活动的，视为自动退会。
第十三条　会员如有严重违反本章程的行为，经理事会或常务理事会表决通过，予以除名。

第四章　组织机构和负责人产生、罢免

第十四条　本团体的最高权力机构是会员大会（或会员代表大会），会员大会（或会员代表大会）的职权是：
（一）制定和修改章程；
（二）选举和罢免理事；
（三）审议理事会的工作报告和财务报告；
（四）决定终止事宜；
（　）××××××××××；
（　）决定其他重大事宜。

第十五条　会员大会（或会员代表大会）须有2/3以上的会员（或会员代表）出席方能召开，其决议须经到会员（或会员代表）半数以上表决通过方能生效。

第十六条　会员大会（或会员代表大会）每届×年（会员大会或会员代表大会每届最长不超过5年）。因特殊情况需提前或延期换届的，须由理事会表决通过，报业务主管单位审查并经社团登记管理机关批准同意。但延期换届最长不超过1年。

第十七条　理事会是会员大会（或会员代表大会）的执行机构，在闭会期间领导本团体开展日常工作，对会员大会（或会员代表大会）负责。

第十八条　理事会的职权是：
（一）执行会员大会（或会员代表大会）的决议；
（二）选举和罢免理事长（会长）、副理事长（副会长）、秘书长；
（三）筹备召开会员大会（或会员代表大会）；
（四）向会员大会（或会员代表大会）报告工作和财务状况；
（五）决定会员的吸收或除名；
（六）决定设立办事机构、分支机构、代表机构和实体机构；
（七）决定副秘书长、各机构主要负责人的聘任；

续表

(八)领导本团体各机构开展工作;
(九)制定内部管理制度;
(　)××××××××××;
(　)决定其他重大事项。

第十九条　理事会须有2/3以上理事出席方能召开,其决议须经到会理事2/3以上表决通过方能生效。

第二十条　理事会每年至少召开一次会议;情况特殊的,也可采用通讯形式召开。

第二十一条　本团体设立常务理事会(理事人数较多时,可设立常务理事会)。常务理事会由理事会选举产生,在理事会闭会期间行使第十八条第一、三、五、六、七、八、九项的职权,对理事会负责(常务理事人数不超过理事人数的1/3)。

第二十二条　常务理事会须有2/3以上常务理事出席方能召开,其决议须经到会常务理事2/3以上表决通过方能生效。

第二十三条　常务理事会至少半年召开一次会议;情况特殊的也可采用通讯形式召开。

第二十四条　本团体的理事长(会长)、副理事长(副会长)和秘书长必须具备下列条件:
(一)坚持党的路线、方针、政策,政治素质好;
(二)在本团体业务领域内有较大影响;
(三)理事长(会长)、副理事长(副会长)和秘书长最高任职年龄不超过70周岁,秘书长为专职;
(四)身体健康能坚持正常工作;
(五)未受过剥夺政治权利的刑事处罚的;
(六)具有完全民事行为能力;
(　)××××××××××。

第二十五条　本团体理事长(会长)、副理事长(副会长)和秘书长如超过最高任职年龄的,须经理事会表决通过,报业务主管单位审查并社团登记管理机关批准同意后,方可任职。

第二十六条　本团体理事长(会长)、副理事长(副会长)和秘书长任期×年。〔理事长(会长)、副理事长(副会长)以及秘书长任期最长不得超过两届〕因特殊情况需延长任期的,须经会员大会(或会员代表大会)2/3以上会员(或会员代表)表决通过,报业务主管单位审查并经社团登记管理机关批准同意后方可任职。

第二十七条　本团体理事长(会长)为本团体法定代表人〔社团法定代表人一般应由理事长(会长)担任。如因特殊情况需由副理事长(副会长)或秘书长担任法定代表人,应报业务主管单位审查并经社团登记管理机关批准同意后,方可担任,并在章程中写明〕。
本团体法定代表人不兼任其他团体的法定代表人。

第二十八条　本团体理事长(会长)行使下列职权:
(一)召集和主持理事会(或常务理事会);
(二)检查会员大会(或会员代表大会)、理事会(或常务理事会)决议的落实情况;
(三)代表本团体签署有关重要文件;
(　)××××××××××。

第二十九条　本团体秘书长行使下列职权:
(一)主持办事机构开展日常工作,组织实施年度工作计划;
(二)协调各分支机构、代表机构、实体机构开展工作;
(三)提名副秘书长以及各办事机构、分支机构、代表机构和实体机构主要负责人,交理事会或常务理事会决定;

续表

(四)决定办事机构、代表机构以及实体机构专职工作人员的聘用;
(　)××××××××××;
(　)处理其他日常事务。

第五章　资产管理、使用原则

第三十条　本团体经费来源
(一)会费;
(二)捐赠;
(三)政府资助;
(四)在核准的业务范围内开展活动或服务的收入;
(五)利息;
(　)××××××××××;
(　)其他合法收入。

第三十一条　本团体按照国家有关规定收取会员会费。

第三十二条　本团体经费必须用于本章程规定的业务范围和事业的发展,不得在会员中分配。

第三十三条　本团体建立严格的财务管理制度,保证会计资料合法、真实、准确、完整。

第三十四条　本团体配备具有专业资格的会计人员。会计不得兼任出纳。会计人员必须进行会计核算,实行会计监督。会计人员调动工作或离职时,必须与接管人员办清交接手续。

第三十五条　本团体的资产管理必须执行国家规定的财务管理制度,接受会员大会(或会员代表大会)和财政部门的监督。资产来源属于国家拨款或者社会捐赠、资助的,必须接受审计机关的监督,并将有关情况以适当方式向社会公布。

第三十六条　本团体换届或更换法定代表人之前必须接受社团登记管理机关和业务主管单位组织的财务审计。

第三十七条　本团体的资产,任何单位、个人不得侵占、私分和挪用。

第三十八条　本团体专职工作人员的工资和保险、福利待遇,参照国家对事业单位的有关规定执行。

第六章　章程的修改程序

第三十九条　对本团体章程的修改,须经理事会表决通过后报会员大会(或会员代表大会)审议。

第四十条　本团体修改的章程,须在会员大会(或会员代表大会)通过后15日内,经业务主管单位审查同意,并报社团登记管理机关核准后生效。

第七章　终止程序及终止后的财产处理

第四十一条　本团体完成宗旨或自行解散或由于分立、合并等原因需要注销的,由理事会或常务理事会提出终止动议。

第四十二条　本团体终止动议须经会员大会(或会员代表大会)表决通过,并报业务主管单位审查同意。

第四十三条　本团体终止前,须在业务主管单位及有关机关指导下成立清算组织,清理债权债务,处理善后事宜。清算期间,不开展清算以外的活动。

第四十四条　本团体经社团登记管理机关办理注销登记手续后即为终止。

第四十五条　本团体终止后的剩余财产,在业务主管单位和社团登记管理机关的监督下,按照国家有关规定,用于发展与本团体宗旨相关的事业。

第八章　附　则

第四十六条　本章程经××××年××月××日会员大会(或会员代表大会)表决通过。

续表

> 第四十七条　本章程的解释权属本团体的理事会。
> 第四十八条　本章程自社团登记管理机关核准之日起生效。
>
> 说　明
>
> 一、根据1998年10月25日国务院颁布的《社会团体登记管理条例》和国家有关政策制订此章程范本。
> 二、此章程范本,旨在为社会团体制订章程时提供依据,规范社会团体行为。
> 三、社会团体制订章程,原则上应包括此章程范本所涉及的内容,并可根据实际情况作适当的补充。
> 四、社会团体据此范本制订的章程,须报社团登记管理机关核准方能生效。社团登记管理机关将以核准后的章程为据进行监督管理。
>
> （中华人民共和国民政部制）

二、变更

变更业务流程有以下几项。

（1）业务主管单位受理变更申请:社会团体将需要变更的登记事项或备案事项,先报业务主管单位审查。

（2）申请变更登记:在业务主管单位审查同意后30日内,社会团体向登记管理机关提出变更申请。

（3）民政部门审批:登记管理机关对社会团体提交的有关文件审核后,作出准予或不准变更的决定。

（4）换发登记证书:准予变更登记的社会团体到民政部门办理领取登记证书事宜。

（5）文件存档:民政部门将变更材料归档,并修改相应档案信息。

（6）公告:民政部门对变更登记事项予以公告。

三、注销

注销业务流程有以下几项。

（1）申请注销:社会团体将申请注销登记文件报业务主管单位审查。

（2）业务主管部门审查:业务主管部门对注销申请进行审查。

（3）清算:业务主管部门审查同意后,在业务主管部门指导下成立清算组织,进行清算活动,在完成清算的15日内社团向登记管理机关办理注销登记。

（4）民政部门审查:民政部门对社团注销申请和材料进行审查,作出准予注销的决定。

（5）收缴证书、印章和凭证:准予注销的由登记管理机关发给注销证明文件,收缴该社团的证书、印章、财务凭证。

（6）文件存档:民政部门将注销登记材料归档,并修改相应档案信息。

（7）公告:向社会发布注销公告。

四、年检

年检即年度检查,是登记管理机关对社会组织依法按年度进行检查和监督管理的行为。

目前,从全国范围看,大多数地区实施社会组织年检制度,而随着社会组织管理体制的进一步改革和完善,自2014年起,在社会组织纵深发展的地区(如海南省、广州市)已建立和实施了年度报告制度;2016年8月,中共中央办公厅、国务院办公厅印发了《关于改革社会组织管理制度促进社会组织健康有序发展的意见》(以下简称"意见"),《意见》指出,"民政部要会同有关部门制定实施各类社会组织信息公开办法,探索建立社会组织年度报告制度,规范公开内容、机制和方式,提高透明度";2016年8月起,全国各地开始逐步落实年度报告制度,用报告制度代替年检制度,不断去垄断化、去行政化。

1. 年度检查的意义

社会团体的年度检查是指业务主管单位和登记管理机关对已登记的社会团体所开展业务活动的情况和执行法律、法规、政策的情况,按照法定的内容和程序进行监督检查,以确认社会团体是否具有进行开展活动的资格的行政执法行为。

社会团体经业务主管单位审查同意并经登记管理机关核准登记后,即取得合法地位。但这仅仅是其致力于某项事业的开始。它还需要规范自我行为,不断地完善和发展。年度检查是对社会团体实施日常管理的重要环节,是促进社会团体健康发展的重要手段,同时也是不断提高日常管理水平的有效途径。通过年度检查,可以督导社团积极按照章程所规定的宗旨、业务范围开展活动,民主办会、依章办事,及时发现和纠正社团的不规范行为,甚至违法违纪行为。通过年度检查,登记管理机关和业务主管单位能够及时了解、掌握社团存在的主要问题,特别是一些带有普遍性的问题;同时,也检验国家有关法律法规是否有偏差、疏漏。通过对不同类型社团的检查、分析、比较,登记管理机关和业务主管单位可以不断地总结经验,从中摸索出一套更为科学的社团管理方法,进一步完善社团管理的政策法规体系。年度检查是对登记管理对象进行有效管理的重要制度。各类社会团体必须按照法定的时限和法定的程序主动接受年度检查。登记管理机关和业务主管单位不在一地的社会团体应主动接受住所地受委托对其实施管理的登记管理机关和业务主管单位的年度检查。年检过程不但是一个检查社团行为的过程,也是一个检验社团管理政策法规科学性、合理性的过程。

2. 年检的主要内容

社团年检的内容很多,主要包括社会团体遵守法律法规和国家政策的情况,依照《社会团体登记管理条例》履行登记手续的情况、按照章程开展活动的情况、人员和机构变动情况以及财务管理的情况。以上列举的内容是从社会团体的一般情况出发的,年检还可以根据实际情况有所侧重,并可增加一些新的内容。

(1) 遵守法律法规和国家政策的情况。社会团体必须在法律法规规定的范围内活动,没有法律法规规定的,要遵守国家政策。年检对社团遵守法律法规和国家政策的情况进行重点检查,以发现是否有违法乱纪的情况,进行督导和纠正。

(2) 履行登记手续的情况。社会团体的成立及其登记事项发生变化,都要经业务主管单位同意后,到登记管理机关履行登记手续。

根据《社会团体登记管理条例》的规定,成立、变更和注销都要到登记管理机关办理相关手续。

社团负责人是指社团秘书长以上的领导人员,包括会长(理事长)、副会长(副理事长)和秘书长。社团负责人发生变化,要经业务主管单位同意后到登记管理机关备案。

社团办事机构是指在秘书长领导之下从事社团日常事务的机构。办事机构的设立要经业务主管单位同意后到登记管理机关备案。

（3）按照章程开展活动的情况。社团的生命力在于围绕章程开展活动。通过开展活动，为会员提供服务，促进行业或学科的发展，为社会创造物质财富和精神财富。如果一个社团不开展活动，或者不能通过开展活动发挥应有的作用，那么这个社团的存在价值就成问题了。同时，社团开展活动不能超出章程规定的业务范围，要符合章程规定的宗旨。

（4）财务管理和经费收支情况。根据《社会团体登记管理条例》的规定，社会团体的资产来源必须合法，任何单位和个人不得侵占、私分或者挪用社会团体的资产。社会团体的经费以及开展章程规定的活动所取得的合法收入，必须用于章程规定的业务范围，不得在会员中分配。社会团体接受捐赠、资助，必须符合章程规定的宗旨和业务范围，必须根据与捐赠人、资助人约定的期限、方式和合法用途使用。社会团体必须执行国家规定的财务管理制度，接受财政部门的监督；资产来源是国家拨款或者社会捐赠、资助的，还应接受审计机关的监督。社会团体应当配备具有专业资格的会计人员，会计不得兼任出纳。会计人员必须进行会计核算，实行会计监督，会计人员调动工作或离职时，必须与接管人员办清楚交接手续。社会团体在换届或更换法定代表人之前，必须接受财务审计。

其他如负责人及工作人员情况、办公地点情况、会费收取情况、党政干部在社团的兼职情况，都在年检内容之内。

3. 年检的时间和程序

自2016年8月中共中央办公厅、国务院办公厅印发《关于改革社会组织管理制度促进社会组织健康有序发展的意见》以来，全国各地开始全面实施年度报告制度。在年检的时间问题上，各地略有不同，比如广州市要求每年3月31日前提交网上材料，深圳市则要求于6月30日前提交。在程序上，目前各地逐步推行网上材料及纸质材料同步报送的方式。

4. 年度检查的标准

年度检查的结论分为"合格"和"不合格"两类。下面以社团为例。

符合以下条件的，确定为年检合格：遵守法律法规和有关政策；依照章程开展活动，无违法违纪行为；财务制度健全，收入和支出符合国家有关规定；及时办理有关变更登记及备案手续；认真按章程规定的民主程序办事；在规定的时限内接受年检。

有下列情形之一的，定为年检不合格：一年内未开展任何业务活动的；经费不足以维持正常业务活动的；违反章程的规定开展业务活动的；违反财务管理规定的；内部矛盾严重，重大决策缺乏民主程序的；违反有关规定乱收会费的；无固定办公地点一年以上的；未办理有关登记或备案手续的；无特殊情况，未在规定的时限内接受年检的；年检中弄虚作假的；违反其他有关规定的。

年检中不合格的社团由登记管理机关责令其限期整改。整改后仍不合格的社团，按照有关规定另行处理。

第四章 社会组织法人治理

党的十八大提出"建立现代社会组织体制",同时,十八大报告把社会组织体制改革作为社会建设和社会体制改革的重要目标;从十八届二中全会确定改革社会组织管理制度到十八届三中全会明确提出要激发社会组织活力,再到十八届四中全会明确加强社会组织立法,社会组织作为治理主体的地位被逐步确认,并被视为推动"国家治理能力"建构的重要力量。

社会组织作为与政府公共组织、市场企业组织鼎足而立的第三方部门,有通过"以志愿求公益"来弥补政府缺陷和市场不足的一般性功能。尽管社会组织以其特有的非营利特点而区别于一般的市场企业组织,但公司的法人治理结构对于规范社会组织运行具有重要的参考价值。从广义来看,法人治理是指法人的人力资源管理、员工的薪酬、激励约束机制、财务制度、组织发展战略以及一切与组织管理控制有关的一系列制度安排;从狭义看,法人治理是指在法人所有权、控制权以及经营权的配置,理事会、执行机构以及监事会的结构和功能,理事长与高层管理人员的权利和义务以及相应的聘选、激励与监督等方面的制度安排。社会组织的法人治理主要是在狭义层面上而言的。

法人治理结构在本质意义上是一种委托—代理的合同关系,同样,社会组织治理结构也体现了委托—代理关系的基本特征。社会组织的发展需要委托社会组织法人治理结构来做决策,社会组织的资源获取能力很大程度上受社会组织法人治理程度的影响。社会组织法人治理结构作为社会组织的代理方,受社会组织的委托,治理内部、管理人员、管理财务以及对外与社会环境交换资源、管理资源以及产出公共产品,服务社会公众,保证社会组织发展。

因此,规范社会组织的法人治理,是加快形成政社分开、权责明确、依法自治的现代社会组织体制的必然要求,也是完善以章程为核心的决策、执行和监督制度的重要举措,更是引导社会组织自主办会、民主办会、按章办会的重要措施,对促进社会组织的自我教育、自我约束、自我管理、自我服务以及自我发展有非常重要的现实意义。2016年1月3日,广州市民政局印发的《广州市社会团体法人治理指引》(见附录9)《广州市民办非企业单位法人治理指引》(见附录10)《广州市非公募基金法人治理指引》(见附录11),正式提出规范社会组织法人治理,对社会组织法人治理的结构和水平有实践指导意义。

建立和健全以章程为核心的社会组织法人治理结构,明确理事会和秘书处的权责关系,切实发挥监事会职能,实现决策、监督、执行机构之间的有效制衡,建立社会组织自律自治、社会监督、政府监管相结合的法人治理机制,明确社会组织的法人治理结构和治理规则,完善社会组织法人治理制度,加快推进现代社会组织法人治理体系建设,是社会组织制度建设的核心,也是社会组织科学、快速发展必不可缺的环节。

第一节 理事会与理事

对于很多国家的社会组织而言,理事会是健全的治理结构至关重要的组成部分。理事会不仅可以为社会组织提供政策上的指引,促进社会组织与公众和社区的和谐关系,还可以提升社会组织的声誉以及公信力等;同时设立理事会也是社会组织依法运作的义务。如何有效发挥社会组织理事会的作用,目前的社会组织也正在积极探索中。理事会作为社会组织治理的机制,会帮助组织明确一些问题,如:社会组织为谁服务,对谁负责,谁从工作中受益,社会的诚信等。对于理事会概念和职能的思考,相信会有助于社会组织理事会的发展。由于社会组织范围广泛,社会团体、民办非企业单位和基金会三类组织的存在形态差异较大,因此下面分别进行阐述。它要为组织制定前景、使命、价值观和政策,并确保得到很好地落实。此外,财务监督也是社会组织理事会的主要责任之一。在社会组织中,理事会对利益相关方,尤其是组织为之服务的当地社区负责。

一、理事会

1. 建立理事会的目的

一个具国际标准的理事会对于社会组织的使命、监督、资源以及对外沟通负有全部的责任,因此,标志着这个社会组织的透明度和公信力。

理事会可以建立社会组织在社会上的声誉,以提高合作伙伴、政府以及捐赠者对于社会组织的信任。理事们见证了社会组织为人们提供了其所需的有效服务,并且负责任地管理着员工、资金和其他资源。他们的见证比受薪的员工更可信。

理事会是在法律上对一个组织负有决策及监管责任。社会团体的理事会由会员(代表)大会选举产生,会员(代表)大会是最高权力机构。民办非企业单位的理事会是最高决策机构。理事会(包括一个常务理事会)对于监管社会组织负有法律责任。理事会监督秘书长(或总干事)负责管理组织的运作,即计划、项目、财务、行政、人力资源、推广、沟通以及资源开发。秘书长(或总干事)可以通过一个由执行团队来运营组织,实现组织目标与计划。

2. 理事会的构成与规则

社会组织(无论规模多大)的组织机构或许很小,也许只有一至两名员工,只服务于一个社区;或许机构庞大,在全世界拥有成千上万的员工。

在小型的组织里,一两个员工或志愿者可能执行以上列出的所有组织运作的职能。在大型的组织中,每个职能必须有一个单独的部门,并在各部门中配备若干员工。

理事会成员的人数由章程规定,不应少于3人,且为奇数。理事会成员由举办者、出资者、行政负责人以及职工代表等组成,按照章程赋予的职责进行民主决策。理事每届任期四年,任期届满可以连选连任。

在理事会下面可以根据需要成立不同的专业委员会。理事们可以将自己的活动主要集中在某个自身有兴趣的特定领域,以便更好地发挥他们的专长。一般只有比较庞大的社会组织才需要成立专业委员会。例如,广州市律师协会分别版权业务法律专业委员会、财税法律专业委员会和房地产法律专业委员会等40个专业委员会。

3. 理事会的作用和职责

（1）理事会职责。理事会对于组织负有绝对的责任，以确保组织有力、有效以及合法地完成其使命。理事会应对管理部门实行监督，对组织的运作负责；要保证组织的透明度，对组织的利益相关者负责。

陈金贵在《美国社会组织的人力资源管理》一书中，将理事会的职责概括为以下几条。

1）决定组织的任务和目的；

2）甄拔秘书长（选任制需会员大会选举）；

3）支持秘书长和评估他的表现；

4）确定有效的组织规划；

5）确保合适的资源；

6）有效地管理资源；

7）决定和监控组织方案和服务；

8）加强组织的公共印象；

9）提供诉之法庭的服务；

10）理事会的自我评估。

事实上，理事会应当如何运作没有单一的模式，当组织本身以及外部环境变化时，理事会的运作模式也需要随之相应改变。理事必须遵守多年来人们从经验中得出的基本原则，任何一个理事会都要为社会组织的使命、监督、资源和对外沟通全面负责。

理事会的职责可以概括为以下几条。

1）掌握组织发展方向，制定组织发展战略规划，确定组织的使命、宗旨等；

2）为组织的发展提供必要的资源；

3）提名或罢选理事长（会长），甄拔秘书长，对组织负有监督责任；

4）审定财务预算及财务监督；

5）加强组织公共印象，对外沟通和宣传。

（2）理事会作用。

1）确定使命。社会组织的使命和价值理念不仅决定着组织的特定性质，而且是组织治理成功的根基。理事会负责制定本组织的存在理由，即使命陈述（必须同法律注册时声明的使命一致）。理事会应当定期回顾使命陈述，以确保组织的各项计划和项目能够促进使命的完成。确保组织有清晰简明的书面使命陈述来说明组织的核心价值和存在理由。

a. 用使命陈述来评估组织的计划和项目——我们正在做的将有助于使我们更好地完成使命（目标）吗？

b. 在相关人群中推广宣传组织的使命。

2）甄选与监督。在理事会的工作中最重要、对组织成功影响最大的当属"选择最高执行官"——秘书长（或总干事）。理事会要确定秘书长（或总干事）应当履行的职责、要达到的目标，以及为此而应具备的特点和品质。理事会要明确规定秘书长（或总干事）与理事会、管理部门及组织内其他人的关系。支持、监督并评估秘书长的工作，利用适当的监督方式以确保组织运转良好，保证使命得以执行。具体包括以下几方面内容。

a. 作为领导和监督的一种有效方式，要定期进行组织规划；

b. 决定秘书长（或总干事）的聘用期，并为其制定报酬的等级；
   c. 实施并定期检查组织的行为准则及有关理事会及员工利益冲突的政策；
   d. 理解并且尊重理事会和员工之间的关系；
   e. 通过定期的工作效绩评估来支持秘书长并加强秘书长和理事会之间的联系；
   f. 把理事会的自我评估作为理事会日常工作之一。

   3) 提供资源。资源包括专业资源、人力资源和财力资源及其他社会资源。理事会要确保组织有完成使命所需要的财力和人力资源。保证必需的培训工作和管理班子，最大限度地调动员工和志愿人员的积极性和工作效率。制定措施，使工作人员理解并且具备必需的技能。

   制定财务规范，保证组织有适当的控制系统来监督财务、项目及工作人员的表现，确定他们遵守了既定方针，取得了预期的成果。

   保证组织有相关的、最新的政策，以便指导管理部门的决策和日常工作。具体包括以下几方面内容。
   a. 每个理事应当按照自己的方式每年为组织做出贡献，并在为组织提供资源方面发挥积极作用；
   b. 培养具有财务专业知识的理事；
   c. 批准并监督组织的年度工作预算；
   d. 定期审查员工的财务报告、检查并公布组织的年度财务报告；
   e. 要求组织接受独立的年度审计或外部财务检查，并把结果列入年度财务报告。

   4) 对外沟通和宣传。理事会有责任对外宣传组织的使命、价值和项目，保证组织与不同的利益相关者保持有效的交流和沟通，并通过利用这些关系使组织更强大，并且能够经受各种挑战。具体包括以下几方面内容。
   a. 制定政策以支持和鼓励组织的对外沟通活动；
   b. 听取目前及潜在的利益相关者的利益和需求；
   c. 积极当好对外联络的"形象大使"，宣传组织的使命、服务内容和成就，并让理事会和员工注意听取外部意见；
   d. 确保组织的对外宣传与公关策略，以支持对外沟通活动；
   e. 积极联系企业界、政府、教育机构和媒体内有影响力的人，并向其介绍组织；
   f. 保证交流和沟通工具（网站、年度报告和宣传品等）能准确展示组织的正面形象。

   4. 常务理事会

   理事会可能下设一个常务理事会，在不可能或没有必要召开全体理事会时，代表理事会行使职权。设立常务理事会可以用来提高工作效率，但常务理事会绝不可以取代全体理事会。在下列情况下需要设立常务理事会。

   (1) 理事会庞大。在某些情况下一小组人被授权代表理事会，可以提高作决策的效率。

   (2) 理事分散在全国或全世界各地。在紧急情况下，一个核心小组聚集在一起要更容易些。

   (3) 理事会需要定期采取某些行动或经常做出某些决定。一些财务或法律问题不需要全体理事开会讨论。必要时常务理事会就可以有效地兼顾理事会的工作。

即使常务理事会可能被赋予一些特殊的决策权利,理事会全体会议应当在下一次会议上确认常务理事会所做出的决定。

二、理事会各负责人的职责

1. 理事长(会长)

根据我国的特定环境和条件,社会组织理事会的理事长(会长)一般由创办人或主要出资人出任。理事长(会长)作为理事一员,同时领导其他理事;对外是理事会的象征,是理事会的发言人。

理事长(会长)的主要职责有以下几项。

(1) 主持理事会会议;

(2) 同外界领导人联络的主要联系人;

(3) 监督秘书长的工作;

(4) 激励并要求其他理事对理事会负相应责任。

2. 副理事长(副会长)的主要职责

(1) 在理事长(会长)缺席时代理的职能;

(2) 理事长(会长)可能给其分配具体分管职能。

3. 理事会秘书的主要职责

(1) 管理和保管理事会档案;

(2) 理事会开会时作记录或负责记录。

4. 财务主管的主要职责

(1) 组织资金的监管人和会计负责人;

(2) 只有在组织规定的人员授权时才支付;

(3) 监管财务人员的工作;

(4) 分析组织的财务报告;

(5) 监督组织的纳税和守法;

(6) 向理事会报告组织财务状况、纳税及守法的情况。

三、理事、理事长(会长)和秘书长和员工之间的关系

对于社会组织的理事、理事长(会长)和秘书长以及员工来说,明白自己与其他方的任务和关系都是很重要的。

理事长(会长)或者理事必须小心避免越过秘书长直接指挥员工。理事听到员工有意见时,要先与秘书长协商,保证秘书长有权管理社会组织的日常运作而不受干涉。

任何理事,即使是理事长(会长),在未经理事会允许的情况下不能单独行动,而理事长(会长)也只有一票决策权。即使是理事会执行委员会或常务委员会的决议,也要在下次全体理事大会上获得通过才真正有效。

聘任制秘书长不能担任理事,也不能投票决策。但秘书长应该作为没有投票权的成员参加理事会会议。会议议程应由理事长(会长)和秘书长根据来自其他理事会负责人以及管理团队来拟定。讨论议题必须具体清晰地列出。在每次理事会议上,秘书长都应该提供一份总

结主要成就、突出重大问题的议题以及计划下一步行动的报告。

如果有必要,经过秘书长和理事会同意,其他员工也可以参加理事会会议。

理事有权查看组织的工作报告、项目评估、捐赠纪录以及财务预算。理事必须诚实地宣传社会组织的诚信度和透明度,这是理事必须做的工作。

所有的理事和员工必须接受关于理事会任务和职责以及恰当的理事——员工关系的培训。理事会在政策、计划和监督方面必须担负责任,以确保组织及其项目的成功和良好管理。员工负责执行政策,并就组织的日常管理做出计划和决定。员工不能独自制定组织的规划和政策;理事也不能直接指导组织日常工作或干涉对员工的管理。

1. 理事和秘书长期望理事长(会长)做什么

(1)领导理事会支持组织实现各项目标;

(2)引导理事会完成其职责;

(3)高效主持理事会,确保对所有问题都有充分的讨论,同时使会议顺利进行;

(4)高效利用理事会的时间;

(5)代表理事会监督秘书长的工作,没有理事会的批准或授权不可擅自行动;

(6)监督常委会负责人的工作;

(7)在影响组织的重大事件上代表组织;

(8)有选择地对理事进行培养,以确保组织未来的领导人选;

(9)提高组织在相关人群中的形象;

(10)代表组织,通过行动成为其他志愿者的楷模。

2. 秘书长期望理事做什么

(1)建议与指导——充分利用理事的判断力、专长和对情况的熟悉给予秘书长提供帮助;

(2)与秘书长就理事会考虑的所有问题进行探讨。好的政策决议是由理事会和员工协商制定出来的;

(3)把所有的执行职责放权给秘书长。秘书长是理事会和员工之间的桥梁。所有与员工的沟通都应通过秘书长进行;

(4)支持秘书长做出的所有符合理事会政策和组织准则的决定和行动;

(5)评估秘书长的工作。

3. 理事会期望秘书长做什么

(1)秘书长是组织日常工作的主要负责人;

(2)提供专业意见给理事会,协助理事会进行战略规划决策;

(3)高效执行理事会通过的所有决策;

(4)向理事会全面、准确地通报所有项目的情况;

(5)与财务委员会协作制定预算,让理事会了解预算方面的最新情况和问题;

(6)招聘优秀员工,发展一支能干的员工队伍,并对其指导监督;

(7)投入时间来改进组织体系与机制。

4. 理事与管理层的责任对照

一些社会组织经常遇到理事会干预其日常管理的问题。表4-1能够帮助你明确理事会和秘书长应该分别担负的角色和责任。下面使用的"确保"一词用来表示秘书长和理事会负责监督责任。他们可能要监督指导其他具体办事人员来完成任务,但他们本人需要担负最终责任。

表4-1 理事会治理与管理职能的区别

治 理	管 理
1.定义是什么	
● 治理是确保组织及其资源管理具有公信力和高效率	● 管理是指导工作的过程,以确保员工和资源能发挥最大作用,实现组织目标
2.谁负责	
● 理事会整体	● 秘书长及主要员工
3.主要的角色和责任是什么	
● 确保组织具有使命、策略以及长期目标 ● 代表利益相关方监督秘书长和高级管理者的工作 ● 确保建立各种体系,使组织向所有利益相关方展示其公信力和透明度,特别是财务方面 ● 确保组织根据其适用文件开展工作,且不触犯任何国家法律 ● 确保组织具备所有相关制度,并且不断更新。听取报告以确保组织的资金和其他资源仅用于组织根据适用文件开展工作,并确保组织运营具有足够资源 ● 确保理事会工作顺利,会议高效进行,且所有成员完全参与	● 将使命和战略变为现实 ● 执行、坚持所有的组织政策 ● 管理组织员工的效率和效力以确保最大的产出和活动的效果 ● 规划、监控、评估组织活动,制定所有必要政策、体系以及程序,以保证建立一个负责任的组织 ● 管理组织以确保其根据使用文件和国家法律开展工作 ● 管理资源,保证为实现目标而适当地、经济地使用资源。记录、展示资源使用情况 ● 支持理事会的工作,例如提供会议场地和行政支持
4.具体有哪些任务	
● 指导组织的使命和策略 ● 审议制度 ● 确保有效地确定目标和战略规划 ● 确保计划得到评估和反馈 ● 任命秘书长并定期评估其绩效 ● 提供专业知识、智慧和支持 ● 支持筹资 ● 代表组织开展公关活动 ● 帮助解决问题 ● 听取并研究报告以保证组织的透明度,特别是在财务和资源使用上 ● 自身管理,保证效率和效果	● 制定使命和策略供理事会批准 ● 运用战略规划流程以定义目标和战略意图 ● 执行政策并确保组织遵循政策 ● 管理评估和反馈流程 ● 撰写建议书 ● 和捐款方联络以筹集资金,并根据要求向其提供反馈 ● 代表组织对外交往 ● 寻求帮助,解决主要问题 ● 保留记录和体系以展示组织的透明度和问责制 ● 管理组织的所有日常运营 ● 监督员工 ● 管理资源和工作
5.运作良好的表现是什么	

续表

治 理	管 理
• 组织可以向理事会和其他利益相关方展示公信力 • 理事会定期召开会议,并有足够成员出席以决定重要事项 • 有例证和证据表明理事会代表组织制定了策略和制度决定 • 没有迹象表明理事会干预组织日常活动	• 组织活动高效,实现了目标 • 员工了解组织的使命以及自己应当怎样帮助组织实现目标 • 已制定战略和运营计划 • 任何问询的人,可以随时提供组织的相关信息,特别是财务信息 • 组织愿意与外部的利益相关方分享关于本组织工作及内部运营的信息
6.有哪些重要区别	
• 理事会成员不是组织雇员 • 理事不拿报酬,不享受员工福利 • 理事不是每天上班,通常每隔数月召开一次会议 • 理事不对组织日常活动做出决定	• 秘书长及员工为组织雇员 • 秘书长及员工获取报酬并享受员工福利 • 秘书长及员工每天都为组织工作 • 秘书长及员工负责日常的决策

四、理事会会议规则

美国的《罗伯特议事规则》出版于1876年,由作者亨利·马丁·罗伯特编写,作品内容非常详细,包罗万象,有专门讲主持会议的主席的规则,有针对会议秘书的规则,当然大量是有关普通与会者的规则,有针对不同意见的提出和表达的规则,有关辩论的规则,还有非常重要的、不同情况下的表决规则。现行我国社会组织理事会规则来源于最早的《罗伯特议事规则》。现行理事会会议主要规划如下。

1. 理事会实行会议制和票决制

理事会会议分为定期会议和临时会议,定期会议应当按照本单位章程的规定按时召开,每年不少于2次。理事长、1/3以上理事、监事会(监事)提议召开临时会议的,应当召开临时会议。

2. 理事会实行一人一票制

理事会会议应由1/2以上的理事出席方可举行。属于理事会决策范围的一般事项须经全部理事的半数以上通过,重要事项须经全部理事的2/3以上通过方为有效。一般事项和重要事项的具体范围,应当在章程中予以明确。因故不能出席的理事,可以书面委托其他理事代为出席理事会,委托书必须载明授权范围。

3. 理事会会议的一般流程

一是相关主体提议召开理事会会议,确定会议议题;二是应提前5个工作日以上将会议议题和相关材料交给所有理事;三是不搞临时动议;四是表决并形成决议;五是根据会议情况,真实、完整地形成理事会会议记录,具体载明理事意见,形成决议的,应当场制作会议纪要,并由出席会议的理事审阅签名,理事会记录要指定人员存档保管。

4. 理事会细则

理事会细则描述理事会是如何组成的,它将做什么,它的成员及对成员的要求。当回顾制定的理事岗位描述时,应当考虑希望理事会多长时间开一次会。既要有足够人数的理事参加会议,又要有理事们积极参与。大多数的理事会一年开四次会。如果理事会开会太少,理事们就很难了解情况而无法真正参与到组织中来。有些理事会每两个月开一次会,并在其间召开常务理事会的会议。

成立理事会都想让它发挥积极有效的作用,因此,理事会就应当由有时间积极参与的成员组成。如果考虑邀请加入的是忙碌而又重要的知名领导人,则最好安排在顾问委员会而不是理事会。

理事会有责任为本组织同当地的社区建立联系——确保机构了解正在变化的需求,并且还要让社区知道这个机构提供的服务。因此应当计划起码让一些当地社区的代表加入理事会,也可以考虑让受益人群的代表加入,例如以前接受过服务的受益人或此人的亲属。

在制定理事会的细则时,理事会筹备委员会成员应该一项一项地讨论理事会细则工作主题,然后将答案归结起来形成正式的理事会细则。让可能成为理事的人知道这个细则并在第一次理事会上通过此细则。要确保有定时修改和更新细则的程序。

细则和组织的章程不同。章程规定该组织的结构和组成。细则包括以下内容。

(1)理事的资格或条件:什么样的人能或不能做理事?比如:员工不能做理事。
(2)理事的职责:即岗位描述(见附录1)。
(3)理事会的组成:理事的地理分布,性别,来自受益人、公众、企业界、学术界以及其他社会组织?理事如何产生?理事会应有多少人?
(4)理事一届的任期年数:多少年?
(5)理事任期(连续任职的最长年数或间断任职的总年数):多少届?
(6)理事会会议频率:多长时间开一次会?
(7)理事关于利益冲突的声明:理事和员工什么该做,什么不该做?
(8)理事任期的终止:什么情况下需要终止?怎样终止?
(9)修正细则的程序:如何改变和更新细则?

五、理事

理事是理事会成员,代表团体行使职权并处理事务者。不同类型的社会组织理事发挥的作用也大不相同。以下以公益慈善类社会组织中理事为例进行分析。公益慈善类组织的理事会成员可以邀请各届名人或其他为组织带来资金、人脉或专业特长资源的人士。

1.理事个人素质要求与职责

(1)理事个人应具备的素质。

1)能力:倾听、分析、思维清晰、创造性思考和团队合作能力;
2)态度:愿为参加理事会会议,在会议上提出恰当的问题,对分给自己的任务愿意承担责任并坚持完成,根据个人情况慷慨地向组织贡献自己的时间、精力和金钱,在社区推广该组织,自我评估;
3)如果不具备某些技能,愿意学习这些技能,例如:积累和筹集资金,培养和招聘理事会成员和其他志愿者,阅读和了解财务报表,学习更多关于组织的核心业务领域的专业知识;

4)具备以下素质:诚实、能了解并接受不同观点、友好、积极处理问题、耐心、开拓社区的技能、正直、有成熟的价值观、关心所在社会组织的发展和幽默感。

(2)理事个人应承担的职责。

1)出席理事会所有会议和典礼;

2)了解组织的使命、服务内容、政策和项目;

3)在理事会会议前阅读会议议程及其他材料;

4)为理事会服务,并主动承担特别任务;

5)向他人宣传该组织;

6)向理事会推荐能够为理事会和组织的工作做出很大贡献的合适人选;

7)了解组织所在领域或行业的最新动态;

8)遵守利益冲突和保密政策;

9)不越权向员工提特别要求;

10)帮助理事会行使受托责任,例如审阅年度财务报表。

2. 发展理事

社会组织组成理事会应当是一个谨慎、认真思考的过程,包括理事会成员职责等文件,才可以开始邀请理事会成员,组建理事会。如果是社会团体类社会组织,理事一般在会员中产生,并需要经过会员大会投票选举,才可以成为理事。

成为理事的工作应当分为以下两个步骤:

1)要了解候选人是否有兴趣在理事会工作。候选人对使命的哪些方面有兴趣?理事会工作是否符合候选人的个人需求?他(她)是否有足够的时间来投入理事会的工作?

2)邀请候选人加入理事会。通常由理事长(会长)来与候选人讨论理事会的工作。候选人是否充分了解理事会对他(她)的期望?理事会是否充分了解候选人本人对理事会工作的期望?考虑加入某个理事会的人需要了解为什么自己成为了考虑对象。是因为他(她)在技术或专业领域工作?因为他(她)有行业背景?因为某种个人品质或者知名度?让候选人了解加入理事会,需要投入多少工作时间。最好给他(她)一份理事会会议的时间安排表。

(1)理事的动机。为什么理事会成员愿意志愿贡献自己的时间、财富和才能?对那些大忙人来说,理事会成员的席位是也应当是一个很重大的承诺。在邀请理事会成员和想办法留住现任理事会成员之前,理事会和员工应当了解并尊重理事背后的一些重要动机。推动个人加入理事会的动机一般有以下几种。

1)利他主义和社会公益精神;

2)社会地位或公众面前的可见度及公众认可;

3)企业活动的利他需要;

4)名声——社会、专业或其他方面的提升;

5)外部压力(来自个人或企业)以及因为害怕负面后果而不愿拒绝;

6)为了"到那里做点实事";

7)向别人证明自己;

8)学习的欲望;

9)寻求生活的意义;

10)权力欲望。

(2)理事会决定选择某些候选人的动机。具体有以下几种。

1)公众对此人的认可(为组织提供某种形式的广告);

2)政治因素;

3)组织需要更广泛的代表性或更广阔的思路观点(性别、民族、年龄、地理和职业等);

4)此人对"事业"有好处(例如,儿童、环保和艺术);

5)此人正直、聪明、勇于行动。

(3)寻找理事会成员的途径。

1)向谁寻求理事推荐。

a.同事;

b.其他社会组织的理事会成员;

c.本地媒体的文章和报道;

d.首席执行官和其他高层管理人员;

e.理事会成员;

f.志愿者中心;

g.其他。

2)谁是可以考虑的理事。

a.目前和未来的主要资助者或捐助者;

b.社区领导;

c.本地和全国性组织的管理者,包括非高层人士;

d.当地小企业主;

e.与组织使命相关的领域的专业人士;

f.从组织的服务中获益的人,或者他们的亲戚;

g.其他。

3)平时应该注意收集潜在理事信息。寻找潜在理事的途经一般有以下几种。

a.志愿者管理组织或专业协会;

b.政府、事业单位;

c.代表各种社会群体的组织;

d.本地学院和大学;

e.其他。

(4)培养产生理事的环境。在一些对组织有用的重要领域培养产生理事的环境,那么组织一旦有需要,就会有高水平的人才可以用。例如,一个健康领域的组织可能会关注发掘一些专业的医务人员、社会工作者以及服务的受益人及其家人。一个在全国各地都有分支机构的组织,可以向各地区的人征求意见,征询要培养什么类型的人才。

1)需要广织网络。每个理事会成员都应该向组织推荐未来的候选人。同时要经常提醒组织负责人,请他们想想有哪些有资源的人才可以邀请加入理事会。另外也可以请相关领域的专业人士、其他社会组织的同行推荐人才。

2)关注本地媒体的报道。哪些人在积极从事社区活动或其有兴趣于组织的使命。联系那些有社会组织管理项目或者有与组织的使命相关的项目的大学,请教职员工、毕业生和学生提出一些建议。

3）考虑那些可能从组织的活动中受益的人。当地的企业家可能非常愿意在某个组织的理事会担任理事，以造福身边的社区——这个组织可能是一个为少年提供放学后活动的机构，从而减少少年的故意破坏或其他不良行为。大学也可以寻求校友或学生家长的帮助。大机构也可以从那些在该组织委员会中服务的、有良好记录的人员中挑选到合适的候选人。

4）一旦找到了可能的候选人，就要鼓励让他们参与进来。让他们知道你想让他们了解这个组织。给他们看组织的年报、小册子、宣传单和其他基本信息。一旦组织在媒体中得到了积极的正面报道，收集这些报道并交给他们阅读。邀请他们参加一些宣传活动，并询问他们是否愿意来参观组织的项目运作。

5）让他们参加工作组和其他志愿活动。有些组织要求未来的理事会成员做一年志愿者，之后才能成为真正的理事会成员。随着他们对组织和理事会的了解和加深，也能够了解他们具有哪些有利于组织发展的专长或资源。

6）不要放弃那些在其他理事会工作或因时间安排不开而不能马上参加理事会的人。因为理事会成员真正就职可能需要几个月或几年的时间。但是记住，一个人所服务的其他理事会越多，他花在你的组织的理事会上的时间可能就越少。最重要的是要与他们保持联系。

在邀请阶段，如果有候选人拒绝应邀参与理事会，问问他们今后是否愿意重新考虑。例如，如果候选人目前在另一个理事会工作，他们可能愿意在任期结束后到你的理事会工作。不管答案是肯定的还是否定的，敞开大门，继续培养他们对组织的兴趣。即使候选人拒绝了理事会成员的职位，他们还是可能成为组织的长期资助者、捐助者或为组织提供资源的人，或许以另一种身份参与到组织的工作中来。

7）有效的理事会还包括为组织及项目提供所需的技能和专业知识。如果已经有了理事会或有了一群参加理事会的志愿领导人，那就应该以此为基础，评估一下他们作为理事会成员应当贡献什么，然后按下面描述的步骤来确定理事会需要的具有专业技能的人才。

使用理事构成表来分析目前理事会的成员并确定其理事会所需要的经验、影响、技术、关系和在理事会中所应有的特点。

例如，如果理事会想要增加国际和国内企业的资助，就可能想要有一个来自当地公司办事处或当地企业的领导人参与，或者理事会需要财务管理方面的帮助，理事会就可能设法寻求具有金融和银行专门知识的理事。一旦确定了理事会所需要的专门的技术和特征，就比较容易考虑可以支持社会组织的使命并且应当邀请成为理事会成员的组织、企业和个人。

要回顾一下理事会成员的岗位描述，合适的理事会成员必须同意履行所有应尽的责任。

理事邀请的条件，组织需要讨论制定理事岗位描述、理事会细则以及利益冲突声明等文件（见附录1、附录2和附录5）。

（5）理事多样性的含义。选择理事会成员的关键就是避免因为方便而雇佣现任理事的朋友。对任何问题都能达成一致的理事会通常不是最有效的。为了解放思想和百花争鸣，理事会的成员最好在技能、专业背景、年龄、经济状况以及文化背景等方面都各不相同，这也就是所谓的"多样化"。

有的组织根据规定必须把一定数目的理事席位留给那些直接受组织服务影响的人士。有的组织则自愿给这些人留出理事席位，因为这些人对组织的服务有直接的体验，因此在理事会决策中纳入他们的意见非常重要。不管是什么理由，很重要的一点是要认识到，把服务对象纳入到理事会中，可能会带来一些建设性的意见，但也会使理事之间的沟通和互动变得更加复杂。在理事会里,服务对象代表和其他理事应该处在平等的地位上。

3.如何留住对组织有用的理事

(1)给新理事定位,每年做理事评估。新理事参加第一次理事会会议之前或在会上,理事会相关负责人应给他们提供新理事就任手册并简要介绍手册内容。

理事进行自我评估,可由社会组织设计《理事表现自查表》(见附录7)作为自我评估工具。

(2)每年分析理事会构成表(见附录3和附录4)。

1)理事会的组成要制定邀请及发展战略。与可能成为理事会成员的人建立联系,如果他们只与本组织中有联系,那就将他们介绍给组织的其他人,邀请他们参加组织举办的活动,并带他们看组织的项目,将他们介绍给员工和其他理事会成员及志愿者。给他们发送电子邮件,让他们了解组织的工作进展简报和媒体报道,促使他们对组织感兴趣并让他们相信你们是一个值得帮助的组织。让他们对你们组织的使命、愿景和目标逐渐承担更多的义务。

2)要向可能成为理事的人介绍理事会成员的岗位描述。要非常明确地告知,期待他们在时间和资源方面的承诺是什么。理事们如果自己不能在资金方面有所贡献(或者介绍其他资助者或捐赠者),他们的作用可能很有限。通常被要求资助或捐款的人会问理事他们自己是否资助或捐款了。在国外,如果理事只贡献了时间而没有贡献钱(或其他物质贡献,包括介绍其他捐赠者),那就不是有说服力的回答。请注意:理事会在邀请理事的时候,候选人的能力才是考虑的因素之一,而社会组织并不应该把理事邀请过程作为筹款的方式。

因此不要隐瞒想要理事们资助或捐款并力所能及地为组织筹款的事实。很多理事显然是愿意贡献他们的技能和资金。有些理事只能贡献几块钱。但是如果一个社会组织可以宣布它的所有理事都根据自己的能力贡献了一些钱,就会有力地表明理事的支持。这种支持对捐助人来说非常令人信服地表明了社区的支持和对你们社会组织的责任感。

理事邀请后第二步是培训理事。关键是要让他们熟知情况,并让他们不断地有机会参与决策并帮助你们的组织更好地完成使命并为人们服务。让新理事适应情况和每年对理事进行评估是帮助理事有效工作和履行职责的非常重要的工作。

4.新理事就任手册

为了有效服务,理事会成员需要很好地了解社会组织的所有方面,包括项目、财务、资源开发、人事、行政部门、管理和公共关系等。

每一位理事都应当得到一本就任手册(见附录6)。在下面部分是建议应当包括的内容。此手册应当在理事会备忘录、季度财务报告、当前项目报告和当前的出版物如简报和媒体报道等方面定期更新。

当新理事收到手册后应当让他们适应情况。这就要求理事会成员和秘书长或工作人员须与他们见面,与他们一起看理事的岗位描述和理事会细则,并要求他们填写利益冲突声明。有些社会组织将新理事同作为指导者的老理事相配,回答他们关于机构的各种问题,让他们习惯自己作为理事的角色,鼓励他们参加理事会并将他们介绍给其他理事。

计划一下你们如何欢迎和培训新理事,以及你们定期为理事提供什么材料。考虑如何能让理事了解情况。理事们对当前情况和挑战知道得越多,他们就可能越积极地参与组织的各种事务,甚至帮助找到解决问题的办法。

5. 年度理事评估

如果理事会没有像计划的那样起作用和成功,评估是指明这点并帮助理事了解应当如何改进的好方法。年度评估可以用来确定整个理事会和每个理事会成员的年度目标。

最简单的评估表是理事自我评估表,例如附录7的《理事表现自查表》,这份表应当以你们社会组织理事会成员岗位描述为基础,让每位理事填写自我评估,然后小组一起讨论填写的结果。并在此基础上讨论理事会下一年度的计划和目标。建议每位理事考虑制定个人作为理事会和委员会成员的目标。

6. 理事利益冲突声明

所有的理事会成员、员工及一些顾问和志愿者都应该填写并签署利益冲突声明。利益冲突声明的目的是帮助社会组织保持透明度和诚信。它是一个有关道德的声明,可以让社区确信机构领导人和员工没有在经济上或其他方面因在社会组织任职而谋取不正当利益。

理事会成员、员工及一些顾问和志愿者不可以参与会给自己或与自己的亲属有关的组织或企业带来利益的决策。在这种情况下,理事会成员必须向社会组织通报这种关系,该成员也不能参加任何投票,并应该把这些情况记入理事会备忘录和组织的档案。在填写利益冲突声明时,应当要求列出可能会产生利益冲突的组织、企业或团体的名单。这样理事会和员工就会对理事会成员可能不应参加某些会议的情况有所准备。

社会团体和民办非企业单位的理事会成员是否获取报酬,可以由组织自行决定。基金会对于理事取得报酬有明确的规定。很多公益慈善类社会组织理事,不仅不领取报酬,有些还会要求理事每年付出金钱及时间来支持组织的发展目标。但这不是说公益慈善类社会组织绝对不能对理事会成员合理的费用有所补偿。慈善组织可以自己做出决定,但是不要为理事会成员的任职支付工资。

第二节 组织章程

在理事会成立之前就需要确定,理事会将如何组成?它的规模有多大?多长时间开一次会?理事会成员的任期是多长时间?如何处理行为不当的理事?这些都要在理事会章程(细则)中作出规定。为此可以在理事会成立之前,先建立一个由骨干成员组成的理事会筹备委员会,这些骨干成员可能成为未来的理事会负责人或理事,他们通过讨论决定上述问题,并且制定出组织章程草案,并在第一次理事会(社会团体的章程,则需要通过会员大会通过)上通过此章程。一般而言,组织的章程主要涉及以下内容。

(1) 理事会的规模与职责;
(2) 理事会成员的资格与责任;
(3) 理事会会议的次数与时间;
(4) 通过决议的法定人数;
(5) 作出决定的方法和程序;
(6) 修改理事会章程的过程;
(7) 财务核算的年度;
(8) 理事被解除职务的理由和方法;
(9) 理事会补充空缺的方法;

(10) 理事会成员是否给予报酬;
(11) 理事会成员的开销是否给予报销、如何报销;
(12) 利益冲突规定。

第三节 监事会(或监事)

完善的社会组织治理结构包括设计监事会(或监事)。监事会成员不应少于3人,为单数,可设监事长1名。人数较少的民办非企业单位可不设监事会,但必须设1名监事。监事在举办者、出资者、本单位从业人员或有关单位推荐的人员中产生或更换,理事长、理事及财务负责人不得兼任监事。监事任期与理事任期相同,任期届满可连选连任。监事会依法依照章程的规定履行职责,并可行使下列职权:①检查本单位财务情况;②对本单位理事会、理事、行政负责人的行为依法、依照章程进行监督;③当本单位理事会、理事、行政负责人的行为损害本单位的利益时,要及时予以纠正;监事会或监事有向登记管理机关直接反映情况的权利。

一、监事长的职权

(1) 遵守章程,忠实履行监督职责,执行监事会决议,维护合法权益,不得以职权谋取私利;
(2) 召集和主持监事会会议,决定是否召开临时监事会会议。
(3) 检查监事会决议的实施情况,并向监事会报告决议的执行结果;
(4) 代表监事会向理事会报告工作;
(5) 签署监事会的决议和建议;
(6) 章程规定的其他权利。

二、监事会会议规则

(1) 监事会会议每年至少召开两次。
(2) 监事应当出席监事会会议。因故缺席的监事,可以事先提交书面意见或书面表决,也可书面委托其他监事代为出席,委托书应载明授权范围。无故缺席且不提交书面意见或书面表决的,可视为同意监事会的决议。
(3) 监事会会议一般应由2/3以上的监事或其授权代表出席方可举行。监事会做出决议,应经全体监事过半数表决通过,方为有效。监事会会议的表决可采取无记名投票或举手表决方式。
(4) 监事会的决议事项应当做出记录,出席会议的监事及记录员应在会议记录上签名。监事可以要求在会议记录上对其在会议上的发言做出某些说明性记载。监事会的决定、决议及会议记录等应当妥善保管。

第四节 管理团队

管理团队是由社会组织的骨干员工,构成秘书处(或执行机构),在秘书长(或总干事)的领导下,管理团队根据理事会制定的政策做出关于组织工作的具体决议。管理团队负责管理组织的项目、财务、行政、资源开发、对外联络、宣传推广以及人力资源开发等。它要通过秘书长(或总干事)定期向理事会汇报工作并积极参与理事会的政策制定。管理团队还要确保每年对整个组织、所有项目和所有员工的工作效绩进行评估。管理团队负责带领员工,努力实现组织中所确定的战略规划。秘书处(或执行机构)对理事会的决议计划组织实施,直接对理事会负责。秘书长(或总干事)即可以受聘于理事会,也可以是理事会成员。管理团队负责人对理事会负责,主要行使下述职权。

(1) 主持单位的日常工作,组织实施理事会的决议;
(2) 组织实施单位年度业务活动计划;
(3) 拟订单位内部机构设置的方案;
(4) 拟订内部管理制度;
(5) 提请聘任或解聘本单位副职和财务负责人;
(6) 聘任或解聘内设机构负责人;
(7) 执行机构负责人不是理事的可列席理事会会议。

第五节 理事会会议或会员(代表)大会

社会组织理事会会议或会员(代表)大会和一般会议一样,区分为审议性会议和非审议性会议。

完整地会议流程应该包括:如何准备会议、如何召开会议、如何提出会议讨论的问题并解决它、如何进行会议、如何评估会议五个阶段。非审议性的会议虽然在如何提出会议讨论的问题并解决它、如何进行会议这两点上要求得并不严格,但为了更好地进行会议,应该借鉴审议性会议的某些规则。

此外,为了使理事会会议或会员(代表)大会起到应有的作用,会议评估作用应该加强。一次会议的成功与否并不是看它的决议能否得出,而是要看这份决议是否得到了真正地贯彻执行。在现实生活中大家都有一个切身体会,一个很好的决策往往在执行过程中出现偏差,结果好的决议成了人人抱怨和讨伐的"坏决议"。因此,会议的结束不应该是以结束会议为结束,而应当以会议对于决议的执行做到了更好地安排为结束。简单的说,如果会议最终确定了大会决议由谁来执行、执行的效果如何判定、由谁来监督执行、效果不理想的责任判定和处罚力度的确定等四个因素,那么这次会议就可以被称为"成功的会议"。

一、会议的准备及召集

1. 会议召集

(1) 会议召集人要清晰化。开会是指三人以上的团体遵循一定的规则来研究事理,最终达成某项或某些协议的活动,它的目的是利用群策群力的形式来解决问题。它亦称聚会,因此它还可以被理解为:将人们组织起来,在一起研究、讨论有关问题的一种社会活动。

会议准备包括思考会议的召开有无必要、会场的布置、参会人员的通知、参会人员的交通和生活等各个方面。任何事情都需要进行准备,才能够做好,会议当然也不能例外。会议准备主要是确定会议的参加人员、会议成本的确定、会议召开的意义、本人在会议中的作用等。

会议的召开需要先行设定一些原则和方法,它主要包括会议的领导机构和人员的设置、章程和议事规则的确立、会议的程序和各类文书的制作。如果在第一次会议中进行了上述问题的得体应用,日后的任何会议都将以此作为榜样。

会议的召集有既定规则和程序,只有当我们充分理解了这些规则和程序,我们才能更好地把会议开好。会议一般分为固定会议和临时会议,对于一个组织来说,固定会议往往是法定的会议,如果不按时召开,首先就是违反法律。有些临时性会议法律同样也作了硬性的规定,因此两者都是强制性会议,作为社会组织必须召开。

当我们要用会议探讨如何解决问题的时候,首先需要考虑:对于这个问题的解决,除此之外,是否还有其他更好的方式,例如找几个人商量商量。如果有其他的解决方式,会议的召开就成了没有必要。

会议的举行需要大量的人、财、物准备,因此,对于会议的成本核算也是考虑的内容之一。如果参会人员对会议的规则和原则不甚清楚的话,盲目的开会反而会徒增烦恼。因此所有到会成员都需要理解一些开会的原则和规则以及技巧,这是到会成员的义务之一,更是成功召开会议的先决条件。

尽管会前准备是召开会议的第一环节,但"会前准备"仍然有其层次性,开会前的准备首先遇到的问题就是会议召集人的清晰化。人无头不走,会议也是同样,首先就要明确谁有权利召集会议。

会议的召集人往往是会议的组织者和领导者。有的会议有明确的召集人,社会组织的章程规定了社会组织开会的召集方法。例如成立大会,须由50名会员选举产生理事会的成员及理事长等领导职务,召集人往往是社会组织的发起者。而有的时候会议却没有明确召集人,这时候往往是社会组织内的执行层领导人。

(2)什么情况下召集会议。在会议召集前,作为组织的负责人或组织内的中坚人员,应该明白什么样的情况才适合于开会。会议的召开主要有以下6种情况。

1)只有利用开会这种集思广益的形式,才能解决目前迷惑的问题。例如:如何才能提高员工的积极性。

2)社会组织的章程要求必须召开的时候,例如:社会组织换届选举新一届的理事会的领导班子。

3)面对一些情况,大家都要求解决的时候。例如:员工要求增加福利。

4)某个问题的解决需要涉及多个部门的协商以及协作,如果不这样就不能够完成等等,不得不召开时候。例如:本组织要举办一场大规模的活动。这就需要社会组织的各个部门调动起来,一起来合作完成。

5)在决定召开会议后,为了更好地解决问题,我们需要了解参会人员的各种诉求。社会组织一般具有浓厚的民主氛围,让参会人员真正的觉得自己是会议的主人正是我们思考的重中之重。

6)明白了开会的必要性,你还要明白:你想从参会人员那里获取什么信息和什么建议。在向他们要求得到建议前,你是否能向组织内的人员明白而又清晰的说明和澄清某些情况。如果你的准备不充分,那就暂时不要开会,因为资料准备不充分的话,在会议上你会因为无法说清楚问题而遭到彻底否定;或者参会人员不清楚目前的问题,而徒增大量的解释时间,增大会议举行的各类成本。

2. 参会者

（1）参会者要明确所参加会议的类型。会议的举行有大有小，会议的性质有强制性会议和非强制性会议，会议召开的情况也不相同，因此会议有层次的区分，参会人员应该明白，会议层次不同，参会人员的权利与义务就会有所不同。

强制性会议，有特殊的法律身份界定，只有符合规定的人才能够参加并有表决的权利，凡是符合这些身份规定的成员，其权利与义务相同。例如会员代表大会、常务理事会和理事会等。不符合身份界定的人员，可以列席会议，但权利和义务会受到限制。

非强制性会议，没有明确的身份界定，但社会组织可以通过章程来确定身份，例如秘书长办公会议。社会组织章程可以确定中层以上管理者参加，但其权利与义务并不对等，主持人员或领导者往往拥有决定权。

因此，作为参加人员我们应该了解会议的层次区分，这样有助于识别会议是否合法，例如强制性会议中有不符合身份界定的人出现，而且其权利与义务与其他人相同。

会议的种类有很多，如座谈会、茶话会、送别会等，但这些都不是审议性会议。审议性会议是指那些为了解决某种问题，而需要通过讨论和审定进行的会议。

（2）参会资格的判定。如果社会组织规模比较小，参会人员可以包括全体社会组织员工。如果是审议社会组织战略发展及决策的会议，则可能需要设定身份限制，例如理事会或者组织的管理层等。

如果社会组织规模比较大，事务比较繁多，则需要设定参会人员身份。标准是按照贡献的大小？还是按照资历的大小？可以选择其中之一，也可以选择上述标准的组合，这就要看社会组织的具体情况和商讨事务的性质来安排。如果是临时会议或第一次会议，就应该把会员资格的判定标准告知参会人员，并往往以"会议通知书"的形式表达。

1）如何对待没有参加会议的人员。虽然都是参加会议没有来，但因参会人员所属性质不同，而产生的责任也不相同。如果组织内设有监事和监事会、理事和理事会以及秘书长办公室会议等常设性机构，参加会议的人员对于需要他们参加的会议有绝对义务，参加会议并不是给与他们的权利或者是荣誉。

2）不够法定人数时的解决办法。当会议召开时出现了不够法定人数的情况，将意味着一件重大问题的出现。对于会议的组织者和主持人来说，唯一的办法就是先休会。虽然我们可以对议题进行辩论，但是因为不够法定人数就没有代表性，有些会议因为法律限制就会违法，因此大会的决议不受法律保护，所以不能够进行选举和投票。在休会期间应该积极鼓励未参会人员到会，如果经过积极运作，仍不能达到法定人数，组织的领导者就应该思考为什么出现这种情况，或者把会议改为非审议性会议。为了避免这种情况的发生。在制定组织章程的时候，可以考虑强制要求没有充分理由的未到会人员。具体的强制措施只能是语言谴责或是文件记录以及物质处罚措施，被强制人员若对处罚不服则可以在下次会议上进行申辩，当然，他也可以用前来参会这种形式来规避强制措施的实行。

（3）参会者的权利与义务。参加会议的人员是否拥有投票权、表决权，是需要注意环节。

3. 会议准备的其他事项

（1）会议召开地点的选择。会议的召开地点，一般来说都会选择在社会组织所在地召开会议。如果是规模非常大的社会组织，如大型国际性社会组织，选择的地点一般是在某个办事处或项目办召开。对于上述两种情况，会议地点还要进一步明确，在哪个会议室召开。会议召开的地点,还有一种比较特殊的形式。

(2)会议通知书的发送。会议通知书的发送,包括电子邮件、信件或公文、电话以及新媒体等多种形式,对于具体的会议来说,应该采用不同的方式。但总体上说:审议性会议应采用公文的形式;非审议性会议可以采用电话或电子邮件的方式。当通知书发送之后,会议的准备阶段就完成了,会议将进入第二个环节会议的召开阶段。

(3)会议召开前的几个小技巧。会议召开前,有一些小技巧。会议的召集人和社会组织的领导者应该明确。这些小技巧,虽然不是会议成功召开的充分必要条件,但确实起着某种促进作用。

记住参会人员或积极分子的名字。如果会议的规模不大,而且设施不全,会议的核心人员,应该记住参会人员的名字。没有权利(或权力小)的人如果被有权利(或权力大的人)的人记住,没有权利的人一定会在惊奇中带着自豪,他会对你产生某种尊重。

记住参会人员的名字,具体说来至少有两个好处:其一在开会的时候可以让会议连贯,让人看出你是真的把每个人都看重了。否则,叫错名字的事情出现,有可能会引起某些参会者的不满。其二记住参会者名字这一行为,与会者会认为你对他很尊重。总之,记住参会者的名字永远不会有害处,它会使你站在某种情感高度。

巧妙运用休会,尊重参会者。上述问题属于尊重参会者的情感,尽管它很重要,但尊重参会者的生理时钟更重要。会议不可能长期地进行,一定要有暂停或休息的安排,这是一个会议时间安排问题。一次会议的结束尽量安排在午餐或晚餐之前。如果半日开不完,会议可以安排中间休息少许时间,如 10~20 分钟。在具体的运用中休会有许多好处,诸如因为见解分歧而导致的气氛紧张或义气之争等。在会议开始前,我们就要告诉与会者会议计划需进行多长时间。在某些时刻我们还需要在中途提醒代表,这样做的目的是要他们注意自己的发言长短,见表 4-2。

表 4-2 会议准备检查表

□ 1	组织的现状如何
□ 2	组织需要改善的地方在哪里
□ 3	改善方案都有哪些
□ 4	以前进行的改革方案效果如何
□ 5	是否有前例,其他组织如何解决
□ 6	会议召开所需的人员有多少
□ 7	会议在哪里进行
□ 8	会议的参加人员都有谁
□ 9	会议参会人员如何来去
□ 10	会议召开所需费用有多少

二、会议过程

1. 议程的确定

议程是指会议将要讨论的议题顺序。无论是临时会议还是固定会议都要考虑议程的问题。议程有时候很简单,可能只有一两个议题,但有时候则可能有多项议题。这时候就需要按照会议的时间和性质来确定讨论的顺序,是先讨论难的还是简单的议题。议程一旦确定,没有特殊原因不能打乱。

会议的气氛是非常重要的,好的气氛可以使会议更好的进行,坏的气氛则需要立即制止。例如我们一定要制止小组织辩论和私下交谈。这不是说不允许小组织辩论,我们看到每年的"两会"都有分组讨论,这是按着某种规则运用的技巧。

如果会议讨论的问题比较复杂,确定召开时间也很长,那么会分几次来召开会议,每次会议需要讨论的问题安排就是日程。例如:

(1)本届会议第一次会议(星期一)日程如下:

1)秘书长年度工作报告。

2)分组讨论秘书长年度工作报告。

(2)本届会议第二次会议(星期二)日程如下:

1)分组讨论秘书长年度工作报告。

2)讨论通过工作报告。

3)讨论增加基层员工薪酬的问题。

4)讨论联合同类型社会组织共谋发展的问题。

2. 章程的规定

章程是组织经特定的程序制定的关于组织规程和办事规则的规范性文书,是一种根本性的规章制度。章程就如同生活中的宪法一样,组织以及组织会议都要以组织的章程为基准,各项制度和原则都不能和组织的章程冲突,否则没有效力。

3. 议事规则如何确定

议事规则是会议进行过程中的基本制度,总体上说它包括会议如何举行和召开、议案如何提出、对议案如何讨论、表决方式的选择、采取什么样的议事方式等问题。举行和召开会议分为临时性会议和固定性会议,那么什么情况下应该召开临时性会议,什么情况下应该召开固定性会议应该明确。会议召开的间隔有无确定?有确定召开时间和间隔的就是固定性会议,不确定召开时间和间隔的就是临时性会议。二者的召开由谁来召集和主持,什么样的情况才是符合召开二者的条件?无论是临时性会议还是固定性会议都要确定法定人数,那么法定人数的确定方法是什么?什么样的人符合参加会议的条件,什么样的人不符合参会条件?允不允许列席会议的人员和情况是什么等情况都应该明确。

会议中的注意事项:一是如何利用精神领袖;二是关于迟到早退的问题。

1)精神领袖。参加会议除了为组织考虑解决某种问题外,还有保护自己利益诉求的因素。利益诉求除了物质利益外,还有一个精神诉求。在这一点上,精神领袖的地位无人可以替代。面对精神领袖的言论,许多与会者会放弃一些不太重要的利益诉求。因此我们在开会前,一定要仔细考虑:"我们参加会议的这些人中间,有没有精神领袖?精神领袖包括:知识领袖,这个人的知识渊博,见解非凡,因此它常常是意见领袖;道德领袖,这个人品德高尚,德被天下,他的话往往被人认为是公正的意见。因此组织的领导者或者主持人,要在会前透彻的研究精神领袖的意见。

2)迟到早退问题。这个问题是我们每个人几乎都有过的经历,它不是件小事情,尤其是临时会议。临时会议的召开往往是因为急迫的事情出现,而进行的对策研讨会。如果主要当事方迟迟不来,或者决策方提前离退,那么问题将无法解决。

在我们现实中由一个有趣的案例,因为联想当初是由中国科学院出资兴建的公司,学者气氛很浓厚。为了加强管理,公司明确制定了开会迟到者要罚站的制度,柳传志本人也被罚过站。对于高级知识分子来说,被罚站将是很痛苦的事情。无独有偶海尔也有这样的故事。其实有时候柳传志是故意来晚,就是为了罚站,这样做的目的就是要塑造一种遵守纪律的气氛。

4. 主持人的工作

会议的主持人是一场会议能否开好的关键因素之一,会议主持人的要求很高,如思维缜密、博学多才,同时又善于倾听和善于妥协。主持人需要了解参加会议的人员的背景以及关键诉求所在,同时也要明白自己在何时应该成为一名强者,面对违反纪律的参会人员有时可以进行强行处罚,而不必通过大会的表决。

在日常的工作会议中,会议的主持人往往是组织的最高领导或领导成员之一,在组织中拥有一定的威望和地位。无论是已经成为会议的主持人还是组织的会议没有选定主持人,作为组织的领导者都需要思考诸多问题。以下为会议主持人的行为原则。

(1)会前思考的行为原则。在开会前,我们需要思考我们为什么要开会,是为了解决什么问题。会议的目的,这个问题是单一问题还是群体问题。例如讨论工资增长幅度问题就是单一问题,讨论的中心问题就是幅度大小,涉及的问题主要是组织的状况。如果是群体问题,例如秘书长的工作报告。虽然报告会涉及组织的经营状况、员工的福利状况、市场发展情况等诸多问题,但哪个问题是阻碍通过的关键问题呢?如果我们是为了说明组织发展问题,要求参会人员提供解决方案等。

1)会议目的。会议目的往往是复杂的,如果不容易处理,就需要我们把复杂的问题分化成独立存在的简单问题。如何划分而不伤害或妨碍会议目的的达成。此时具体的思考就是"我怎样才能把这些议题说得简洁明确?"

2)会议制度如何贯穿会议。清晰的表达会议的目的后,就需要按照某种规则进行会议。无论是临时性会议还是固定性会议,无论是否确定了议事规则,都需要临时制定某种特殊的规则。如果是临时性会议且没有确定议事规则,可以先向参会人员说明一下,如果参会人员认可,那就先临时采用这些规则。如果参会人员不认可,可以用简单多数的方式先确定会议的议事规则。确定议事规则后,无论是临时主持,还是正式主持,所秉持的目的就只有一条了:让会议顺利而有效进行,达到这一目的就只有严格而有技巧的执行规则。

(2)行为准则。会议的主持人作为组织中的核心人物(或之一),思考的应该是:如何更好的解决问题。对于会议中出现的因为如何解决问题而产生的不同见解,应该泰然处之,处在超然的地位。然而在日常会议中我们很难做到超然,原因就在于我们有着各种各样的心理因素。例如我们总觉得别人不如我们强,他们的意见简直毫无益处。我们往往因为过于自信,觉得自己是组织的灵魂,因此往往拒绝听取我们认为不好的意见。另外,当我们的意见与其他人的意见相同时,我们常常会不自觉地倾向于他们。这些都是会议的主持人应该绝对避免的,这就是主持人的行为准则,丝毫不能动摇。

(3)行为礼节的原则。在会议的主持过程中,有一个非常重要的问题需要解决:如何才能有礼貌的主持会议。因为会议主持人的中立地位,应该让针对某一议题同意与否定的双方,都觉得主持人很公正。

1)陈述的礼节。在针对问题进行辩论时,应该明白什么时候应站起来辩论或陈述,什么时候坐着说就可以了。例如,如果组织有会歌或会旗的时候,所有参会人员都应该起立,正如我们听到国歌奏起的时候,看到国旗升起的时候一样。当然这也要视情况而定,如果是小规模的会议则也没有必要站起来,小规模会议的气氛在某种程度上更显得重要。但是起立这一礼节,在主持大型的审议性会议的时候,则应该必须先行确定并坚持。

2) 礼貌地倾听。在针对问题进行辩论时,如果一名与会者因为对某项问题的不理解,提出了一项不适当的建议,主持人应有礼貌地提示,而不应该嘲笑他,同时也不能允许其他人嘲笑他。

如果会议主持人违反议事规则使大会无法继续进行,可以由一人或多人提议"重新选举主持人",并说明理由,经现场出席大会并有表决权的参会人员半数以上同意,大会可重新推举一人担任主持人。

在针对问题进行辩论时,只要发言人发言合乎次序和规则,主持人就不应该打断他。如果主持人打断他,就会被别人认为主持人有倾向性。

要做到以上行为礼节,就必须清清楚楚地知道行为准则是什么,并且愿意始终贯彻如一。

(4) 主持任务的原则。关于主持人主持会议的任务,《罗伯特议事规则》中有一句经典的话。罗伯特说:"主席或会长的职责在于约定时间召集开会,主持一切集会,按适当次序宣布会议议程,陈述并提交会议的一切问题并使之付诸表决,维持秩序和礼节,并决定一切对之可以申诉问题的次序。"

从上面的话语中我们可以理解到以下几项内容。

1) 主持人应该按照规定的程序开会和散会以及休会。本章中的会议主持人不包括我们通常参加的领导讲话中的主持人。领导讲话随机性很强,主持人的角色一般也仅仅是听众。我们这里所指的会议主持人则不同,必须按照规定和规则去主持会议。例如组织的议事规则中应有这样的规定:"在进行议题辩论时,任何参会人员不能针对反对方的道德问题进行辩论"。参会人员某甲因为听到某乙对自己的动议进行了批驳,某甲勃然大怒,高举着拳头高声对某乙说:"你这个伪君子,你不要在这里高唱什么'我是为了组织的利益',其实你真实的意图是为了你个人的利益"。在这种情况下,某甲显然违背了规则,会议主持人应该对某甲进行批评。主持人应该按照规则和程序的要求,承认发言人的地位。

2) 参会成员要发言时首先要经过主持人的同意,也即首先获得发言地位。拥有发言地位要求的评判不是以主持人的意志为标准,而是以应有的标准为标准。这些标准就是:是否到了发言的时间和次序等,如果到了你就必须让他发言,他的发言权利不可剥夺。会议的主持人不应该为了自己的利益,或是为了所谓的组织利益而否定正当的发言地位。

3) 主持人应该按照规则和程序的要求,将议案陈述并讨论和表决,宣布表决的结果。在宣布表决的时候,还应该明确表决方法是举手还是投票。参会人员表决完毕后,经过清点票数,会议主持人应把表决的结果公布出来。

4) 主持人应该按照规则和程序的要求,答复一切有关会议的质询或询问,并决定权宜问题和秩序问题。会议主持人主持一次会议的成功与否,就在于其是否合乎规矩和礼仪的解决上述问题。因此,会议主持人应该对质询和权益问题以及秩序问题有一个深刻的了解。

5) 主持人的最后一项任务就是,签署会议记录以及有关的会议文件。当会议的议案获得通过后,并不是一次会议的结束,只有当会议的主持人以及与会者签署了会议记录之后,这一次会议才算正式的完成,如果没有这道程序,就代表程序的缺失,程序的缺失就等于这项决议没有效力,因此我们不要忘记这一细节。

5. 选择会议记录人员

召开各类会议都需要记录,用以日后的检查,那么如何记录更得体是很重要的问题。会议记录人员的地位仅次于会议主持人,目前许多人对这个职位有着各种各样的误解,我们应该改正这种不正确的看法,会议记录和记录人员的地位非常关键。

(1)会议记录和记录人员的地位。会议记录一般有两种形式:摘要记录和详细记录。通常日常性的工作会议多采用摘要记录。它要求抓住重点、摘录要义。如发言要点、结论、会议通过的决议等。它对记录人员素质要求较高,记录人员在记录时必须迅速作出分析概括、抓住重点、领会要义、明白取舍,既要准确地表达发言者的中心意思,又要做到简明扼要。会议的重点一般都是领导的发言、会议的决定、决议。

会议记录的目的是为了进行事后跟踪。它对于日后我们的各项检查有着很重要的保证,诸如对会议效果的检查,对参会人员日后的言行是否如一的检查等;同时如果日后出现各种各样的纠纷,它也是很重要的证据。如理事会和会员(代表)大会以及监事会的会议记录,都将对社会组织的运营发展产生重大的影响。特别是对于大型知名的社会组织,对外宣布的决议等都是需要根据会议记录来完成。因此,如何更好的更全面的做好会议记录,把它制作得无懈可击将是一项很重要的问题。

会议记录人员如果身份比较特殊,如是理事会秘书或是某个组织的创始人或领导者之一,那在会议的过程中则还可以协助主持人维持会议的议程和秩序。同样记录人员还可以协助主持人做好会议总结与归纳,以及以一个"旁观者"的角度来观察会议中是否存在一些误区,主持人有时候可能会出现"只缘身在此山中"的情况,这时候会议记录人员就可以从旁提醒。例如可以给主持人写个纸条子"某某还没发言呢,以前她可是很积极的。"。

鉴于会议记录和会议记录人员的重要性,我们首先要明确会议记录的人员在记录时的规则。有了规则的保证才能够把会议记录做好。

(2)会议记录的原则。会议记录的总体要求是真实、准确、全面不漏要点地记录别人的发言,不论是详细记录,还是概要记录都必须忠实原意,不得添加记录者的观点、主张,不得断章取义,尤其是会议决定之类的东西,更不能有丝毫出入。记录人从会议开始到会议结束都要认真负责。注意格式的统一,凡是发言都要把发言人的名字写在前,一定要按照发言顺序去记录。

在实际过程中,它还有一些具体的要求。例如会议记录人员在一般情况下由秘书兼职,为了更好的履行自己的工作,记录人员所在的位置应该靠近会议的主持人。

1)宣读记录。在会议记录完成记录工作后,一般情况下应该宣读一下记录。如果因为某些原因没有时间或没有必要宣读会议记录的时候,在征得与会者同意后可以省略宣读会议这一过程。

2)会议记录签名。一切工作完成后,会议记录人员、会议主持人应该在会议记录上署名。有时所有参加会议人员也要签名。这样做的目的就是一种确认,这将保证记录拥有权威性。如果记录人员不签名就证明没有被确认,这在日后的工作中将会引起麻烦。记录的权威性非常重要,目前有些社会组织会议甚至要求对会议记录进行公证,目的就是为了加强权威性。

3)会议记录人员的观点。在会议记录的过程中,在任何情况下都不应该在会议记录中展现自己的非发言观点,也就是说不能在某人发言后,写上此人说得不对或者很对;同样也不能因为有了上述判断,而对某人的发言进行增删。如果会议的记录人员有权利(例如记录员是由参会人员兼任的。除此之外他没有表达自己观点的机会,更不能在记录中随意的添加或删减自己支持或反对的声音。

(3)记录的内容。一般的会议记录的格式分为记录头、记录主体和审阅签名三个部分。

1)记录头的内容。记录头的内容有:会议名称和会次。例如广州市荔枝青年成长促进会第一届会员大会;会议时间和会议地点。

为了更好的查找会议记录,我们还可以为会议记录做一个编号。如2016(12)也就是2016年第12次会议的会议记录。

在我们的会议过程中,有可能出现来宾的情况,为了表示对他(她)的尊敬,在这种情况下,也应该记录下来,并由主持人向会员们进行介绍。当然,我们事先也可以邀请嘉宾来访,但不宜过多,否则将会影响会议进程的发展。

2)记录主体。记录主体的内容有:会议中心议题以及围绕中心议题展开的有关活动。例如我们这次会议的目的是研讨"如何解决拖欠员工工资的问题";会议讨论、争论的焦点及其各方的主要见解。例如:有人说"我们应该把办公楼租出去一半,解决资金短缺问题"。有人说"我们不妨先拖一拖再说";权威人士或代表人物的言论。对会议产生较大影响的其他言论或活动等,选举事项和选举方法以及最终票数和结果。例如:"经过表决11票支持,9票反对,通过了卖掉四部领导座车用于解决职工工资问题的决议。"

3)审阅签名。审阅签名包括主持人和会议记录以及重要发言人的签名,在签名前会议记录人员应该宣读记录,以让参加发言或表决的人员确认。在一些大型会议或者人数较多的情况下,为了保证记录的准确性可以设立记录委员会,专门对会议的记录进行校正,完成后向大会要作出报告。特别是当对记录有异议的时候,更应当向大会进行询问,大会要针对这个问题进行检查并告知异议人。

6. 选举会议机构和委员会

如果会议规模比较大,可以先成立一个"领导机构或小组"。它包括一些临时性的委员会,例如会务委员会,负责大会的组织和安排以及协调和承办其他事务的工作;文书委员会,负责起草大会的决议,印刷、发放以及管理大会的决议,信息简报的编写等;宣传委员会,负责大会的宣传,新闻的报道;后勤保障及安全,负责大会的吃穿住行、大会秩序的维持工作。

7. 其他会议细节

会议细节包括:诸如每个代表的名牌、签名簿以及发言条等,这些都是必备的,每次会议都会用到。如果媒体的宣传是必要的,可以事先召开媒体的见面会,说明情况,包括诸如:开会的必要性以及议程和代表情况等。

如果为了表示对这次会议的重视以及其他情况,我们还可以邀请媒体来进行采访。当然对于媒体这一因素,完全要看会议的目的是什么。

三、会议前后的文书写作

会议中的文书,有些是为了召开会议,有的是为了更好地进行会议,有的是为了评价会议,有的是为了宣传会议。我们先介绍为了召开会议而写作的文书,以及为了更好地进行会议而准备的各类文书。

1. 准备召开会议的文书

在诸多为了召开会议而写作的文书当中,首先就是会议通知书的写作。

(1)会议通知书。请看下列会议通知书,里面已经构建了我们需要所有注意的事项,本文就不再赘述。

标题:关于召开本年度会员代表大会的通知

各位会员(通知对象):

本会将召开第三次会员代表大会(会议性质),敬请各位会员出席,具体事项如下:

会议时间:2016年4月14日(星期六)上午9:30

会议地点:北京路374号2楼第一会议室

会议议题:

1. 秘书长汇报年度本组织运营情况

2. 会长做工作报告

3. 监事长做工作报告

4. 增选理事(理事资料见附录)

交通指引:略

特此通告。

(通知单位落款)某协会

(通知时间)2016年3月31日

(2)会议预案。会议的预案是会议的筹备方案,也就是召开会议的设想以及各类事务的总体预计,其主要内容包括以下几点(举例如下)。

标题:关于召开本年度会员代表大会的预案

1. 会议名称

2. 会议内容

3. 会议时间

4. 会议出席人员、会议列席人员

5. 会议地点

6. 经费预算

7. 主办方(主办单位)

8. 承办方(承办单位)

9. 其他(有必要说明的内容,如:秘书、文书、会务和联络等)

比较大的组织的会员代表会议或其他会议,对于上述各项可以再进行具体细分,做到更详细。

2. 会议进行的文书

一些小型会议往往参会人员大家都知道,但是一些大型会议则需要检查参会人员的证件。

(1)各类参会证件。各类参会证最好格式统一,为了区分,可以让不同的证件有不同的颜色。例如,代表正是红色、列席证是蓝色、通行证是绿色以及工作证是白色等,这样工作人员就可以非常清楚的知道对方参加会议的目的。

证件名称的种类包括出席证、代表证、列席证、来宾证、记者证和工作证等,对于庞大型会议还需要有通行证和签到证。

(2)开幕词的要点。在某些大型会议上为了更好地进行会议,还需要准备开幕词和闭幕词。对于小型会议除了某种特殊的需要,则不必对两者进行过多的润色,只需要简短介绍和总结就可以了。但无论怎么简短,都需要有如下要素:

首先说明到会人数以及符合法律程序和规章制度等程序语言,之后宣布"现在正式开幕",后介绍会议召开的背景以及筹备情况,介绍议程任务并提出希望。对于大型会议开幕词应该进行审批,因为它是会议的正式文件需要保存。如果处在某种特殊时期,例如组织目前很艰难,开幕词应该写得富有号召力、催人奋进。

(3)闭幕词的要点。闭幕词同开幕词的要求基本一样,不过在闭幕词中应该对会议进行总结。诸如会议的成就以及影响;会议议程的完成情况;重点说明会议议程中没有完成的情况,将如何处理;会议的决议情况并提出如何贯彻执行会议的诸多决议;如果会议中有不正常的情况应该点明,如果适合于公开批评可以批评,如果不适合就用委婉的话讲出;最后还要向参会人员和工作人员致谢并宣布闭幕。

任何文书基本上都需要写标题和时间,为的就是日后方便查找和引用。因此在下面的文书中我们将不再具体说明。

一般礼节性的文书,如开幕词和闭幕词以及演讲稿等,还需要有称谓。称谓就是对参会人员或听取人员的称呼。如尊敬的同志们或各位代表或亲爱的朋友们等。

(4)嘉宾演讲稿的要点。在某些情况下无论是大型会议或是小型会议,会要求组织的领导者或来宾进行演讲或即席讲话。讲话稿除了用词要符合讲话人的身份以外,还需要对某个问题进行清晰的表达,对问题要剖析得有条理、有步骤和完整。最好用口语化,能简短的句子就不要拉长。

演讲嘉宾的演讲除了要对组织的会议表示祝贺外,如果与组织有某种关联,就需要对关联环节进行细致的演讲。例如嘉宾当年曾是组织的成员,嘉宾就应该回忆一下过去。在演讲时不应该总说客套话,应该富有感情。演讲嘉宾的演讲不必过于理性,可以适当感性但也不能失态。

3. 闭幕后的文书

闭幕后的文书主要包括:为了评价会议以及为了宣传会议而进行的文书准备。评价会议是极为重要的环节,凡是想用会议这种形式解决问题的人,必须加以重视。没有确定执行环节的审议性会议,本质上就等于没有召开过。

为了评估会议而进行的各类文书写作,包括决议案的写作,以及会议总结和各类执行情况考评的文书。

(1)为了评估会议而进行的文书。

1)决议案。会议的目的就是为了寻求解决某个问题的办法,而决议就是解决问题的办法,如何把它落实到文字上将直接影响决议的有效性。因此,决议案一般由标题和署名以及时间和决议正文内容几个部分组成。标题就是"某年某届理事会关于如何处理某某问题的公告或决定或决议"。决议的正文要包括决议的缘由,也就是会议讨论的问题;决议结果。一般在决议正文的最后,要对决议做出点评并提出执行要求。如果决定的事项较多可以分开来写,但每个问题需要另起一段绝不能放在一起。因此,每段都需要写一个小的标号。

2)会议简报。会议简报的开头要写明什么性质的会议,诸如某某组织第某次会议,因为会议包括固定会议和临时会议,因此在标题中要注明是第几次临时性会议;发布单位以及时间;如果需要保密,还需要写上诸如"内部资料,不得外泄"字样。再往下就是正文。如果正文较长,还要有阅读提示或者编者按。最后再次写上发布单位和印发份数。

编写简报是为了快速的告知本单位没有参加会议的人员,或者为了让参加会人员进行某种确认,因此,会议简报要写的快而真实;简洁而庄重。

3)会议纪要。会议纪要的主要目的是为了记载和传达会议的情况和精神,对讨论的项目进行系统的总结。因此,会议纪要的编制就比会议简报需要的时间更长和更正规。一般包括标题和结尾以及正文,结尾要加上诸如提出什么希望或发出什么号召,最重要的是交代完成决议的内容及时间。正文表达次序是:会议概况(包括召集单位、时间、地点和参加人员)、会议背景、会议讨论事项及结果(分一二三列明,讨论的事项即所讨论的问题,决议一般是讨论的结果)。

4)会议决议催办书。会议决议催办书是在会议决议确认了执行人员后,发现执行人员迟迟没有进行处理或处理缓慢时,发出的比较严肃的文书。一般情况下,在发出前应该至少有一次口头催办,如果不能则立刻发布催办书,否则,会议就等于没有召开一样。讨论出了解决办法而不去执行,讨论又有什么作用呢?

表4-3为会议催办书范例。

表4-3

催办编号	催办人	发出本次催办书时间
被催办单位和负责人		
催办内容		
目前办理情况		
催办联系人		
拖延原因		
备注	主要包括此次催办书是第几次,以前曾有几次,每次发出的时间和编号是什么等	

(2)为了宣传会议的文书。会议简报和会议纪要虽然可以用于对内传达,但这并不妨碍对外宣传的作用。只需要注意两者在保密事项方面的问题就可以了。另外,新闻稿也是会议工作对外宣传时应该采取的措施。在制定新闻稿件的时候,应该注意以下问题。

1)对于新闻记者的特点要有明确的了解。新闻记者在很大程度上是为了取悦读者,往往倾向于挖空心思的找到新闻点。他们可能利用各种策略,特别是用比较尖锐的问题来提问。

因此,大会的新闻发言人在一般情况下性格都应该是比较温和的人,但问题需要具体分析,温和的性格并不是发言人决定性的要求,还需要诸如应变灵活、思维缜密、博学多才等要素。在特殊情况下,可以要有性格特点的新闻发言人。如果我们的会议是为了商讨某件特别紧急的事件,例如危机公关的处理等,在这些情况下,对于危机公关处理时的发言人的性格应该是比较沉稳。

2)新闻发言人必须总体掌握组织发展和会议情况。因为发言人会遇到各种类型的问题,他必须在组织中拥有一定的地位,而且组织内的各类内部资料,除非是特定类型的机密文件外都应该让其阅览,这样有利于其了解各类情况。

四、会议效果评估

许多人都把会议的结束作为单纯的会议结束,这种观点应该改变。会议的结束只代表着我们想出了解决问题的方法,并不代表会议的真正结束。好比我们一个人看到了自己身上的不足,经过观察或别人的教诲后认识到了自己的不足,但只认识显然不行,必须要有行动来真正的进行改变。

1. 会议效果评估的意义

会议的评估不仅可以获得会议质量的信息,还可以总结经验教训,对于这项工作完成得好与坏,对于日后的会议以及决议的执行有着很重要的作用。会议评估最大价值在于:我们可以在会后的冷静思考中,细心的体察出会议中存在着的各类问题,可能会发现一些以前不易觉察的错误或者有价值的经验,这些都会帮助我们更好地开好下次会议。

会议评估包括会议进行时评估和会前准备评估以及会后评估。会议评估的作用核心的内容就是:找到会议的不足和经验。

2. 会议评估的作用

(1)会议的评估是为了检查会议的既定目标是否真正达到。会议虽然已经开完,决议也已经制定完毕,但是这个决议是会议召开之前,所要的达到的决议吗?如果没有达到既定目标,那原因是什么?难道是我们的目标定得过高了吗?还是其他原因。

会议的评估一般采用调查问卷方式进行,但是面对各种各样的会议类型,调查问卷方式可以有许多种。不用调查问卷形式还可以采用:观察参会人员表情、论调调查型(根据会议结果的一般情况,挑选出一种结果来让部分参会人员进行辩论。例如:会议的结果只有成功、不成功、很失败、很成功和无法评价五种类型。

(2)会议的评估是为了检查会议的决议是否有所创新。大会做出的决议与我们当初的目标有所不同,而这并不是一定是坏事情。也许会议的决议比我们开会前的目标要好。因为开会前所定的目标毕竟是少数人所想的,大会的决议却是经过大会多数人集思广益形成。如果大会的决议比我们的目标要好,我们就要思考为什么会出现这种情况。如果是我们自身的原因,就需要立刻改正自己思想中的某些不足;如果不是自身的原因,就应该对组织进行某种改革。

(3)会议的评估是为了系统地总结经验教训。在会议的召开过程中,会出现许多意想不到的事情,尽管我们在会前已经有了准备进行了预测,但"百密终有一疏"会议不可能像自然科学那样一就是一,二就是二。因此,仔细地思考在会议进行中,无论是会员还是主持人还是组织的领导者的错误与经验非常必要。

(4)根据会议的评估而做成的会议总结报告是为了给决议的执行留有备案。决议的执行好坏是会议能否真正成功的关键,而在会议的召开中,因为会议的参加者也许受到了会上气氛的影响,而暂时放弃了某种利益诉求。而当会议结束后,他也许会改变自己在会议上的态度。在这种情况下一份完整的会议评估报告,会给他日后的改正加上一把锁。会议的记录和决议执行的责任将与它一起,构成对参会人员会后行为约束的三道关口。同时根据会议的评估所写的会议总结报告也是分清责任的重要一环。

3. 会议评估的内容

会议的评估需要很多环节,根据会议的不同性质评估的内容很多。比如,不是审议性会议的表彰大会。它就极为需要媒体的参加,对媒体作用的评估是核心,媒体的作用甚至大于会议本身。而对审议性会议来说,有些需要媒体,有些则不能让媒体介入。

一般审议性会议的评估需要考虑以下因素。

(1)对会议的宣传效果如何,参会人员在会前是否充分理解了参会的目的?
(2)会议的主题是否具有现实意义?
(3)是否得到了充分的解决方案?
(4)会议的议程安排是否合理?
(5)会议的议程安排是否紧紧地围绕着会议的主题?
(6)会议的议程之间是否有更好的衔接?
(7)会议举办中是否有人严重违反纪律,采取了何种解决办法?
(8)会议举办中会议的主持人是否做到了中立?
(9)主持水平如何?
(10)会议的举办中组织的领导人是否严重的阻碍了参会人员的辩论?
(11)会议的举办中是否有特殊事件发生,我们采取了何种解决办法?
(12)会议的举办中会议记录是否完整,是否符合法定程序?
(13)会议的举办是否按照章程规定进行?
(14)会议的举办有没有让参会人员觉得被人冷落或轻视?
(15)会议的发言人发言的内容是否与会议的主题切合?
(16)会议的表决方式是否合适?
(17)会议的决议中是否包含着执行要求?
(18)会议中是否有活动?活动的效果是否达到了?
(19)会议中是否有休息和吃饭的时间,安排得得当吗?
(20)各种会议是否按时进行了?
(21)会议的各类设施是否完备,是否运转良好?
(22)会议的参加者是否对会议满意?
(23)会议的召开对参加者有多大的意义?
(24)能否解决他工作中的困难?
(25)会议的参加者还愿意参加这类会议吗?
(26)参会的目的是什么?是为了学习还是休息?
(27)会议服务者的工作是否得到了肯定?
(28)会议的主持人和组织的领导是否忽略了他们的劳动?

（29）如果有其他单位参加，是否对他们的到来给予了感谢？

（30）会议结束后，会议的主持人和组织到领导人是否进行了总结？

了解了以上评估内容，如何评估就成为了问题的关键。

4. 如何进行评估

对于会议评估的时间要选择好，最佳结果就在于会议刚刚结束的时候。会议评估的方法最好是进行当面问询，对于小型会议来说，会议的评估比较简单，全部工作完成后可以进行问询。对于大型的会议召开时，往往是要分成若干组，还有可能组织参观或者访问。参加人员在会议完成后也许就要离开会场，根本没有机会对他们进行问询，在此时对于大型会议的评估可以分阶段进行。对于可以现场问询的可以进行当场提问或者进行调查。如果很难进行当面询问，我们可以通过电子邮件进行调查问卷或电话调查。

经过上述方法得出的与会人员观感非常重要，它是会议评估人员的第一手资料。会议评估的工作度其实并不轻松，需要接触上到会议的主持人和组织领导，下到一般参会人员甚至工作人员的所有到会人员，评估的成功与否需要参会人员的积极配合，因此会议评估需要进行繁重的工作会议评估时应注意的事项见表4-4。

表4-4 会议评估时应该注意的事项

应该做的	错误的做法如何改进
把对组织和会议最有效的信息安排全面	不要不分轻重缓急一切问题都列出
设计的问题不要太多，语言要简练	晦涩的专业术语只能针对专业人士
阅读反馈信息要冷静	对反面的否定的评价反感
得到肯定意见多的时候，要表扬	对否定意见多的隐瞒，应自我批评
仔细分析评估者评估的动机	完全相信评估调查表面的文字

以上这些都是为了得到好的评估报告，接着写作会议总结报告，会议总结报告将分发给组织的各领导阶层。目的就是为了让各阶层更好地完成大会决议的内容，这时候会议是否开的成功的关键环节执行便出现在了我们的面前。

5. 会议决议的执行

会议决议的执行是关键的环节，所有做出的决定必须得到遵守，要确保行动的一致，还需要规定完成的时间。对于大会决议的执行既不能偏离也不能暗中阻挠。在大会的决议中最好要明确决议的执行单位，如果没有明确地执行单位，应该把决议分散到相关的各个单位，最好用客观的数字作为是否达标的标准。

决议中应该明确的指明，完成与否的奖励与惩罚。只有这样才能够把会议的决议真正的贯彻下去，会议才能够算是真正的开好了。对于要求制定某项措施的决议，应该明确制定者是谁，制定完成后应该交给谁。如果在会议召开期间审理完就交给大会。如果是会议闭幕后，那就需要交给会议的常设委员会。

五、理事会会议的改进

社会组织理事会是集体决策制。会议的最高目的是为公开、坦诚、敏锐的对话创造一个环境，使对话为组织及其服务对象做出最明智的决定。提高理事会会议的效率，首先从会议议程设计开始,在设计中应掌握的几项原则。

(1)把重大、复杂的事情放在会议中间,保证有足够的时间对其加以讨论。

(2)把次要的事情放在最后。

(3)尽量减少"只提供信息"的事项,注重"使人了解和思考"的事项。

(4)注意议程的逻辑和条理。

(5)制定会议时间表时不要过于乐观,要为理事会的反思和讨论提供充足的时间。

(6)会议结束的气氛要积极向上。

1.改进理事会会议的方法

(1)鼓励参与和积极讨论。任何成功的讨论都需要参与。鼓励参与就必须欢迎所有参会者积极交流意见和看法。下面是一些主持会议时鼓励讨论的有用的指导方法。

1)询问感觉和意见。例如:您对此感觉如何?您对此有何考虑?您对此反应如何?

2)总结某人的发言。例如:看看我是否理解了您的立场,您是提议什么;您是说什么?

3)要求总结:大家提出了很多不错的观点,有人能总结一下我们迄今所提出的看法吗?

4)要求澄清。

5)要求举例。

6)保证观点能够得到详细表述:看待此事是否还有其他方法?您对所说的是否还有补充?

7)提议讨论程序:请大家逐一发言,谈谈感受,是否应该将这些建议排序?

8)积极支持:请大家给同事一个解释的机会……

9)面对分歧:小王,你没有直说,但我并不认为你赞同这样。

10)展望未来:如果这样做失败了,我们会遭受什么损失?

(2)赞扬不同意见。不同意见是透过现象看本质的重要元素。应该将不同意见看作是建立理解和相互尊重的手段。允许别人表达不同意见有助于建立必要的信任,从而建设有效率的理事会。

1)假设每个人都是正确的,每个人都会从不同的视野看待问题。

2)寻找机会重新描述面临的情况,并包括不同意见者的看法。

3)欢迎不同意见,并将其看作是一个识别细枝末节的机会。有时候,当冲突表达后,它们会被确定为细枝末节,理事会则可以继续其他重要问题的讨论。

4)让不同意见者知道其呼声被倾听。

5)持续寻找共同点。

6)如果某位或几位成员对做出的决定持有不同意见,可以将其不同的意见及反对呼声写进会议纪要。

(3)处理会议的困难情形。以下是理事长(会长)可能会遇到的困难情形,及处理建议。

1)某人主导讨论:不能允许某位健谈的参会者完全主导讨论。可以直接提问,引导其他参会者加入讨论。如果这些努力无效的话,不妨在茶歇时单独与此人交谈。你可以说:"我感谢你积极提供你的观点。但是我担心我们不能听取其他理事的意见。待会重新开会后,我希望请他们发言。"

2)某人争论不休。通常,这样的人会激怒整个团队,有人可以会表示敌意,或团队讨论出现短暂停顿。你随之可能需要直接进行协调干预。但是,你需要非常直接地指出,争吵正在影响会议进度,并浪费了宝贵时间。

3) 某人和邻座开小会:会议期间有人私下交谈是不可避免的,而且这种私下交谈的时间很短。如果这种小会喋喋不休就成了问题。一种方法是请开小会的人告诉大家在说些什么。另一种方法是保持缄默,注视开小会分子。

4) 某人腼腆或缺乏自信:无论此人是由于缺乏经验而产生不确定感,或是由于害怕尴尬而不愿意发言,你都可以问此人一些他所熟知领域的问题,使他可以充满自信地回答。

5) 建立或维持团队利益:注意在开场白中要吸引大家注意力,并要积极发动大家回应。说话时不要腔调单一,令人昏昏欲睡。记住,要情绪饱满。

6) 必要时开始讨论:提出问题,引导大家从独特视角进行思考。使用实际或假设的案例。要求团队成员讲述具体经历,提出观点或者意见。

7) 跟上讨论的节奏:发言应该简明扼要,易于记录。不去理会那些与谈论主题无关的发言。提出直接的问题追问重要观点。

8) 处理棘手话题:预测那些可能提出的棘手话题,直接面对。如果它们与谈论的主题无关,可以指出来,强调会议的目标。如果有关,保持中立,坚持客观地考虑问题。

9) 推动讨论,避免肤浅:如果团队成员没有提出具体案例或事实,可以提出供大家考虑。请那些大家都知道掌握现在或过去相关经历的成员发言。不要允许过于简单的发言。

(4) 处理会议冲突。由于会议中具有不同价值观、思考角度和沟通方式的人会进行互动,因此团队成员间几乎不可避免会不时爆发冲突。冲突对一个团队的影响取决于冲突的原因、冲突的经过及冲突的管理。

沉积的冲突最终浮出水面。如果有人提出一些看似负面的观点,他们至少给他人解决问题的机会。如果他们不能公开表达分歧,就可能选择隐性冲突,更难解决。

鼓励讨论。然而,不受控制的冲突可能会损害团队情感,破坏团结。

1) 保证不敏感地提出不同意见,考虑他人感受。

2) 如果有不同意见,对事不对人。

3) 用询问的精神面对不同意见,要求澄清观点或提出例证。

4) 强调共同点。指出各人观点中的相似处,让团队清楚你希望求同存异。

5) 区分性格和观点。

6) 要求两位观点最为对立的成员坐在一起,一起寻找共同的方法。

7) 幽默是减缓紧张感的有效手段。

如果理事会分歧很大,延迟表决。指派一个工作小组起草建议书提交理事会。将所有派别代表都纳入到工作小组中。

2. 理事会的决策原则

(1) 协商一致。所有理事都同意该决定,要达成协商一致,理事们会一直讨论,直到同意某个决定。其方法是清楚解释做出这个决定的原因,同时认真倾听其他持不同看法理事的反对原因。然后团队一起讨论问题,征求意见。如果不是所有人同意,下一步则是确定一种妥协方案,再次征求意见。如果仍有不同看法,那么再争取达成更大的妥协。目的是找到一个大家都能同意的妥协方案。如果还不能达成一致,有些成员不赞同该决议,但认为放弃自己的投票权无伤大碍,那么理事会其余人可以通过该决议。

(2) 多数通过。如果一半以上的理事支持该项决议(51%以上)即为通过。

(3)绝对多数通过。如果2/3以上的当选理事支持该项决议(67%以上)即为通过。

3. 理事会的决策流程

(1)参与型。通过参与方式做出决定。理事长(会长)创造一种良好氛围,使所有理事有信心表达他们的思考和感觉。这样就需要创立尊重不同意见和倾听他人的文化。在这种文化氛围下,理事们会觉得提出的问题和意见越多,越能激发有意义的讨论。在参与式讨论后,理事会可以按照多数通过或协商一致的原则达成决议。

(2)专制型。理事长(会长)、秘书长或任何其他强势的理事提出一个问题,并不希望会上进行讨论,而是期望所有成员投票赞成其意见。通常在这种情况发生前,理事长(会长)和秘书长或其他强势的理事可能在理事会会议前,就已定好他们希望理事会通过的决议。在会上他们给理事们压力,让其不要提出任何关键的问题,从而通过该决议。

(3)秘密投票型。可以应用到参与型或专制型决策过程中。如果理事长(会长)希望了解大家真正的想法和感觉,但是不能确定理事会是否具备了让大家畅所欲言的文化(新成员总倾向于跟随其他成员),那么秘密投票将很有意义。大家在纸上只用写下一个数字或字母,然后折叠起来,最后公开唱票(这样做不容易识别笔迹)。

秘密投票法不能应用到按协商一致原则进行的决策,因为根据协商一致的原则,要求每人都了解、倾听不同的观点,看到他人投票的情况。

(4)法定人数型。法定人数是指做出有效决议所必需的出席理事会理事的人数。法定人数应写入理事会细则中。行业协会中规定,2/3以上出席,赞成达成需全体理事1/2以上。例如,如果细则规定,理事会的7名成员中一半以上(即至少要有4名成员参加会议),决议才有效,才能达到法定人数。法定人数可以使理事中有代表性的团队一起做出决策。其次,它可以防止秘书长或强势的理事借可能投反对票的理事不能出席之机突然提出召开理事会,然后由2~3人的小团体硬行通过对组织十分重要的决议。

4. 理事会会议投票的重要规则

(1)不能由其他理事代为投票;

(2)理事需要出席会议;

(3)理事资格不能交给自己定的人选;

(4)聘任的秘书长不应该在理事会议上参加投票;

(5)会议中每个议题只应该进行一次投票。

如果在会议开始阶段已经讨论了某议题并做出了决定,而在会议结束阶段又对该议题进行投票,则有可能创造一种危险的理事会文化。那些对决议不满意的理事应该在第一次讨论该议题时就提出他们的不同意见。

第五章 社会组织财务管理

任何组织的宗旨都是通过一系列业务活动来实现的,开展业务活动必然与资金的收付活动相联系。一个社会组织收入和支出项目的结构性和性质,反映了其业务活动的性质和方向,一目了然地体现着其活动是否符合其宗旨。社会组织的财务管理通过对组织的业务活动进行计划、组织、控制和分析评价,能够有助于组织从源头上实现其宗旨,并在运行中纠正组织的目标偏差。

随着经济社会的发展和社会结构的变革,对社会公共和公益事业的需求也迅速增长。为适应社会和自身发展的需要,社会组织必须要有强有力的资金保障,通过资金灵活地运用于各项服务活动之中以挥其效能,让各类服务对象和广泛的社会成为受益者,社会组织才能吸收更多的人力和物力资源来巩固自己的发展地位。良好的财务管理不仅能够保障社会组织资金的收支平衡,使组织处于安全运作状态,防止运作风险的发生,而且通过成本分析预算监督等环节,还能提高项目资金的运作效率,用较少的钱为社会办更多的事,从而为组织吸引更多的社会资金投入壮大组织的实力。

第一节 社会组织财务管理的概念

社会组织财务管理是社会组织管理的一个重要组成部分,它是根据财务制度及财经法规,按照财务管理的原则,对社会组织有关资金的筹集分配及使用所引起的财务活动进行计划组织协调控制以及处理财务关系的一项综合性的经济管理工作。

一、社会组织成长与财务管理需求

社会组织从初创到做大,发展成熟的过程中,财务会计系统从无到有,也伴随组织成长而成熟,财务管理需求也随社会组织内外压力增加而增大。示意图如图5-1所示。

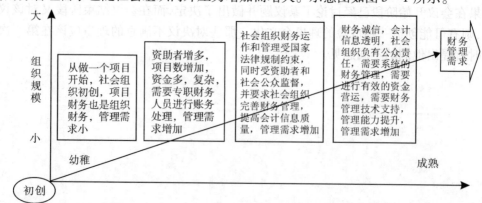

图5-1 成长阶段与管理需求示意图

二、社会组织财务管理内容

从总体而言,社会组织财务管理内容包括对财务活动与财务关系的管理,从对象来说,包括收入管理、支出管理、负债管理、资产管理、基金管理以及结余管理。

1. 财务活动

从财务管理的角度讲,社会组织的业务活动过程同样表现为资金运行或价值运动与转化过程。资金运行过程的各阶段总是与一定的财务活动相对应的,如图5-2所示。

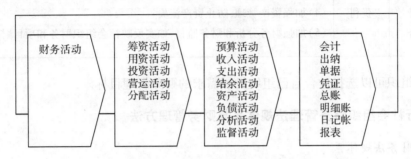

图5-2 不同层次和不同角度反映的具体财务活动内容

2. 财务关系

在财务管理过程中与方方面面发生的财务关系,如图5-3所示。

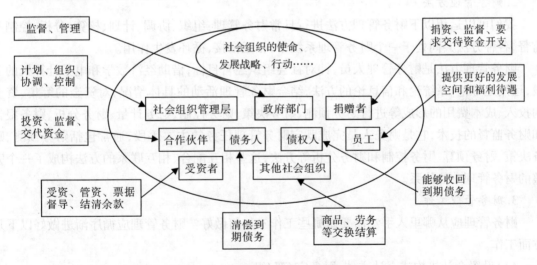

图5-3 社会组织与各方的财务关系

三、社会组织财务管理目标

财务管理目标,就是通过财务管理所要达到的目的。根据系统论,正确的目标是系统实现良性循环的前提条件,制定良好的财务管理目标对社会组织财务系统的运行具有重要意义。社会组织财务目标决定着组织财务管理的基本方向。因此,确定财务管理目标,是财务管理主体必须首先解决的一个理论和实践问题,见表5-1。

表 5-1　不同的角度和层次,有不同的财务管理目标

战略(长远)目标		具体目标
A	B	C
诚实的财务 信用的财务 透明的财务 信息的财务 公共的财务	生存 发展 "获利"	(1)建立健全财务制度和会计责任体系,规范社会组织财务行为 (2)加强预算管理,保证业务计划和工作任务的完成 (3)加强收支管理和控制,提高资金使用效益 (4)加强资产管理,防止资产流失 (5)加强财务分析和财务监督,如实反映社会组织财务和项目财务状况

各社会组织可以选择适合自己组织发展需求的财务管理目标。

四、现行社会组织财务管理法规体系与财务管理方法

1. 现行财务法规体系

目前针对社会组织财务管理的法规主要有:《民间非营利组织会计制度》《基金会管理条例》《中华人民共和国慈善法》《中华人民共和国公益事业捐赠法》《中华人民共和国会计法》《中华人民共和国税法》《中华人民共和国审计法》等。

2. 财务管理方法

我们可以运用以下财务管理方法进行日常财务管理:组织、协调、计划、核算、分析、控制和监督,各种方法共同处于一个财务管理系统中,相互衔接,循环发生作用。

财务管理方法是财务管理人员,针对社会组织经营目标,借助经济数学和电子计算机的手段,运用运筹论、系统论和信息论的方法,结合财务管理活动的具体情况,对资金的筹集、资金的投入、成本费用的形成等进行财务预测、财务决策、财务控制、财务计量、财务分析、财务报告和财务监督的技术,它是财务人员完成既定财务管理任务的主要手段,通常包括财务预测、财务决策、财务预算、财务控制和财务分析等方法,这些相互配合、相互联系的方法构成了一个完整的财务管理方法体系。

3. 财务管理工作

财务管理应从哪里入手?需要做哪些工作?如何做好?财务管理应循序渐进做好以下几方面工作。

(1)设置会计机构或会计主体:财务室/部/组;

(2)人员配备:应具备会计从业资格;

(3)建立财务管理制度及岗位职责;

(4)建立内部会计控制制度;

(5)组织会计核算、制定会计基础工作规范;

(6)编制财务计划、进行财务控制;

(7)财务核算结果及披露、进行财务分析以及评估控制;

(8)理财文化建设、民主制度建设。

第二节　社会组织财务管理的现状及应对策略

一、目前社会组织财务管理方面面临的困难和挑战

目前社会组织财务管理方面面临的困难和挑战包括：国家法律、法规不完善，特别是社会组织财务管理制度缺失；社会组织规模小、注册方式多样、组织架构不健全，导致财务管理松散滞后；财务机构设置、是否配备专职会计人员，选用何种会计制度及核算方式等问题上，情况多种多样；以实施合作项目为主，缺乏自有资源，对投资伙伴的依赖性较强，可持续基础脆弱；各个项目组织机构对项目资金管理要求有较大差异，对使用资金的社会组织财务管理的规程要求也有不同；项目协议约定的资金使用要求与社会组织财务管理及相关财务政策有冲突；社会组织财务管理缺乏专业性、系统性，没有明确的财务管理目标，缺乏内部财务管理制度，会计基础工作不规范；社会组织经济业务类型多，会计人员缺乏项目财务管理经验和理念，培训机会不多；社会组织近几年迅速发展，无论是会计核算方面还是项目管理方面都与传统企业有很大区别，会计人员对社会组织不熟悉，还停留在传统企业思维中；缺乏针对社会组织的财务管理指导理论。这些都是严重制约社会组织当前发展的要素。

二、社会组织财务管理应对困难和挑战的策略

根据我国现行的法规和管理体制，结合社会组织财务管理的经验，综合来说，社会组织财务管理应对困难和挑战的策略主要有以下几种。

(1) 组织国际、国内社会组织和政府有关财会、税收以及工商等管理部门进行研讨会议，倡导政府会计主管部门制定或完善针对社会组织的财务管理政策；

(2) 组织具有国际、国内社会组织经验丰富的财务管理专家进行财务管理培训；

(3) 组织各个层次社会组织财务人员进行学习和专题研讨；

(4) 社会组织财务人员之间的交流、学习；

(5) 对社会组织的从业人员进行财务辅导；

(6) 针对社会组织的财务管理、会计核算等实际业务工作，组织编写指导性、实用性较强的财务管理教材或操作手册。

第三节　社会组织财务管理的特征

社会组织与其他组织的区别在于社会组织的大部分收入不是来自于市场价格出售的商品和劳务，而是来自其成员缴纳的会费、支持者的捐赠和政府购买服务支付的资金。社会组织财务具有下述特征。

一、经费来源的无偿性

社会组织的资金来源主要依靠成员缴纳的会费、支持者的捐赠和政府通过财政预算支付的服务购买资金，决定了各级社会组织获得的经费也具有无偿性。社会组织作为国家职能的承担者，不以营利为目的，他们为社会提供的服务往往是低价的，甚至是免费的，他们的各种消

耗很难通过自身的经营活动进行补偿,这在客观上也决定了他们完成各项任务所需的经费必须无偿获得。部分社会组织以服务收费等方式从社会取得资金,而不由国家财政拨款,这些经费来源同样具有无偿性。

二、经费使用方式上的限制性

社会组织的出资者提供的资金,可称为基金。基金的特征是要按出资者的意愿完成一定的社会任务,实现社会效益和出资者目的。社会组织的财务管理,首先表现为基金管理,要能反映各项基金按预算应用的结果。社会组织的出资者不要求投资回报和投资回收,但要求按法律规定或出资者的意愿,把基金用在指定用途,即要求基金有限制性。社会组织的基金具有严格的具体用途,不能挪作他用。社会组织基金的限制性体现了社会组织出资者的权利,为此,社会组织财务管理要按不同的项目核算基金的使用情况,尽管对各项基金不一定要分别按有关的资产、负债、收入、支出等项目进行管理,但必须提供各项基金的收支节余情况,以便考核各项基金的使用效果。

三、经费使用的政策性

社会组织作为社会的主体,他们的各项活动,对社会主义物质文明和精神文明建设有举足轻重的影响,与国家的社会主义现代化建设和人民群众的物质文化生活密切相关,同时,各社会组织的政府补助收入经费,体现着国家的财政方针政策,体现着国家支持什么、反对什么、鼓励什么、限制什么,体现着政府的意图。他们一收一支都对应着明确的规定,都带有极强的政策性。因此各社会组织在办理各项收支业务时要严格执行有关的收支范围和收支标准,严格执行各项财务规章制度及财经纪律,依法理财,合理、有效地使用每一笔资金,以保证各项活动的顺利开展。

四、预算管理的重要性

预算管理,是社会组织财务管理的中心工作。各类社会组织每年年初都要根据活动开展计划和单位工作任务安排编制单位年度预算。并按一定的程序,报有关部门审批。审批之后,社会组织预算就成了财政部门管理各社会组织财务收支活动的依据。财政部门一方面根据社会组织的预算向其拨付经费,另一方面,又通过预算管理,将社会组织的各项财务收支纳入预算,统一核算、统一管理。从社会组织角度看,各社会组织的预算,经有关部门审批之后,同样成为本单位办理财务收支及其他各项财务活动的重要依据。社会组织的各项财务收支都要按预算执行,其他各项财务管理工作也主要是围绕社会组织预算来展开,因此预算是财务管理的中心,在社会组织财务管理中起着主导作用。要提高财务的工作量必须切实加强预算的管理。

五、类型的多样性

社会组织种类繁多、类型复杂。从所有制来看,既有全民所有制的,又有集体所有制的;从业务活动性质来看,既有生产性的又有非生产性的,既有服务性质的,也有社会福利性质的;从经费来源看,有来自于政府补助、有来自于捐赠方、有来自于机构自身(会费收入、提供服务收入、投资收益和商品销售收入等);从提供公共产品及公共服务的方式来看,有的是免费的,有的是付费的。不同的社会组织性质不同,业务特点不同,财务收支状况也有较大差异。相应地,不同的社会组织对财务管理提出的要求也就不同,预算的编制、资金的安排、财务成果的分配也不一样,因此财务人员在社会组织财务管理工作中应坚持实事求是的原则,在严格执行国家统一的财务制度的前提下,根据社会组织的实际情况和实际需要因地制宜地建立一套符合社会组织实际的财务管理模式,有选择地采用不同的方法进行管理。此外,社会组织的财务管理工作,还要切实可行,不能脱离实际。

第四节 社会组织筹资问题

社会组织筹资的渠道主要有:向政府申请拨款和补贴,申请项目支持和政策支持;向其他组织和个人收取会费,接受捐赠,或个别进行负债筹资;挖掘自身潜力,利用组织资源进行合法经营,进行收益性筹资。社会组织除负债性筹资外,向政府、其他组织和个人进行筹资具有非偿还性的特点。

一、公信力、知名度以及治理结构等是社会组织筹资的基本条件要素

社会组织筹资的基础是公信力。具有诚信形象和良好社会声誉的社会组织才能够得到包括受益人、资助者及合作伙伴和公众的认可。很多组织已经意识到培养公信力的重要性,并且从公信力培养的过程中获益。

捐赠前,每一位捐赠者都会对所希望捐赠的社会组织做一定的了解,在信任的基础上,才能放心地给予;同样,在捐赠后,捐赠者也都希望和所捐赠的社会组织保持联系,确保自己的捐赠落到实处。捐赠者不会只是因为社会组织有需求而捐赠;他们之所以捐赠,是因为组织能够满足他们自身的需求。

反之,如果社会组织自身缺乏良好的运作和管理机制,则很难让捐赠方对组织建立积极的信任关系。例如,内部规章制度缺乏或者不完善,缺乏合理的治理结构,缺乏具有专业技能的员工,资金管理不规范甚至是滥用资金,以及缺乏公众知名度所带来的种种问题都会涉及到筹资的可能性。

对于社会组织筹资筹款问题,必须满足以下基本条件。

1. 清晰的使命、愿景与战略方向

清晰的使命和愿景陈述,可以让不熟悉组织的人了解组织目前的工作以及组织存在的理由和宗旨。愿景是组织所希望的未来蓝图。清晰地阐述使命、愿景和战略方向,不仅可以让别人很快记住组织的形象,更重要的是,他体现了组织对自身长期发展的把握和衡量,可以帮助建立公众形象和信任度。

2. 高素质的员工

树立良好的信誉需要高素质的员工和志愿者。员工和机构能力的提高会促进组织的工作效率。培训员工具备管理、财务和筹资技能,使社会组织的工作逐步走向职业化,从而树立良好的机构形象,得到公众的认可与支持。

社会组织作为第三部门,与政府部门和私人部门有很多的不同。在招募员工的时候社会组织首先就会要求工作人员具有社会责任感和对所从事的工作的认同和理解,而其他各方面的能力可以在实际工作中培训和锻炼的。作为社会组织,不可能完全依靠升职加薪来调动员工的积极性,但是可以通过提供更多培训和自我挑战的机会,促进员工对机构使命感的认同

和努力。

鼓励员工和志愿者参与筹资,并建立一个由员工、志愿者以及理事组成的筹资团队。由此,可以让员工、志愿者和理事认识到:他们的言行,无论是个人的还是代表组织的,都时刻在建立组织的声誉,他们可以帮助培植更多的利益相关者,这其中的一些人将会成为捐赠者。筹资团队直接负责组织的筹资工作,并应该制定一个工作计划,明确筹资的目标,筹资活动,各团队成员的职责等,比如谁来负责执行,谁来控制进度。团队成员各司其职,并定期向组织管理者(或理事会)汇报工作计划的执行情况。

3. 透明和诚信的组织文化

各种使内部工作人员(员工和志愿者)和外部的利益相关者都能够相信组织的资金使用良好的机制是建立在透明和诚信的组织文化基础上的。

透明和诚信的组织文化最直观和有效的方式就是发布每年工作的年报。在这个报告里,要强调过去一年最突出的成就,并对主要捐赠者、合作组织、志愿者、理事以及员工致谢,也可以加入一些照片和故事来增添吸引力。年报中还有一个非常重要的部分就是财务总结报告并要将财务审计报告作为附件加入。

另外,有必要的话,机构可以采取年报形式,公开必须公开的内容,以提高组织的诚信度。年报不需要印刷得非常精美或者印刷多份,只要简洁清晰就可以了。如果觉得没有必要印刷的话,也可以将组织的年报公布在网站上,可以是本组织的网站也可以是一个专门网站,如NPO信息咨询中心的网站就有一个栏目放置各个机构的年报,这也是增加公信和透明的一种方式。如果需要将印刷出来的年报提交给相关利益者,可以稍加排版,用打印机打印就可以了。这样的态度,也可以向资助者和受益人表明组织的资金都使用在项目上,而不是浪费在华美精致的报告上了。

4. 精确的财务记录和项目报告

捐款者都会关心的问题是"我的捐款是否用到了实际的工作中?有没有浪费和滥用?"很多社会组织经过几年的发展逐步认识到,用公证、真实、准确的财务记录和项目陈述报告,是赢得诚信的最好方式。其中包括几个方面:财务信息必须真实可靠;组织资产记录完好保存,未被滥用或被意外损坏;遵守组织内部的政策;符合政府的法律法规以及捐赠方对财务报告的要求等。

除此以外,要做到财务诚信,还必须保证以下几方面。

(1)精确性。内部会计控制以及高质量的书面文件。

(2)一致性。书面的财务规程明确,执行中的职责明确,对预算及时监控。

(3)时效性。定期的财务结算报告书,纳税申请和报告系统。

(4)透明性。开放式的操作与结果,受理事会的监督,有年度报告,年度独立财务审计。

(5)关注结果和社会发展的项目。

很多组织都意识到精确的财务记录的重要性,邀请专业的会计事务所负责财务的整理和审计工作(也可以邀请有意帮助社会组织的会计事务所或者会计师作为志愿者,提供免费和专业的财务工作)。同时,项目的陈述报告其实是对社会组织具体工作的整理和回顾。准备好这些第一手的资料和信息,就可以随时向潜在的资金来源方、项目伙伴、相关受益人甚至公众提供他们感兴趣的内容,充分体现社会组织的透明和诚信。

当然,现在社会组织存在着向谁"问责"的问题。现在很多报告都是提交给基金会或者大的资助机构,那么组织应该考虑将这些信息向受益人公开,甚至更广大的公众。

5. 完善有效的治理结构

目前阶段的社会组织在治理上确实存在很多不足,如治理结构不健全、资金不足、从业者能力欠缺等。从社会组织持续和长远发展的角度来看,应该考虑建立健全理事会,既能够代表利益相关者的利益,又能够设法避免社会组织是为私人所有的认识或可能的机制。

社会组织的理事会是由具有热情、事业心、奉献精神和志愿精神的理事们组成的。他们的职责是监管这个组织,并制定使命、价值观和制度并保证其有效地落实,监督机构的财务。这种决策和执行的分离,能够更加有效的保证组织得到资源和透明地开展工作。理事会成员应该忠于社会组织的使命,将对组织的个人兴趣转化成促进组织发展的动力。

当然,各个组织可以根据实际的情况来选择相应的治理结构,但是,所选择的治理结构需要有利于组织的治理机制化和可持续发展。

6. 较高的社会知名度

社会组织要通过实际行动来树立自己提供社会服务、具有管理有效、财务负责和真诚承诺的形象。

要扩大社会组织的正面影响还是有技巧的,这就需要制定公共关系策略,善于与媒体合作。通过媒体的报道,不仅能够提高公众对社会组织与该组织针对的社会问题的认知,还能够吸引更多的工作人员、志愿者、会员和更多的资金;同时媒体的报道也是公众监督的一种形式,是一种加强社会组织透明度和公信力的方式。

很多组织已经做了大量的实际而有效的工作,但是因为缺乏与媒体合作的经验和能力,而默默无闻;有的组织,却因为担心报道失实而对媒体敬而远之。作为社会组织,需要媒体——"第四权力"来提供公众对社会组织认知的渠道,并扩大影响,并在不断的合作中,使媒体从业者意识到,与社会组织的合作,也是担当社会责任的方式。

现在,一些媒体的从业者已经纷纷加入社会组织的行列,他们除了报道,也作了很多支持第三部门发展的工作,而他们因为"身临其境",就会更加清楚社会组织发展公共关系的重要性及其策略。

7. 其他应该考虑的综合性因素

捐赠方捐赠的意向和数量多少,可能会受到国家、个人在宏观环境、税收法规和经济方面的影响。无论外部环境如何变化,捐赠方和组织之间的信任关系,是筹资的保障。一般来说,可以从以下几方面来考虑。

(1)在章程规定的宗旨和公益活动的业务范围内,遵守主体资格、地域范围方面的规定;

(2)在筹资活动中遵循公开、透明的原则,提供真实、可靠的信息,并与机构的使命保持一致;

(3)筹资行为应该保护捐赠者的合法利益;严格按照捐赠协议约定使用捐赠财产;

(4)项目开展的过程中以及项目结束后,应及时向公众和捐赠者提供资金使用方面的专项财务报告。

二、筹资专门活动的有关注意事项

1. 筹资专门活动的目标

(1)对本组织的宗旨进行宣传;

(2)提升组织的知名度、组织名称的认知度和扩大项目的传播率；
(3)感谢志愿者并吸引新的志愿者；
(4)增强公众意识，促进社会改革。

2. 选择专门筹资活动的标准

(1)活动的适当性——可以考虑选择适当的时间和场合。例如和组织宗旨目标相关的节日或者组织的周年庆等时间；

(2)组织的形象——组织本次活动的目的可以是维持组织形象，也可以是希望提升组织的形象和目标；

(3)志愿者的能量——组织本次活动需要多少人参加，应该由志愿者还是员工来组织，志愿者以何种形式参与，以及参与的时间等都是应该考虑的问题；

(4)初始款项——大多数活动在活动开展的初期就需要有一些启动资金。这些钱是否已经准备好，如果本次活动不成功导致钱财的损失，组织是否能承担得起，这样也是应该计划和考虑的问题；

(5)可重复性——好的活动有可能成为每年的传统，即使第一次的成果比较少也要考虑重复搞这种活动，评估一下如果同样数量的人付出同样的工作量，再搞此活动时是否能筹到更多的钱；

(6)时机——需要了解活动当时社区内还会搞哪些活动，并注意：①不要与其他的活动产生冲突；②不要重复，恰当安排专门活动的举办时间，不要与其他的筹资或慈善活动太接近；③考虑假期以及参与者方便的时间。

(7)是否符合大的筹资方案？——该活动是否能引起目标人群的注意？新的捐赠者？转制能够制造多大力度的宣传？这是否应该成为组织当前筹资的重点？

3. 计划专门活动

(1)为什么要为专门活动建立委员会？

1)监督为该活动所做的工作；

2)让志愿者参与委员会的工作，一方面可以调动志愿者的积极性，另一方面可以补充专职人员有限的时间；

3)委员会的职责：计划和协调；

4)委员会将任务分配给员工、理事会和其他志愿者。

(2)委员会的任务。

任务1：编制主要任务清单。

任务2：准备预算（略）。

任务3：建立时间表。

从活动当日进行倒推，考虑是否有足够的时间完成所有的工作？是否遗忘了一些费用或任务？建立"继续或停止"日期来评估进展并决定是否继续：卖出多少张票？任务是否按期完成？可以使用甘特图来表示时间与任务的立体关系。

任务4：评价活动。

要及时填好评价表。保存好宣传材料、邀请函及其他对再次组织该活动有用的资料。评价的目的是要决定是否再次组织此活动；确保以后不必再重新编制计划文件。新委员会可以在前任委员会的基础上进行修改和补充。

(3)编写专门活动报告。
1)委员会付出了多少时间?
2)该活动是否吸纳了新成员?新款项?
3)该活动是否会逐年扩大规模?
4)哪些方面应维持?改进?
5)列出赞助者以及免费或低价物品的来源,谁弄到的,下一次他们是否还能再这样做。
6)有哪些跟进工作需要做?例如感谢信,付账单,归还借用物品等。
7)委员会的成员们各自做了什么?下一年谁愿意再次担当志愿者?

4.组织年度慈善晚宴

举办慈善晚宴,可以通过出售入场券来获得收入,其中的绝大部分将会直接捐入社会组织;还有一小部分用于活动开支。

(1)年度晚宴的可能类型。
1)简单而常见的"签名"活动;
2)大型宴会,通常在酒店或大饭店举行;
3)晚宴期间通常有一些简短的节目;
4)给某人颁奖;
5)出色的演讲人、歌手、表演(注意不要喧宾夺主,淡化了慈善筹资的主题);
6)播放关于突出的社会组织的成就的录像;
7)活动还可包括跳舞、拍卖、抽奖和赞助者的广告册。

(2)组建年度晚宴委员会。组建年度晚宴委员会应关注以下事项。
1)找出4~5名志愿者加入委员会(①其中至少应有1~2人曾经组织过类似活动;②需要某些成员在工作日的参与,即如果志愿者在白天有其他的工作,则需要调整工作时间来负责委员会的工作)。
2)委员会将设定活动日期,准备主要任务清单、预算和时间表。
3)组织分委员会负责小活动,例如抽奖、广告册和贵宾接待。

如果是非常大型的年度晚宴,则有可能需要设立非常多的专门委员会,示例如下。

各种专门委员会

☆ 名誉委员会:允许该活动借用其名或进行捐赠的知名人士,与之联名发邀请的其他人或企业(做的事很少,甚至不会参加活动)。

☆ 宣传委员会:2~3人负责在所有媒体上宣传该活动,并通过诸如宣传册、网站和邮件等方式进行宣传。

☆ 事务委员会:负责具体细节:食物、饮料、鲜花、停车、音响以及翻译等。应该分工明确,以避免误会。

☆ 资料委员会:负责撰写和设计邀请函以及节目、宣传册等其他资料,确保外观和内容的统一,有时可作为宣传委员会的一部分。

☆ 邀请函委员会:负责邀请函列表并负责按时发出。

☆ 赞助委员会:负责向企业、公司等需求不同的赞助方式(①餐桌冠名权:说服他们购买某个餐桌的席位,将其购买的餐桌冠以他们的名称;②承担活动的部分费用:将他们的名字展示在醒目位置作为交换)。

☆后勤委员会:负责活动当日的物品,诸如装饰物、登记、排座、问题、清洁以及租用物的取得和返还。通常包括其他委员会的成员。

需要达到一种平衡,既要有足够的委员完成工作,同时又要避免使记录已完成工作的负担过重。有些委员会可以合并,有些可以再细分为分委员会。

(3)招募专门活动的志愿者。一旦任务清单、预算和时间表完成并获批准(可能会花一个月的时间)。年度晚宴委员会必须招募足够的志愿者来组织活动;如果活动组织有序,同时招募了足够的志愿者,组织该活动的过程就会非常有趣,这样至少某些委员会成员会愿意下次继续连任;委员会的规模要小,以便于开展工作,同时应有固定的报告时间和期限。

(4)提前得到款项。最理想的活动是付费参加的,在活动当晚之前已经获得了现金。比如赞助者可能支付活动的所用成本。如果赞助者提前付款,参加人员提前购票,广告册中的赞助者提前付费,这样则活动当日所筹得的款项尽可能大部分都将是纯收入。

(5)活动当日。活动当日应关注以下事项。

1)年度晚宴委员会和分委员会的代表重温主要任务清单。对活动进行预演,确保每个细节都考虑到;

2)从参与者的角度来看,该活动看起来如何?

3)当他到达活动现场时签到是否快速准确?是否有人迎接并引导他找到座位?节目是否太长?中间有没有中断?节目是否有趣、感人或简洁?食物和服务如何?娱乐活动怎么样?诸如此类。

4)负责活动当晚事务的委员会至少提前两个小时到达现场。最后时刻要关注细节,例如装饰物是否安放好,节目是否准备好,每桌是否放有装捐款的信封,检查音响系统。

(6)活动之后。活动之后应关注以下事项。

1)撰写专门活动评价报告;
2)计算收入并支付账单;
3)对做出贡献的人写感谢信:志愿者、理事会、员工、赞助者、供应商以及提供场地者等;
4)庆祝活动圆满成功。

筹资是社会组织与内部、外部交流的一个过程,也是社会组织能力建设的关键方向,它是以组织公信力作为基础,通过组织的综合素质和行动能力来实施的一项工作。筹资不仅满足社会组织的发展需要,也要满足捐赠者自身的需要。社会组织在筹资中,首先要遵守国家法律、法规和制度要求,还要有透明和诚信的组织文化,有组织内部的治理结构、战略规划和策略,有好的管理机制和制度,在筹资过程也要保证良好的心态与程序(见附录14)。

第五节 社会组织预算管理

社会组织预算是根据社会组织事业发展计划和任务编制的,对于未来一定时期内收入和支出的计划。社会组织预算是指社会组织的理财主体,或者其委托任命的管理人,为了正确设计及预算和全面实现核算目标,借助于科学的理论和方法,对预算的编制、审批、执行、调整、监督过程实施计划、组织、控制、分析以及评价等的一系列活动。

一、预算管理体系

预算管理体系,包括预算编制体系、预算执行体系、预算的分析与考核体系和预算的调整体系。具体又划分为日常业务预算、专项业务预算和其他业务预算。其基本思路是从收入和支出,两个角度进行预算编制的。

1. 收入预算

社会组织的收入预算是指社会组织在年度内,通过各种形式、各种渠道可能取得的用于各项事业以及其他活动的非偿还性资金的收入计划。

2. 支出预算

社会组织的支出预算是单位年度内用于各项活动及其他活动的支出计划,包括业务活动成本管理费用筹资费用和其他费用。

二、年度财务预算编制方法

在年度财务预算编制方面,社会组织主要采用基数法编制固定的年度预算。基数法也称增量预算法,即在编制下年度预算时,主要以上一年度的实际预算收支为依据,在对影响下一年度预算收支的各种因素分析的基础上,确定下年度预算收支的一种方法。在预算的执行方面,社会组织主要是采用法律规范控制法,通过国家各级政府制定的法律规范和本单位制定的规章制度,对预算过程进行管理。

随着预算管理的发展,在传统增量预算法的基础上,社会组织的预算管理方法也有了很大的进步,新采用的方法包括零基预算法、滚动预算法以及弹性预算法等。

第六节 社会组织收入和支出管理

1. 社会组织收入管理

社会组织收入是指社会组织为了开展业务活动,依法取得的非偿还性资金。社会组织的收入依据其来源的不同可以分为政府补助收入、会费收入、提供服务收入、捐赠收入、商品销售收入、投资收益和其他收入等,具体内容和结构因社会组织的性质和类型不同而有所区别。根据收入是否存在限定分为限定性收入和非限定性收入。社会组织各项收入的取得,应当符合国家规定,各项收入应当全部纳入单位预算统一管理,统筹安排使用。

(1)政府补助收入。政府补助收入是指社会组织接受政府拨款或者政府机构给予的补助而取得的收入。而且,社会组织的政府补助收入应当视相关资产提供者对资产的使用是否设置了限制,分为限定性收入和非限定性收入进行核算。与捐赠收入和会费收入一样,政府补助收入也属于非交换交易收入,因此政府补助收入和捐赠收入的会计处理基本上是一致的。社会组织接受政府补助所获得的资产通常为银行存款,应当按照实际收到的金额入账。如果社会组织接受政府补助所获得的资产为非现金资产,其计量与接受捐赠的非现金资产的计量是一致的。

(2)会费收入。会费收入是指社会组织根据章程等的规定向会员收取的会费,属于非交换交易收入。一般情况下,社会组织的会费收入为非限定性收入,除非相关资产提供者对资产的使用设置了限制。社会团体的会费标准,须经会员(会员代表)大会无记名票决通过,方能生效。

（3）提供服务收入。提供服务收入是指社会组织根据章程等的规定，向其服务对象提供服务取得的收入。一般情况下，提供服务收入为非限定性收入，除非相关资产提供者对资产的使用设置了限制。提供服务收入的金额按照社会组织与接受服务方签订的合同或协议的金额确定，在同一会计年度内开始并完成的，应当在完成劳务时确认收入，并同时确认相关费用；劳务的开始和完成分成不同的会计年度的，可以按完工进度或完成的工作量确认收入，同时按相同比例确认费用。

（4）捐赠收入。捐赠收入是指社会组织接受其他单位或者个人捐赠所取得的收入，不包括社会组织受托代理业务收到的受托代理资产，在性质上介于非交换交易收入。按资产提供者对资产的使用是否设置了限制条件，捐赠收入可分为限定性收入和非限定性收入。捐赠收入必须是已经收到的非劳务性资产，捐赠承诺和劳务捐赠不应确认为收入，但可以在会计报表附录中作相关披露。

社会组织还可能存在其他收入。社会组织的其他收入是指，除捐赠收入、会费收入、提供服务收入、政府补助收入、投资收益和商品销售收入等主要业务活动收入以外的收入，如确实无法支付的应付款项、存货盘盈、固定资产盘盈、固定资产处置净收入、无形资产处置净收入、在非货币性交易中收到补价情况下确认的损益等。

社会组织收入管理的基本原则是分类管理，配合应收款的账龄分析，按照各种收入的类型单独核算，做好预算管理，建立定期对账制度，加强专项资金管理，尤其要控制好收入可能带来的各项财务风险。

2. 社会组织支出管理

社会组织的支出是指为了开展业务活动和其他活动所发生的各项资产耗费和资金流出。社会组织的支出按照其功能分为业务活动费开支、人员经费及管理费开支、有偿服务成本费开支、创办经济实体的成本费开支、筹资费开支、其他合法开支等。

业务活动费开支，指社会组织开展与其宗旨、任务相关的各项业务活动所需经费，包括办公费、印刷费、水电费、邮寄费、交通费、差旅费、会议费、培训费、招待费和就业补助费等。

人员经费及管理费开支，包括但不限于社会组织工作人员的工资、福利待遇、五险一金、差旅费和教育培训费等。社会组织应为专职人员缴纳五险一金。经批准的在社会组织中兼职的公务员不得领取社会组织的薪酬、奖金和津贴等报酬。

有偿服务成本费开支，社会组织对承接政府职能转移和政府购买服务的经费，要专款专用。

创办经济实体的成本费开支，包括租赁费、物业管理费、维修费、专用材料购置费、办公设备购置费、专用设备购置费、交通工具购置费、图书资料购置费和其他费用等。

社会组织支出管理应该严格执行内部控制，各项支出须有合法凭证，有经办人、证明人签字，并经社会组织日常工作负责人审核后报社会组织负责人审核批准后予以报销。有效的预算管理制度是成本控制的最佳方法。

第七节 社会组织税收管理

我国现行税种主要有增值税、消费税和企业所得税等。与社会组织密切相关的有增值税和企业所得税。增值税是指对销售货物或者提供加工修理修配劳务以及进口货物的单位和个人就其实现的增值额征收的一个税种。企业所得税是对在我国境内的企业和其他取得收入的组织所取得的生产经营所得和其他所得所征收的一种税。

一、社会组织免税资格获取

根据《中华人民共和国企业所得税法》和《中华人民共和国企业所得税法实施条例》,社会组织符合条件可以取得免税资格。同时满足以下条件的社会组织可以取得免税资格。

(1)依照国家有关法律法规设立或登记的社会团体、基金会、民办非企业单位、宗教活动场所以及财政部以及国家税务总局认定的其他组织;

(2)从事公益性或者非营利性活动,且活动范围主要在中国境内;

(3)取得的收入除用于与该组织有关的、合理的支出外,全部用于登记核定或者章程规定的公益性或者非营利性事业;

(4)财产及其孳息不可用于分配,但不包括合理的工资薪金支出;

(5)按照登记核定或者章程规定,该组织注销后的剩余财产用于公益性或者非营利性目的,或者由登记管理机关转赠给与该组织性质、宗旨相同的组织,并向社会公告;

(6)投入人对投入该组织的财产不保留或者享有任何财产权利,本款所称投入人是指除各级人民政府及其部门外的法人、自然人和其他组织;

(7)工作人员工资福利开支控制在规定的比例内,不可变相分配该组织的财产,其中:工作人员平均工资薪金水平不得超过上年度税务登记所在地人均工资水平的两倍,工作人员福利按照国家有关规定执行;

(8)除当年新设立或登记的社会团体、基金会及民办非企业单位外,社会团体、基金会及民办非企业单位申请前年度的检查结论为"合格";

(9)对取得的应纳税收入及其有关的成本、费用、损失应与免税收入及其有关的成本、费用、损失分别核算。

二、免税资格需要报送的资料

免税资格需要报送的资料有以下8类。
(1)申请报告;
(2)社会团体、基金会、民办非企业单位的组织章程或宗教活动场所的管理制度;
(3)税务登记证复印件;
(4)非营利组织登记证复印件;
(5)申请前年度的资金来源及使用情况、公益活动和非营利活动的明细情况;
(6)具有资质的中介机构鉴证的申请前会计年度的财务报表和审计报告;
(7)登记管理机关出具的社会团体、基金会、民办非企业单位申请前年度的年度检查结论;
(8)财政、税务部门要求提供的其他材料。

社会组织免税优惠资格的有效期为5年,社会组织应在期满前3个月内提出复审申请。不提出复审申请或复审不合格的,其享受免税优惠的资格到期自动失效。社会组织免税资格复审,按照初次申请免税资格的规定办理。

三、税收优惠政策

在我国，社会组织的运作资金主要来源于政府资助、服务收入、会费及社会捐赠。除了政府直接拨款资助外，税收优惠是政府对社会组织的最有力支持。我国有关社会组织的税收优惠政策也大致分为两类，一类是对社会组织的税收优惠政策，二是对向社会组织捐赠的企业和个人的税收优惠政策。直接针对社会组织的优惠政策有企业所得税和流转税优惠政策；向社会组织捐赠的税收优惠政策分为企业捐赠和个人捐赠两类政策，凡是符合优惠政策的个人、企业捐赠支出，经主管税务机关审核后，在计算应纳税所得额时相应扣除。

四、税收管理

社会组织税收管理是主管税收工作的职能部门，代表国家对税收分配的全过程所进行的计划、组织、协调和监督工作，旨在保证财政收入及时足额入库，充分发挥税收对经济的调节作用。社会组织税收管理包括以下几项内容。

1. 税务登记

税务登记是税务机关依据税法规定，对纳税人的生产经营活动进行登记管理的一项法定制度，也是纳税人依法履行纳税义务的法定手续。

税务登记包括：开业登记、变更登记、停业和复业登记、注销登记以及外出经营报验登记等。

2. 纳税申报

纳税申报是指社会组织按照法律、行政法规的规定，在申报期限内就纳税事项向税务机关书面申报的一种法定手续。纳税申报的方式主要有自行申报、邮寄申报、数据电文申报以及其他方式申报四种。

3. 税务检查和法律责任

税务检查制度是税务机关根据国家税法和财务会计制度的规定，对纳税人履行纳税义务的情况进行的监督、审查制度。社会组织税务检查是税收征收管理的重要内容，也是税务监督的重要组成部分。社会组织必须接受税务机关依法进行的税务检查，如实反映情况，提供有关资料，不得拒绝隐瞒。

税收法律责任是指税收法律关系的主体违反税收法律制度的行为应当承担的法律后果，分为行政责任和刑事责任两种。涉及税务违法行政处罚的种类主要有责令限期改正、罚款、没收财产、收缴未用发票和暂停供应发票。税务违法刑事处罚方面，根据《中华人民共和国税收征收管理法》和《中华人民共和国刑法》的规定，涉及危害税收征管罪的税务违法刑事犯罪及处罚的种类主要有偷税罪、逃税罪、抗税罪、骗税罪和非法印制发票罪等。社会组织应当按照法律、法规的规定，守法经营，避免犯罪。

第八节　社会组织财务报告与分析

财务报告是社会组织财务管理中一项极其重要的基础工作，它有效地反映了社会组织财务活动状况及其工作成果。财务报告体系主要包括资产负债表、业务活动表和现金流量表。

财务分析是以财务报表和其他资料为依据，运用系统科学的方法，对社会组织的财务状况和业绩成果进行比较、评价,以利于组织管理者、投资者、社会公众及政府管理机构掌握社会组织的资金活动情况并进行营运决策的一项管理活动。

一、财务报告

社会组织财务报告是反映社会组织一定时期财务状况、业务活动情况和预算执行结果的总结性书面文件。社会组织要根据有关部门规定的财务报告内容、格式编制方法、报送时间等要求,认真做好财务报告的编制工作。

1. 财务报告目的

由于社会组织的特殊性,其财务报告的目的和企业财务报告的目的有一定的差别,根据《民间非营利组织会计制度》的规定,社会组织的财务报告的目标是如实反映社会组织的财务状况、业务活动情况和现金流量等信息,并且所提供的信息应当能够满足会计信息使用者如捐赠人、会员、监管者等的需要。

2. 财务报告使用者

社会组织的资金来源主要来自于捐赠人的捐赠、会员交纳的会费、向服务对象收取的服务费以及向借款人借入的资金等。因此社会组织财务报告应当首先满足捐赠人、会员、服务对象、债权人等信息使用者的需要。与此同时,政府监管部门、社会组织管理层也需要了解相关的财务信息,因此社会组织财务报告的使用者还应当包括政府监管部门、单位管理层、单位职工和职工代表组织以及社会公众和其他使用者。

3. 财务报告编制要求

为了充分发挥财务报告的作用,社会组织在编制财务报告时,应该按照以下编制要求进行编制。

(1)报表格式必须统一;

(2)填报数字必须真实、准确;

(3)内容必须完整、齐全;

(4)必须及时编制财务报告。

4. 财务报告体系

资产负债表、业务活动表和现金流量表是财务报告体系的三大基本报告。

(1)资产负债表。资产负债表是反映社会组织在某一特定日期(如月末、季末和年末)全部资产、负债和所有者权益情况的会计报表,是组织经营活动的静态体现。

(2)业务活动表。业务活动表反映了社会组织在某一会计期间内开展业务活动的实际情况。业务活动表是一定期间的收入与同一会计期间相关的成本费用进行配比的结果,体现了社会组织的实际绩效,反映了社会组织净资产的形成内容。报表的使用者通过阅读该表可以了解社会组织的业务活动情况。

(3)现金流量表。现金流量表所表达的是社会组织在固定期间(通常是每月或每季)内,组织的现金(包含银行存款)的增减变动情形,按现金流入和流出的主要类别直接反映业务活动的现金流量。

二、财务分析

社会组织的财务分析,主要是指依据会计核算资料和其他有关信息资料如会计报表、统计数据等,运用专门的方法对其财务活动过程及其结果进行研究、分析和评价的一种方法。通过财务分析可以客观地总结财务管理的经验,揭示存在的问题,改进财务管理工作,提高经济效益和会计效益,促进各项任务的完成。

1. 财务分析目的
(1)为财务报表的使用者所要做出的相关决策提供客观的、可靠的依据;
(2)对社会组织资源的配置使用结果、资金流量流向及效益做出客观评价;
(3)促进社会组织改进、完善财务管理。

2. 财务分析对象
(1)财务分析主体:社会组织财务人员、主管领导;
(2)财务分析客体:社会组织财务状况、资金营运情况与趋势;
(3)分析依据:资产负债表、收入表、支出表、机构财务计划和项目资金预算。

3. 适用财务分析方法
基于社会组织性质和资金特点,财务分析应根据实际需要进行,适当选用一些有实质意义的财务指标,没有必要套用商业企业的财务分析指标,也可以确立一些符合社会组织特点、很有意义的分析,如对未来发展趋势的预测要用回归分析法,对流动性的分析要用比值分析法,而对预算执行情况的分析往往采用因素分析法。

第九节 社会组织财务诚信、责任与监督问题

一、社会组织财务诚信

社会组织财务诚信是建立良好的财务监督机制,确保社会组织社会使命的发挥,最大限度地保障组织利益相关者权益的前提。

诚信,即诚实信誉,是社会组织无形的巨大精神财富,是一种无形的价值,它是社会公众对社会组织及其服务的信用度的综合反映,信誉是社会组织形象的基础,只有建立良好的信誉,才能树立起组织的良好形象。

社会组织财务诚信能产生巨大的无形价值,可以体现在以下几方面。
(1)为社会组织提供的服务创造出一种良好的社会公众认可和信赖(消费)心理。
(2)为社会组织保留和吸引人才创造了优越条件。
(3)为社会组织争取更多项目和资金,以及吸引社会各方资助或捐赠。
(4)有助于被资助群体信任、理解和支持,更利于开展项目。
(5)有助于社会组织处理好与社区及各方面的关系。
(6)有助于社会组织争取政府项目的委托,以及政府的支持和谅解。

二、社会组织财务责任

社会组织财务责任的内容包括法律责任、会计责任、公共责任和披露制度。
(1)法律责任:《基金管理条例》《中华人民共和国会计法》《中华人民共和国公益事业捐赠法》《中华人民共和国税法》等法律,明确规定了社会组织的各项法律责任,包括组织注册、组织营运管理、资金资产管理、接受捐赠管理、投资管理、对社会的责任等。

(2)会计责任:向捐赠者、资助者及监管部门等报告资金流向、流量的会计职业责任(接受资助、受合作协议约定,不论以何种方式,理应向资助者交代资金使用情况)。

(3)公共责任:是社会组织以使命为先,共建公民社会、和谐社会,向社会公众交待的责任。强化公共责任,促进组织运作的透明度,强化内部管理监督,减少资源浪费,对社会组织来说,能够帮助其树立良好的社会组织形象,有利于争取政府委托职能项目,如果能向捐款者提供足够信息,则有利于获得更多资助。

(4)披露制度:机构建立披露制度、规范披露行为。

三、社会组织财务监督

公共责任关注的焦点是:谁对谁负有哪些责任?监督机制关注的核心是:通过哪些途径和办法使得行为主体切实承担起应该承担的责任。因此,监督机制又称公共责任保障机制,包括互律、自律和他律。

1. 财务监督的解释和特点

社会组织的财务监督,是指根据国家有关法律、法规的规定,对社会组织的财务活动和其他的经济活动进行的观察、判断、建议和督促。财务监督是社会组织财务管理工作的重要组成部分,也是国家财政监督的基础,它对于规范社会组织的财务活动,严格财务制度及财经纪律,改善社会组织财务管理工作,保证收支预算的实现具有重要意义。

财务监督是财务管理的基本职能之一。任何经济活动都具有目的性,都要围绕既定的目标开展和运作。财务监督就是通过预算、决算、控制、分析和考评等具体方法,促进经济活动按照规定的要求进行,以达到预期的目的。与其他监督形式相比,财务监督具有以下两方面的特点。

(1)财务监督主要是通过价值指标来进行的。社会组织的经济活动都伴随着价值运作,表现为价值量的增减和价值形态的变化。财务监督的主要依据就是日常会计核算和财务管理工作中形成的一系列价值指标体系。有时一些实现既定的、可供检查、分析用的指标以及比率等,也多以价值指标的形式出现,以有利于财务目标的实现,因此,就对于经济活动监督而言,财务监督是一种更为有效的监督方式。

(2)财务监督是对社会组织经济活动全过程的监督。在社会组织的经济活动开始之前,财务部门要开展对未来经济活动是否符合法律法规、是否具有经济效益的事前监督;在经济活动开展过程中,财务部门要对资金的使用的合理性、规范性、活动的开展与资金使用进度的匹配性、项目预算的执行等方面进行过程监督;在社会组织的经济活动结束之后,财务部门要开展对决算资料是否达到预期目标、是否违反财经纪律的事后监督。对经济活动全过程的监督,是财务监督最具特色之处。

2. 财务监督的内容

社会组织的财务监督贯穿于社会组织财务管理的各个环节、各个方面,其内容主要有以下几方面。

(1)对社会组织预算的监督。它包括对社会组织预算编制的监督和对预算执行全过程的监督。对预算编制的监督内容包括,第一,预算的编制是否符合国家有关法律、法规的规定;第二,收入预算是否稳妥可靠;收费项目是否有相应的政策法规作依据,是否认真贯彻收支平衡、略有结余的原则等。第三,支出预算的安排是否贯彻了保证重点、兼顾一般的预算编制原则;

是否严格执行了开支标准;是否贯彻了勤俭节约的方针等。第四,预算的编制是否内容完整、数字准确;预算表格是否齐全、表外项目是否说有清楚;是否严格按照规定的时间及程序报批。

对预算执行的监督内容主要包括:收支预算是否按照计划进度完成,收支预算进度是否与社会组织事业计划的任务进度相适应;预算执行过程中所发生的追加(追减)事项,是否符合预算法以及相关制度的要求;预算支出的执行是否严格按照规定用途支付,有无经费留用的现象发生;会计凭证是否真实,有无违反财经纪律的现象,对所发生的问题,是否及时处理;社会组织年度决算是否及时报告,是否真实完整、数字准确,各项应缴款项是否及时上缴财政部门,决算报表是否及时报送主管部门和财政部门审核等。

(2)对收入的监督。对收入的监督内容主要包括各项收费是否按照国家规定的范围和标准收取,有无擅自扩大收费范围或擅自减免一些收费项目,提高或降低收费标准的情况发生;应缴预算款和应缴财政专户款是否按照规定及时、足额上缴,有无故意拖欠、挤占挪用、截留坐支等情况发生;是否按照规定划清了各项收入的界限,并按照规定进行管理和核算;各项应纳入预算的收入是否都纳入了预算,有无账外账、"小金库"等问题;社会组织正常的事业行政经费有无用于基本建设项目的情况。

(3)对支出的监督。对支出的监督主要包括各项支出是否符合国家有关法律、法规的规定,支出原始凭证是否真实、合法;是否按照预算规定的范围、内容和开支标准办理各项开支,有无擅自扩大开支范围、提高开支标准,以及乱支乱用、铺张浪费、损公肥私、假公济私等情况;是否按照政策标准划清了各项支出的界限,是否严格杜绝了经费的留用;对于大宗商品的采购,是否按照采购管理办法具体实施和操作,是否是公开采购,有无弄虚作假的现象;对于资产的支出和存货的支出是否严格区分、管理,有无违章购买的现象。

(4)对财产物资的监督。对财产物资的监督的内容主要包括固定资产的购置、验收、进出库、保管、使用、清查盘点、报损、报废和转让等是否符合国家规定;存货或库存材料的采购有无计划,库存是否及时合理,有无超储备积压,财产资金物资的领用出库是否符合财务制度的规定,财务的管理制度是否健全;无形资产的取得与转让是否符合国家规定,无形资产的评估价值与开发成本是否得到真实完整的确认与计量等。

(5)对资金的监督。对资金的监督的内容主要包括现金管理是否符合国家规定,库存金额是否符合科学合理,是否得到严格遵守,有无随意借支、非法挪用等;各种存款是否按照国家规定开立账户,办理有关存款、取款和转账结算等业务是否手续完备、数字准确;各项债权及应收款是否及时、足额回收,各种有价证券是否按照妥善保管;预收款是否及时清理、结算,长期不清的是否查明原因进行了及时处理;对外投资是否按照规定报批,其中的实物和无形资产是否进行了评估;有无擅自增加职工工资、津贴、福利和滥发实物等问题。

3.财务监督的形式

(1)按照监督的时间顺序划分。按监督的时间顺序,财务监督可以划分为事前监督、事中监督和事后监督。

事前监督,是指社会组织在某项财务活动实施以前对其进行的监督。例如,对社会组织在预算编制阶段进行的财务监督。事前监督的主要任务是督促社会组织认真贯彻国家有关方针、政策和财务制度,科学合理地编制预算,做好各项财务工作的事前准备和决策工作。事前监督是一种积极的监督,主要是防止决策的失误。

事中监督是指社会组织在某项财务活动的实施过程中对其进行的财务监督。比如,对社会组织预算执行情况进行的监督,对专项资金使用情况进行的监督,都属于事中监督。事中监督与社会组织日常财务管理工作结合在一起,贯穿于财务活动的各个环节。事中监督的主要任务是督促社会组织正确执行预算和财务制度,确保各项收支按照预算进行安排,促使社会组织依法获得收入,合理安排各项支出,确保各项资金安全、节约、有效地使用。

事后监督是指社会组织在某项财务活动完成以后对其执行结果所进行的监督。比如,对社会组织决算编报进行的监督,对项目完成后资金最终的使用结果进行的监督等,都属于事后监督。事后监督可以定期进行,也可以不定期进行。事后监督的主要任务是检查和审核社会组织年度决算情况、各项业务活动完成后资金的使用情况及其效益,财务制度贯彻执行情况,以及财务报表有关资料的真实性、完整性和可靠性。

(2)按照监督的范围和内容划分。财务监督可以分为全面监督和专题监督。

全面监督是指对社会组织一定时期内从事的所有财务活动所进行的监督,比如对社会组织整个预算年度的全部财务活动情况进行的监督等。全面监督的范围涉及预算决算管理、收入与支出管理、定额定员管理、资产管理、负债管理、结余管理、专用基金和专项资金管理等。全面监督一般适合在年终与决算的编审同时进行,当出现重大事故时也可以随时进行全面监督,全面监督涉及面广,程序复杂,内容繁多,工作量大,需要组织大量的专业人士进行。

专题监督是指对社会组织的某一项财务活动或经济活动所进行的监督。比如,对社会组织的人员开支情况、公用开支情况、服务收入管理情况的监督,对某个项目的资金使用情况进行监督等,都属于专题监督的范围。财务制度对专题监督的时间和内容没有统一的要求,主要是根据社会组织自身加强财务管理的需要,或者针对财务管理中的某个薄弱环节来确定实施的,由于专题研究监督内容专一,针对性强,因为对执行人员的素质要求较高。

(3)按照监督的方式划分。财务监督可以划分为内部监督和外部监督。

内部监督是指社会组织自行安排的、以本组织的财务人员为主体对本组织财务活动所进行的监督,内部监督是财务监督经常性、制度性的组成部分。内部监督有利于完善财务管理的自我监督机制,促使社会组织自觉地遵守财务规则、财经纪律。同时,有利于各社会组织及时总结经验、发现问题,及时采取措施堵塞管理漏洞,从而最终提高自身的财务管理水平。

外部监督,是指政府的宏观调控部门、社会组织的主管机构,以及有关社会中介组织等外部机构对社会组织财务活动所进行的监督。包括由主管部门或者财政、税务以及审计等部门对社会组织的财务活动进行的监督,由主管部门或者财政部门组织有关单位进行的联审互查,有关社会中介组织如会计师事务所等按照国家规定对组织财务活动所进行的监督。外部监督是财务监督的重要组成部分,更具有客观性和权威性,有利于弥补内部监督的不足,更有效地发挥财务监督的作用。

第三部分
社会组织运营与发展

第六章　社会组织战略规划

战略规划,就是制定组织的长期目标并将其付诸实施,它是一系列正式的、规范的过程和仪式,帮助组织做出根本性的决定和选择重要的行动。在企业管理领域,主流商管课程,如MBA 和 EMBA 等,它们均将企业战略规划与执行视为对管理者进行教育的一项重要内容。而社会组织的战略规划与企业战略规划的作用一样,可以帮助组织剖析外部环境、了解组织内部优势和劣势、帮助组织做好迎接未来挑战的准备、提供组织未来的目标及方向、使组织每个成员明白组织的愿景与目标、获得更多的发展机会和成功机率。战略规划往往着眼于一定时期内的未来,它可以作为社会组织理事会、员工指导和组织评估等各个方面的管理工具,成文的战略规划还可以作为让服务对象、公众、合作伙伴、政府、理事会成员、志愿者和捐赠人知晓组织未来举措或行动的重要文件。

当前有很多社会组织,尤其是规范发展比较欠缺的组织,对战略规划不够重视。其原因诸如：一是领导者认为有很多紧迫和重要的事情,没必要浪费时间制定战略规划,事情一件一件解决了就行；二是理事会领导不认为战略规划发挥重要作用,认为规划是给别人看的,所以不要求机构认真拟定战略规划并跟进落实；三是员工认为很多情况下没有战略规划,事情也办得很好。

本章从为什么要制定战略规划和如何制定战略规划来进行论述。

第一节　战略规划是社会组织在较长一段时间内的重要航向

环境的不确定性强化组织战略规划的重要性。随着经济全球化的发展,影响社会组织运作的因素已不单纯限于内部管理的范畴,而是越来越多地涉及到与外部环境的互动。社会组织不仅要有能力对组织所处的外部环境的瞬息变化迅速做出反应,而且必须要做到高瞻远瞩,审时度势,力争使组织内部条件与外部环境之间保持一种动态的平衡,以确保组织的长期生存和发展。正因为如此,战略规划开始逐渐受到社会的高度重视,并发展成为社会组织管理的重要职能之一。

一、战略及战略规划的含义

战略和规划组合在一起,就是指导全局的、比较长远的计划。长期计划是为了达成该组织若干年后的愿景,而愿景的具体展现则通常是书面的组织目标。

战略规划是一系列有规范的活动,帮助组织做出根本性的决定和选择重要的行动,从而定义和指导一个组织是什么、做什么和为什么做。

二、战略规划的核心是方向确定和策略选择

战略是社会组织对环境变化、组织变革的适应机制,是社会组织对正在出现的问题的反应,是阐明通过某些职能的应变策略获得和保持竞争优势的机会的计划。本质上是根据社会组织面临的问题进行的策略选择与实施途径选择,可能是一场革命性的变革。

战略的核心问题是方向的确定和策略的选择。是否小的社会组织不需要战略规划?是否初创的社会组织不需要战略规划?如上所述,战略、规划本质上是一种计划。任何社会组织做任何事情一定都是有计划的,只不过其表现形式未必是书面的,其周期也未必是以年或三年、五年为基准的。因为小社会组织、初创社会组织的计划是经常变化的,所以很难看出它的痕迹,好比一米以下的树苗,通常人们不会注意它,也不会称呼它为树,只有两米、三米的树木才可以成为树一样。所以,社会组织无论大小,都存在着一定的战略规划行为,只不过表现形式不同而已。

广义的战略包括了社会组织愿景、使命、目标和策略组合。愿景就是我们要成为什么?是我们心中的理想。使命就是我们通过做什么来实现愿景和目标,是手段问题。而目标就是我们某一个战略区间内要实现的社会组织发展目标。策略,则是根据社会组织所处的实际竞争情形中在管理的各个阶段所采取的不同具体方式。狭义的战略包括选择何种职能作为突破点,选择何种具体的职能措施以及配套职能的策略组合。

规划要解决的是实施战略的问题,是实施战略目标及策略组合的具体计划。

一个好的战略命题必须解决社会组织面对什么需求(国际、国内、政府、企业、社区和特定人群)生产什么产品或提供什么服务。

社会组织处于不同的阶段策略选择的内容不同。初创期的社会组织要解决的是面对什么需求生产什么产品和提供什么服务?在哪个环节获取回报或资助的问题。壮大的社会组织要解决的是一元化还是多元化,专注于哪一种产品或哪一种服务?

所以,制定战略时的一个重要方式就是反复的问自己,对于社会组织而言,上述问题中什么是已经确定的,什么是没有确定的?没有确定的就是需要深入讨论和抉择的。

三、战略规划的关键是发现机会

发现机会对于一切社会组织,无论其发展阶段、规模、行业有什么差别,都是至关重要的。制定战略规划的过程不是一个填写规范化表格的过程,而是一个对潜在机会的发现和分析,从而制定应对措施的过程。机会存在于社会组织生存的环境中,决不是闭门造车就可以发现的,它需要大量的观察、市场调查和分析才能够做出更为可靠的判断。如果缺乏敏锐的市场观察能力,社会组织就难以发现机会,而缺乏足够的科学判断,那么所发现的机会就会与所预测的失之毫厘,差之千里。

社会组织制定规划的目的就是要为发现的机会准备行动计划,使之成为实际的结果。但是机会也来自社会组织利益的相关方面,包括会员、员工和全社会的服务对象。他们也为社会组织的发展提供了机会。机会的含义不仅是可能得到什么,也包括可能面临的威胁,可能失去什么,因为威胁和变革中都蕴涵了机会。

因此,在制定战略的过程中一定要反复思考:存在的机会是什么?这个机会究竟是否可靠?这个机会带来的综合效益究竟是多大?本组织能够做什么?需要多大的资源投入,组织

能否承受?

第二节　充分重视战略规划前的各项准备工作

一、为什么有的组织不喜欢战略规划

很多社会组织因为下述原因,不愿意制订战略规划:

1. 领导者方面

(1)有许多急迫的事需解决,没有时间进行战略规划;
(2)担心就战略规划的实施和进展受到监督;
(3)不愿意进行战略规划;
(4)理事会领导并不认为规划会发挥作用;
(5)认为规划只是为了给别人看的,以前的计划都还搁在书架上积灰尘,制订规划只是浪费时间。

2. 组织方面

(1)即使没有计划,组织也运作良好;
(2)不懂如何进行规划。

3. 战略规划方面

(1)执行规划的人没有参与规划的制定,他们感到规划不实际;
(2)规划所使用的信息只是基于员工,对内外因素的意见,数据或资料收集得很少;
(3)一些重要事项在制订规划的时候被忽视。

如果我们不知道我们的目的地,也不知道如何才能以最快的速度到达目的地,那么我们就不太可能达到所希望的终点。战略规划就是帮助组织确定目的地,以及到达目的地的方法和手段的一个计划,是组织管理的有效工具。以上列出的一些组织不愿意制订战略规划的原因,只是在战略规划的理解、制定和使用中存在的一些常见的偏差,而并不是战略规划这个工具本身的问题。这些偏差是组织在制定和执行战略规划时要重点注意和克服的问题,这样才能使战略规划这个工具发挥最大的效用。

二、战略规划之前要考虑的重要因素

在决定是否制订规划之前,组织的领导和管理者要考虑以下因素。

(1)组织的领导是否愿意付出努力来制定规划,并关注规划过程?
(2)影响规划的制定和执行的重要事件是否已经得到解决?如组织是否有合法的身份,拖欠工资等。
(3)理事会和员工之间是否存在激烈的冲突?
(4)理事会和员工对规划的目的和需要投入的资源是否有统一的认识?
(5)是否有充分的资源来评价组织目前的规划以及评价组织满足目前和未来发展需要的能力?

如果组织在考虑了以上因素后决定制订战略规划,还需要明确规划过程要重点讨论的问题或决策,是否得到了理事会和员工的广泛支持,组织是否愿意为此投入合理的资源,并对规

划的准备工作进行检查。

第三节 按照五个步骤去厘定战略规划

社会组织制定战略规划有很多方式,根据温洛克民间组织能力开发项目形成的有关民间组织战略规划方面的理论成果,社会组织制定战略规划的基本步骤是:(1)明确使命和愿景;(2)评估组织内外部形势,确定关键事项;(3)制定组织战略和长期目标;(4)制定具体目标和行动计划;(5)制定监测和评估计划。

一、确定使命和愿景

战略规划的首先是起草、确定或修改组织的使命和愿景。

使命包含以下三方面的内容。

(1)组织存在的目的:组织为什么存在?组织要成就什么?

(2)实现组织目的的主要方法或活动:怎么做?这也可以称为组织的战略。

(3)组织的价值观:组织的指导原则和信仰是什么?

有的组织的使命陈述把以上三方面的内容包含在一段话中,有的则分别放在几段话中。组织的使命陈述应该简洁、指出组织存在的最根本的理由、明确组织的工作范围、反映组织的特色。比如:中国扶贫基金会的使命是"扶持贫困社区和人口改善生产条件,生活条件,健康条件并提高其素质和能力,实现脱贫致富和持续发展"。

愿景是组织所希望的未来的蓝图,组织使命实现以后外部的理想世界或组织的理想状态。比如:中国南都公益基金会的愿景是"人人怀有希望,如果每一个人心中都怀有希望,这个社会就会有光明的前途"。

二、评估组织内外部形势,明确关键事项

在这一步,社会组织要审视当前形势,搜集关于组织优势、弱势和绩效的最新消息;分析正在影响或将会影响组织的内、外部环境因素。在这些分析的基础上,选择必须解决的重要事项(一般必须把事项的数目限制在五个以内)。这一步的成果是产生可用于决策的高质量信息、确定组织面临的重要问题和组织要解决的关键的问题。本小节将介绍一个有用的评估组织内外部情况的工具:SWOT分析,即优势(Strength)、劣势(Weakness)、机会(Opportunity)和威胁(Threat)分析,其含义是对组织内部的优势和劣势,组织外部存在的机会和威胁进行分析和评估。

组织内部的优势和劣势评估示例:

(1)员工、志愿者和理事会的能力如何?

(2)机构和单个项目的品牌情况如何?

(3)办公室设施及装备等基础资源配置情况?

(4)组织治理结构情况如何?

还可以对某一规划或现成项目的成效进行综合评估,以综合考查内部优劣势。

1.组织内部的优势和劣势评估

组织内部的优势和劣势评估举例见表6-1。

表6-1　社会组织内部的优势和劣势评估

可以对组织进行评估：	(1)员工、理事会和志愿者的能力 (2)规划的质量 (3)组织和单个项目的名声 (4)管理信息和资金体制 (5)办公室设施和装备等 (6)资源基础和配置
也可以对规划或项目进行评估：	(1)评估正在进行中的规划或具体项目 (2)效率和效果 (3)搜集决定下列事项的资料 　—继续或中断某个规划或项目 　—维持现有水平 　—扩大或改变方向 (4)积极进行公共关系等
评估的类型：	(1)结果评估：结果是什么及其结果对目标人群的影响 (2)过程评估：内部项目管理：员工表现和项目的实施情况

2.组织外部机会和威胁分析(SWOT分析)

SWOT(Strengths 优势,Weaknesses 劣势,Opportunities 机会,Threats 威胁)分析法是用来确定组长自身的竞争优势、竞争劣势、机会和威胁,从而将组织的战略与内部资源、外部环境有机地结合起来的一种科学的分析方法,包括分析组织外部的政治、经济、社会、技术、人口和法律的趋势,如：变化的受众需求和改变的服务对象等,见表6-2。

表6-2　社会组织战略规划SWOT分析的信息来源

内部信息的来源	外部信息来源
(1)组织的年度报告 (2)项目报告和评估 (3)资金、管理和员工的资料 (4)从尽可能多的员工和理事会那里获得调查信息 (5)问卷表、面谈、会议和网上调查	(1)人口和其他重要研究调查结果 (2)媒体出版物和报道(报刊、杂志、互联网等) (3)服务对象 (4)资金提供者 (5)社区领导 (6)已有的和可能的合作者 (7)其他

3.设计利益相关者评估调查

抽样评估的常见问题有以下几类。

(1)你与该组织是什么关系？

(2)是否应该肯定或修改使命陈述？为什么？怎么做？

(3)未来该组织面临的最严重的挑战是什么？最好的机会是什么？

(4)该组织是否成功？为什么？

(5)该组织的未来会是什么样的?
(6)什么规划应该加强、放弃或修改?
(7)哪些内部体制、机制应该改善?
(8)该组织还应考虑新的活动吗?
(9)您认为未来的主要目标是什么?
(10)你还有其他什么建议或意见?

4.编写 SWOT 分析书面结果

把调查分析结果编成以下类别。即:内部优势和劣势、外部机会和威胁,见表 6-3。

根据分析结果,强调重要事项,就不超过五件需要解决的重要事项达成一致。

表 6-3 某农村妇女服务类社会组织的 SWOT 分析

外部机遇 O	外部挑战 T
(1)党的十六大将三农问题提到了一个实在的高度,改善了政策支持环境 (2)农民城市化障碍正逐渐减少 (3)全球化发展下,以人为本的观念正深植人心 (4)公民意识越来越强,公民社会正逐渐形成 (5)NGO 理念越来越被官方及社会接受 (6)中国与国际社会的互动增加 (7)"非典"加强了对农村社会保障的关注 (8)媒体透明度、开放程度增加 (9)就业压力使 NGO 有机会选择高素质人才 (10)政府推进政治民主化进程 (11)全国妇联正逐渐改变工作作风,利于我们寻找合作伙伴 (12)基金会注重对所援助机构的能力培训	(1)中国经济的发展会使国外大基金会逐渐撤出 (2)NGO 组织增多,使竞争增强 (3)NGO 的立法滞后,得不到法律保护,增加筹款难度 (4)国家对媒体的可能性约束使对外宣传不够透明,限制过多 (5)无法满足广大农村妇女的需求 (6)社会传统观念对农民和农村妇女的忽视,使我们很难入主流媒体 (7)社会对 NGO 的认识不够,增加工作难度
内部优势 S	内部劣势 W
(1)知名人士的领导人 (2)机构目标始终未变,以农村妇女的需求为导向 (3)有十年的历史和经验,有一定的知名度 (4)组织给内部成员发展的空间和机会 (5)组织人才多元化、多学科 (6)组织形态发展多元,适应服务人群的需求 (7)领导廉洁、自律、敬业	(1)欠缺筹款计划、专门和专业人才 (2)国内筹款渠道没有打开 (3)部门间沟通不够 (4)对工作经验欠缺在理论上的总结和提升 (5)组织内某些部门没有获得合法性 (6)内部工作人员待遇、身份问题没有得到合理解决,影响工作的推动

三、制定组织战略和长期目标

长期目标是以战略为基础的长期的、总的目标,一般包括以下三类目标。

(1)规划目标:包括组织所有项目和设备;

(2)组织目标:包括员工和理事会的发展;
(3)发展目标:开发、筹资和公关等。

组织战略和长期目标举例如下。

1. 某儿童援助机构战略和长期目标

(1)战略:通过增强公众对儿童虐待问题的了解,来防止对儿童的虐待。

(2)长期目标:是进行调查和公众教育,从而使政府和社会更关注虐待儿童问题。

2. 农村妇女发展基金会战略和长期目标

(1)战略。

1)开发农村妇女的领导能力和创新精神;

2)开发农村妇女的职业技能,为她们创造就业机会;

3)为农村妇女提供互相交流、学习的机会。

(2)长期目标。

1)使农村妇女能够充分开发她们的潜能,主动掌握自己的命运;

2)使农村妇女能够形成正确的价值体系,以指导她们的行为和决策;

3)使农村妇女能够为社会贡献她们的才能,并具有合作精神。

四、确定具体目标和行动计划

具体目标是为实现每个长期目标而制定的具体的、短期所要达到的结果,多个具体目标累加和相互作用将促成长期目标的最终达成。

制订出的具体目标,应该符合 SMART 标准。

(1)必须是具体的(Specific);

(2)必须是可以衡量的(Measurable);

(3)必须是可以达到的(Attainable);

(4)必须要与其他目标具有一定的相关性(Relevant);

(5)必须具有明确的完成或修正期限(Time-bound)。

无论是制定团队的工作目标还是员工的绩效目标都必须符合上述原则,五个原则缺一不可。

长期目标与具体目标举例如下。

某市青年志愿者协会长期目标与具体目标

长期目标:加快青年志愿者协会发展,完善各种制度;推动基础工作建设,加大宣传力度;加强与志愿者沟通,重视与各分会的联系和交往,增进了解,加深友谊;组织广大青年志愿者开展健康有益的活动,推动城市文明建设,向全社会展示我市志愿者风采。

具体目标:

(1)做好本年度志愿者服务登记和认证工作;

(2)完成第三届志愿者交流会工作;

(3)完成志愿者教育与培训年会工作;

(4)组织志愿者开展一年一度的公益助跑活动;

(5)出版4期《志愿者之家》内部刊物;

(6)组织会员单位参加2014年度全国志愿项目申报;

(7)完成2012—2013年度志愿服务项目成果展示会。

行动计划是就与每一个长期目标相关的具体目标,确定的具体工作要素,包括任务、时限、衡量指标、负责人以及所需资源等,可以将这些要素绘制成表格(见表6-4),以清晰显示并一目了然。

表6-4 短期(具体)目标:完成志愿者教育与培训年会工作

序号	活动(任务)	时限(起止时间)	负责人	所需资源	成效指标
1	志愿者教育与培训主题征集活动	2014年9月1日—9月18日	张婷	网络(组织内部解决)	征集主题的数量和参与人数
2	志愿服务论文集制作	2014年9月29日—10月13日	李东	论文集打印装订费用约5 000元	论文数量及质量
3	志愿服务优秀论文评选	2014年10月14日—10月20日	李东	评选专家劳务费	专业优秀期刊确定发表的论文数量
4	志愿服务专业委员会成立	2014年10月23日—10月31日	赵梓梓	网络(用以专业委员网络投票)	投票活动的参与人数
⋮					

五、制定监测和评估计划

战略规划中应包括对执行进展的监测和评估计划,这就是说,在定期内例如每月、季度或年度内,审议、更新或修改战略和长期目标、具体目标,甚至行动计划。

(1)监测和评估的目的,是为了掌握以下要素的情况。

1)项目成绩;

2)存在的问题、意外事件、有待完善的信息;

3)事项优先级的变化;

4)支持资源的调整(人力、物力、财力、时间、场地和信息等);

5)下一步的行动;

6)建议和意见;

(2)年度监测是为了掌握以下情况。

1)审议规划执行单位的年终报告;

2)评估每项活动和具体目标的完成情况;

3)经过小组讨论,就下一年某些活动的扩大、继续、停止或改进做出决策。

监测和评估行动举例如下。

某机构的监测和评估计划

(1)职能部门在每周的工作例会上,交流规划的实施进展情况,并对新问题、阻碍、助力以及资源等要素进行讨论,形成新的处理对策;

(2)职能部门负责人针对部门每项具体目标和活动监测规划实施进展,每月向秘书长报告;

(3)秘书长总结和归纳各职能部门所汇报的进展情况,在每次理事会上通报机构整体规划的进展情况;

(4)理事会对机构规划,每半年进行一次回顾和调整。

第七章 社会组织营销

营销(marketing)一词来自商业领域,是关于需求和市场的学问。社会组织是否也需要营销管理?人们的结论至今莫衷一是。然而通过现实我们看到,营销实际上是一种涉及甚广的社会活动。营销不仅限于企业的产品和服务,其同样也适用于社会组织领域:招生是学校的营销行为,服务患者是医院的营销表现,募捐是社会行为的营销活动,推广活动赢得较好的参与度也是一种营销方式等。而且,在长期的实践中,我们更加深刻地意识到:只有建立起面向需求、面向受益者、面相服务对象、面向市场的健全的营销体制,实施积极创新的营销策略,在组织运作和管理的全过程中坚持营销导向,社会组织才能在不断变化和充满竞争的社会现实中立于不败之地。

一直以来,每当提到营销,人们往往认为它是企业所特有的,与社会组织无关。事实上,几乎所有的社会组织都在或多或少地使用营销的理念、方法和技巧。

20世纪70年代后期,在发达国家的社会组织发展进程中,一部分社会组织开始认识到,为实现其宗旨和目标需要应用营销理论,如大学、医院、慈善机构等。于是,社会组织开展了一些尝试性的"营销"活动。例如,通过直接的邮寄宣传来筹集资金,通过公告和广告等形式刺激更多的社会群体选择社会组织的服务。社会组织力求在营销导向的指引下,增强人们的认同意识,从而增加政府和社会对社会组织发展的支持。在此期间,有相当一部分社会组织开始运用公共关系理论和方法,用于唤醒人们的公益意识,以增加政治与社会对本组织的支持。与之相对应,1969—1973年,几位著名的学者先后阐述了市场营销理论也能应用于非政府公共组织,认为市场营销是一种涉及方方面面的社会活动,并不局限于传统产品推销。各个大学的招生活动和出于各种目的的募捐都说明社会组织的营销活动是客观存在的。

管理大师彼得·德鲁克对营销有着深刻的论述,他认为,通过营销,社会组织对它们的服务对象的需求有了足够深入的了解,根据了解的信息,调整自身的公共服务产品以符合受益者的需求,从而使它们的服务无须销售就自行"卖"出去了。随着社会组织之间的竞争日益激烈,加之社会组织还受到来自营利组织的压力,使人们更加明确地意识到,社会组织也需要采用营销的手段参与竞争。

在本书中,我们将社会组织营销解释为达成组织目标,对组织内外环境与各种关系、受益群体及其需求进行分析,把服务推向市场的一种过程。

营销的目的是为了完成交易。交易的内容可能是以某种公共产品或服务换取资源,或出于某种目的换取支持,或是以组织给予的回报换取志愿者付出时间等,他们的交换都应该是自愿性的,尊重等价性原则。

值得强调的是,社会组织营销是一个社会管理过程。在这个过程中,营销并不仅仅局限于营销部门内部,而是立足于社会组织宗旨之上的战略,需要组织的全体人员共同参与。

第一节 产品、价格、推广和渠道是社会组织营销的核心

营销的核心是所谓的"4P",即产品、价格、推广和渠道。对于社会组织营销来说,同样遵从这样的核心。

一、产品(product)

营销的第一个概念是产品。对于一个社会组织来说,产品就是它所提供的服务或公共物品,而尤以服务为主。社会组织的产品质量体现在服务中,提供的服务质量如何,要以公众的标准来进行衡量。社会组织要向目标群体充分展示产品的核心利益,增强公众的信心,通过使目标群体满意来维系其忠诚度。为此,要求社会组织在调查分析的基础上开发并创造出公众所接受的产品,通过由指导到引导的过程来满足公众的需求。例如,北京市政府为方便市民出游,推出便民旅游工程,现在开通18条旅游专线直通北京市的各主要景点,并且费用支出经济合理。人们可以自由选择,尽情享受清新自然之风,领略田园郊野情趣,追寻名胜古迹神韵。

二、价格(price)

营销的第二个核心概念是价格。对于一个社会组织来说,价格意味着对公共服务的收费。任何服务都包含着成本,需要通过收费来弥补成本,社会组织虽然不以营利为目的,但是如果任何服务都分文不取,那么社会组织将很难持续发展。不以营利为目的,是社会组织应该具有的组织理念和宗旨,但是,不以营利为目的,并不说明社会组织不能营利,相反,如果社会组织通过提供合适的公共服务得到一定的营利,可以支持组织的发展壮大,从而为社会提供更多更好的服务。事实上,服务收费是社会组织资金的重要来源之一,而社会组织营销的一项重要任务就是确定合适的价格。在一些国家,来自会费、收费活动和商业经营的收入超过了所有其他来源的收入,构成了社会组织总收入的最大部分,与之相关,合理的服务定价也成为社会组织必须面对的重要问题。但必须要注意的是,由于社会组织的非营利性,其定价机制并非是利润导向的,而是侧重于满足服务对象的利益需求。

社会组织营销中的价格是由多种因素决定的,包括服务开发和让渡的成本、客户的支付能力、竞争对手的定价以及相关产品定位等。例如,中国不同高校的MBA学费从6万元到20多万元不等。其定价过程表现为如下阶段:首先,社会组织必须要确定自己产品或服务的成本,包括直接成本和间接成本,其次,根据自己的资金来源,自身能够承担多少成本;再次,估计有多少客户,他们的支付能力如何,最后,竞争者的定价是多少。

三、推广(promotion)

营销的第三个概念是推广。推广是指如何让顾客知道你的产品正是他所需要的、如何扩大顾客群体、如何扩大组织本身的影响力等。对于一个社会组织来说,推广意味着:积极地宣传自己,扩大组织的社会公信度,让社会更多更全面地了解组织,吸引公众对于组织提供的公共服务的注意力,让公众认识到这些服务的重要性,努力获得公众的支持、关注和热忱。大多数社会组织是利用营销沟通来影响其目标群体行为的,它们选择公众乐于接受的媒体并传播针对目标市场的相关信息,以让客户了解其服务项目的价值所在。社会组织常见的推广方式

包括广告、宣传活动和人员销售。此外,通过邮递宣传材料来进行推广,最近几年也越来越常见。这些推广方式可以单独使用,也可以组合运用:

广告在顾客认知的早期阶段是一种主要的推广手段。这时,社会组织主要是介绍自己和提供相关信息。宣传活动是一种普遍的营销方式,社会组织通常会选择这种方式,因为这种方式成本不高,例如,各个大学的招生宣传以及图书馆的学者讲座前期宣传等。人员销售即通过派出销售人员与一个或一个以上可能成为购买者的人交谈,作口头陈述,以推销商品,促进和扩大销售,在社会组织领域,主要用于面对重要服务对象、资方,当他们的行为、比较犹豫且复杂时,通常采用人员销售方式。

值得一提的是,推广过程中,社会组织在宣传产品与服务的同时,更重要地是将自己的价值观念、道德行为准则传递给服务对象,使服务对象能够理解、信任、监督、支持、并参与到社会组织的经营管理工作中。这恰恰超出了推广产品本身的意义。

从社会组织营销的服务角度来看,其推广工作需要注意以下几点。

(1)致力于开发和维护良好的、持久的服务对象关系。在服务对象需要的时候,员工以服务对象期待的方式提供服务。

(2)员工在同服务对象接触过程中,当服务对象的需要、价值、期望和愿望发生改变时必须做出快速反应。

(3)与服务对象接触的员工在提供服务时,必须担负控制质量的责任。

(4)与服务对象接触的员工在提供服务时,还要尽可能地推销服务。

四、渠道(place)

营销的第四个概念是渠道。对于社会组织而言,渠道主要是指其产品或服务所要覆盖的范围。社会组织应将自己的产品和服务以最便捷的方式提供给目标群体,但大多数社会组织都相对缺少资源,靠组织或机构自身无法完成渠道计划,因此它们必须求助于他人以获得其他机构的支持与协助。社会组织要善于利用渠道分担成本,尽可能采取发展合作机构的一些有效措施,提供时空上的便利性,使少量的资源能够充分发挥效用。例如,非营利性的出版社,其图书销售就需要借助于书店或书报亭等渠道。但是,部分组织也采取了直销形式(如网络销售等)。提供服务的社会组织则大多采取直销的方式,例如,中欧工商管理学院的 CEO 课程采用直销的方式,向特定客户群体发出邀请,而且是非请勿到。这样,在不打广告、不开推介会的情况下,也收到了很好的效果。

第二节 社会组织营销具有与企业营销显著不同的特征

社会组织营销具有与企业营销显著不同的特征,这些特征主要表现为下述几方面。

一、目标的多重性

社会组织倾向于追求多种目标。这与仅追求利润为目标的营利企业是有区别的。企业虽然也存在多种目标,然而追求利润无疑是一切工作的中心。社会组织实施营销管理,虽然不以营利为目标,但其追求的目标至少有两个:即对内谋求本组织的发展壮大,对外为目标顾客提供最大利益。对其而言,利润不是第一目标。它倾向于追求多种目标,其中,最主要的目标是实现组织的使命,造福整个社会,当然同时要尽可能地增加收入,使组织生存、发展、壮大。例如,一所大学要以未来学生、现有学生、学生家长、教职员工、当地企业以及当地政府等为目标来开展其营销活动。对内实现学校组织结构的完善和组织效率的提升,履行办学宗旨,对外提升学校影响力和社会信誉度。

需要注意的是,捐助者(特别是主要捐助者)的要求通常也会影响社会组织的目标。因此,在社会组织营销中,捐助者是组织要特别重视的服务对象。

对于社会组织的营销人员来说,要想实现所有的目标是很困难的,因此,必须善于选择较为重要的目标,对多重目标进行重要程度排序,以便有效地配置组织资源。

二、综合参与性

作为社会组织,要树立营销导向,组织内部的每个人都要"想顾客所想",并且尽其所能地帮助营造并让渡优质的顾客价值。

树立全员营销的理念,要求从组织最顶层的高级主管到一般工作人员、每个人都必须关注营销并身体力行。例如,愿意倾听服务对象,如学生、观众、病人、家庭、机构和捐助人等对组织的意见和建议,主动探索服务对象的愿望与需求,识别组织应该提供的价值,创造由市场力量驱动的营销创新等。

在社会组织中,不应形成一个错误的印象,认为组织已经有专门的营销部门,其他人就不需要考虑营销问题了。应该是所有的工作人员都熟悉组织营销,都必须经常思考营销问题思考客户需要组织提供什么服务或项目。

三、营销社会化

社会组织的营销是一项非常复杂的社会化系统工程。社会组织的营销不仅要考虑组织自身的因素,还要考虑组织与外部社会环境的关系与互动。20世纪70年代,一些学者如杰拉尔德·蔡尔曼和菲利普·科特勒等人提出了社会营销的概念。社会营销强调社会效益最大化。社会组织的营销注重客户的长远利益和长期社会福利,因此,在其营销活动和计划中含有较多的社会营销成分,有的社会组织还设置了社会营销经理(manager of social marketing)这一职务。另外,通过志愿者等的社会参与,可以降低社会组织的营销成本,提高组织营销的效率。

在社会组织的营销中要格外注重其形象与公关。社会组织的营销具有社会化的特征,因此,在实施过程中,组织形象的塑造的公关手段的运用就成为两个十分重要的方面。组织形象的塑造,提升组织的声誉,而公共关系则是要通过有计划的、持续的努力,建立并维持组织与公众之间良好的相互理解和沟通,它们在社会组织的营销中居于突出地位。另外,公共关系还是维护组织形象的重要手段。例如,随着公费医疗改革的进展,我国的一些医院也开始重视市场营销,其基本特点就是注重形象塑造和公关宣传。

四、营销的伦理性

除了上述特征以外,社会组织营销还具有伦理性特征。现代医疗、教育、福利以及科技等社会活动,无不受到伦理的制约与影响。因此,社会组织在进行营销活动时,要以人为本,要求员工不仅应当具有深厚的专业知识、高超的技能,而且还要求他们应当具有高度的责任感和崇高的个人道德。例如医务人员要发扬救死扶伤、人道主义精神及对医疗事业无私奉献的价值观、高尚的医德等。医疗营销与服务道德强调的是社会效益,医院要服务于全社会,使社会效益与经济效益有机统一。良好的声望与信用有助于社会组织吸引服务对象、捐赠者、潜在的志愿者和其他部门的支持者。例如,名牌大学与名牌医疗机构等比其他二三流的大学、医疗机构所拥有的学生与患者要多,其中的主要原因在于越来越多的学生及学生的家长、患者及患者的家属不仅对名牌大学、名牌医疗机构的教育与医疗感兴趣,而且他们在选择学校与医院时更多的是考虑名牌大学与名牌医疗机构的声望和伦理水平。因此,社会组织在进行营销策划、制订营销战略、改善组织形象、提高服务质量时,千万不要忘记社会组织的"大义性",要记住义利共生这一道理。

第三节 社会组织营销在性价比和组织形象塑造等方面的优势作用

一、提升性价比,获得更好的经济效益

一般来说,企业营销活动是商业运作模式的一种延伸,为了赢得较好的营销效果,企业不惜重金投放于营销渠道,从而换取较高的经济回报。相比于企业营销,社会组织在社会公共服务领域的营销,从资金投放力度来说,力度明显不足,但由于社会组织营销着眼于社会问题的解决,以社会事件为契机,往往具有高度的聚焦力和关注度,因此对于这样的宣传题材,即使做简单的宣传,也是仍然能获得很好的支持和关注度,以间接方式达到效果。

近几十年,企业日益体会到直接式的商业营销,其效果往往比较短暂,社会美誉度也不高,由此,深谙社会营销的人士都倾向于选择一些社会事件或社会主题为前提,比如具有时间性的某项公益主题(如世界爱眼日等)或者是长期以来始终被关注的永恒的公益概念(如健康或环保等),然后再通过科学的传播推广策略(主要通过社会新闻的方式),反而能以较少投入而获得较大的关注度。这是将社会组织营销的优势转用于企业营销领域的一些实践。

对于目前商业领域宣传推广的价格始终上浮、消费者对广告的认知已经越来越理性并进而产生自觉抵抗的情况,纯粹的商业行为获得新闻关注度的难度大、成本高,因此,相对而言,社会组织营销能获得较好的性价比优势。

二、树立良好的组织形象

社会组织营销与企业纯粹商业宣传的模式不同,倡导以社会本位为出发点,有效地创造社会价值,体现出组织的社会责任感,这不仅能使受众更容易接受,也能使广大的社会公众认同组织的社会价值观,同时,良好的营销活动借助社会关注的主题或事件,例如为困难群体募捐,为重大公共危机事件策划有效解决问题的社会活动,在谨慎科学的执行下能够创造了无限能量的社会效应,从而树立良好的组织形象。

三、提升知名度和美誉度

在营销的过程中,由于公众的关注度急剧上升,必然使机构或品牌的出镜率大大提高,在公众的脑海中不断地追加记忆效果,从而提升了机构或品牌的知名度。对当前社会关注的敏感程度普遍下降的实情而言,只有在深入了解服务对象需求的情况下,只有在精神上引导服务

对象不断追随,使之冲破抵御心理的各种防御,并从心灵上引起共鸣,营销主体的组织文化或品牌情感才能在服务对象心中永驻。

在商业氛围非常浓厚的而社会责任相对淡薄的今天,社会公众的心理会不自觉地构筑起坚固的防线,去自动过滤商业宣传,各种商业营销难以在短时间获得信任感和好评度。社会组织营销能够赋予组织或品牌以良好的社会形象,使组织的活动及行为得到公众的认同和支持,潜移默化地打动营销对象,使营销对象在今后自愿自觉选择自身的服务,从而提高服务对象对服务的粘度,组织或品牌的美誉度。从而促进机构扩大经营,才能够强化组织生存和发展能力,则更能引起服务对象的深度认同。

社会组织营销的商业气息淡薄,因此,社会公众的心理就不会自觉地构筑起坚固的防线,更有利于让受众接受社会组织的宣传信息,而在营销中体现出来的强烈的社会责任感和良好的社会形象能使公众对组织和品牌产生信赖感和好感,而且能够较长久地保持,从而确保组织永续经营。

第四节 策略性营销是社会组织营销的重要内容之一

策略性营销是积极的、有计划的营销管理,它是社会组织管理的重要内容之一。策略性营销包括三方面:社会组织的内外部环境分析、社会组织营销策略的主要内容、社会组织的策略性营销过程。

一、社会组织营销的内外部环境分析

社会组织的内外部环境分析是指对其具有的组织条件和面临的市场环境的分析。这是策略性营销的第一步。社会组织该如何做好市场环境和组织条件的分析?其主要内容包括三方面:重温组织的宗旨,分析组织面对的市场环境,分析组织的优势和劣势。

1. 重温组织的宗旨

彼得·德鲁克指出:宗旨明确与否是影响社会组织存亡的关键。当一个组织要开展营销活动的时候,首先要考虑到组织的宗旨。宗旨是社会组织的灵魂,它明确地界定了一个组织的受益群体及其利益和需要,规定了组织如何去满足这些利益和需要。从宗旨出发能够始终把握社会组织营销活动的基本方向。

宗旨是组织存在和发展的根本理由,每一个社会组织的成立都是由其宗旨开始的。重温组织的宗旨,能够把组织置身于超越现实的市场行为之上的崇高境界,激发和调动所有员工的工作热情和积极性,同时能够以宗旨为目标,形成积极向上的凝聚力和向心力,使组织上下团结一致,形成强烈的团队精神。另外,宗旨赋予了社会组织一定的公益使命,这种使命要求社会组织不能以谋取私利为目的,而要通过积极的营销和市场活动来服务于社会大众,为改善人类生存条件和社会和谐做出贡献。一个组织的宗旨代表了它的世界观和价值观,反映了组织的最终目标和理想,除非组织进行重大改革,否则不能轻易改变宗旨。

然而,宗旨只是一个总纲领,并非具体的目标、措施和方法。任何组织都是处在经常变化的现实中的,组织为谋求发展,就必须适应现实,从组织的宗旨出发,经常地对其所处的外部环境和内部条件做出分析,并制定切实可行的目标和对策。

2. 市场环境分析

通过分析组织所处的外部环境，把握组织所面临的机遇和挑战，是制定营销措施的前提之一。市场环境分析主要包括以下五方面因素。

（1）一般环境。这里的环境，主要是指直接和间接影响组织活动和发展的各种因素，包括两个大的方面：其一是组织发展的社会环境，诸如政治、法律、经济、社会、文化、科技以及教育等现状，针对特定时期，社会组织需要分析这些因素的变化、发展及其趋势，总结出这些变化对组织发展造成的直接或间接的影响。其二是组织发展的外部条件，诸如资助者、政府、媒体、受益者、合作伙伴、竞争对手、社区居民，需要分析这些因素和社会组织的关系。

（2）市场状态。这里的市场，指的是社会组织开展活动及其服务的主要场所或空间。目前市场是怎样划分的？市场由哪些部分构成？市场的结构和层次如何？市场进出有哪些规则和惯例？交易成本如何？市场上有没有类似的服务或商品？如果有的话，其优势和劣势何在？等等。

（3）受益者。如果把社会组织比做市场上的卖者，受益者就是买者。谁是直接的和间接的受益者？谁是潜在的受益者？受益者的需求及其潜在的需求是什么？受益者的购买能力和支付能力如何？受益者有哪些重要的行为特征及其文化、传统、宗教上的特征？等等。

（4）竞争者。社会组织在市场上面对各种竞争者。谁是直接的或现在的竞争者？谁是间接的或潜在的竞争者？竞争者的规模如何？优势和劣势何在？竞争者拥有多大的市场份额？竞争者所采取的是怎样的市场战略？等等。

（5）其他人群。社会组织提供具有公益性或互益性的公共物品，在市场上还会遇到许多其他相关人群，比如：志愿者、资助者、专业团体、政府各级机构、非受益人群的普通民众、评价者以及旁观者等。这些人群的存在以及他们组织各自的行为、意见和偏好等特征及其变化，都会影响社会组织。

上述五方面，构成了社会组织对市场环境进行分析的基本方面。一般环境是制约因素，市场状态是结构因素，受益者是对象，竞争者是对手，其他人群则是不可忽视的力量。通过对这些方面的全面和系统分析，社会组织可以有效地把握组织所面临的各种外部机遇和挑战。

3. 优势和劣势分析

分析组织的优势和劣势，就是要通过分析组织当前和今后的各种主要的内部条件，把握组织存在和发展的优势和劣势。主要包括以下三方面内容。

（1）明确组织的目标。在重温组织的宗旨和分析组织面对的市场环境的基础上，要明确组织开展营销活动的具体目标。比如：推广新的产品或服务，扩大受益者范围，为受益者提供更多和优质的服务等。明确组织的目标，应使组织中从上到下每一个成员都加深理解，并积极地结合自身职责去贯彻实施。同时，要建立绩效评估制度，以保证在目标实现的过程中能有效地对其进行监督。

（2）明晰组织的资源。组织资源在财力、人力、物力以及信息之外，还包括技术、经验管理、计划、人文环境以及凝聚力等要素。分析的过程中要明晰：组织的资源优势和资源约束在哪里？现有可支配资源有哪些？这些资源通过合理配置和利用能给组织带来哪些方面的利益？组织内部是否具有管理优势和凝聚力？如何从竞争者那里争取资源？在未来几年的发展中，哪些资源具有潜在性和预期收益？有哪些资源将会逐步失去意义。

（3）分析组织的战略。这里的战略指的是除营销策略以外的组织发展战略，包括针对主要的受益人群、资助者、社区居民以及其他服务对象所采取的战略,在人力资源、志愿者和资源分配方面采取的战略等。它具体包括,组织有没有专门针对服务对象的计划？是否需要扩大受益者人群？是否有了解受益者需求的措施？在组织的人力资源、志愿者和资源分配等规划方面,有没有和营销策略不相一致的地方？如果有如何调整？

二、社会组织营销策略的主要内容

著名营销大师菲利普·科特勒强调,营销中最重要的任务是研究市场,进行市场区分,锁定服务的目标市场,并做好市场定位,从而创造出满足市场需要的服务。营销策略主要包括:目标市场选择、市场定位及营销组合。

1.目标市场选择

目标市场是指在需求异质性市场上,企业根据自身能力所确定现有和潜在的消费者群体的需求。对社会组织来说,市场指向最终的受益者或服务对象,营销的首要步骤就是界定这个市场。社会组织目标市场选择的主要步骤如下:

(1)市场界定。社会组织营销策略面对的市场包括四种主要对象:投入者,指捐款人和资助者等;内部人员,指管理者、工作人员、决策者和志愿者等;中介者,指提供各种信息、帮助或中介服务的人;消费者,指项目受益者、居民、购买者、媒体和一般公众等。

(2)市场细分。市场细分的角度很多,但遵循的标准包括以下几个:互相排斥,即细分后的市场彼此完全分离;毫无遗漏,即每一个目标的人群都能够被包括在各个细分市场之内;可以衡量,即每个细分市场的大小、购买能力及组成都是可以衡量的;可实现,即每个细分市场都不是抽象的,是可提供具体服务的;数量足够,即各细分市场规模足够大,值得去开发;差异反应,即各细分市场对营销策略的反映有差异性。

常见的市场细分包括:按地理分区,即依据所在的空间地理位置分区。主要的指标包括国家、地区、地方、乡、镇、市、邻里、城市的规模、城乡的交通和网络构成,以及人口密度、气候特征、位置特征等;按人口和社会经济分区,即根据人口统计学和社会经济统计资料分区。主要指标包括年龄、性别、婚姻、家庭大小、家庭组成、收入以及职业等。按心理分区,即依据心理形态进行分区,主要指标包括人格特质、生活形态、价值观、性格、动机以及承诺等。按功能分区,即依据组织管理目的进行分区。包括咨询、医疗以及家庭教育等。

除此之外,社会组织还可运用一些特殊的标准来细分市场。科特勒提出的利益细分和亏损细分是值得利用的细分方法。按照利益细分法,很多市场由三种核心利益的细分市场组成,即质量型购买者、服务型购买者、经济型购买者,例如大学市场的质量型购买者只考虑名牌大学,而有些消费者即使在收益小于成本时也可能进行交换,比如义务献血。这也正是社会组织与营利性组织的差异之一。

(3)目标市场战略。目标市场战略主要包括无差异市场营销,指组织在市场细分之后,不考虑各子市场的特性,而只注重子市场的共性,决定只推出某种单一产品,运用某种单一的市场营销组合,力求在一定程度上适合尽可能多的服务对象的需求;差异性市场营销,指组织同时为几个子市场服务,设计不同的产品,并在渠道、促销和定价方面都加以相应的改变,以适应各个子市场的需要;集中性市场营销,指组织集中所有的力量,以一个或少数几个性质相似的子市场作为目标市场,试图在较少的子市场里取得较大的市场占有率。

借助目标市场战略,通过市场细分,社会组织很容易选择组织想要且能为之提供服务的人群。以他们为对象,他们就是组织的目标市场。

2. 市场定位

市场定位又叫做竞争定位。社会组织的市场定位是指组织根据自身的优势,在市场上寻找一个独特的位置,进而扮演一定的角色。其目的在于使组织与其他相互竞争的组织有明显的差异,也让目标市场正确认识组织的独特性。

社会组织进行市场定位的依据包括:产品的特色定位,即服务特色;服务对象利益定位,即突出产品能给予服务对象某一方面更多的利益;使用者定位,即把产品引导给某一特定服务对象群体;竞争定位,即突出组织产品与其他竞争者同类产品的不同特点,通过评估选择,确定对本组织最有利的竞争优势并加以开发。

社会组织市场定位的关键在于确定独特的形象和价值,在公众中确定与众不同的地位,树立组织在社会上的良好形象。社会组织要确立的是一种让公众认可的公益形象,通过塑造组织形象、员工形象、服务形象来确立自己的良好公益形象和亲民形象,在社会上产生强烈辐射作用,塑造一种形象感染力,扩大组织的知名度,提高组织的美誉度,增强公众对组织的信任和好感。

3. 营销组合

社会组织通过营销组合在目标市场上开展活动以实现自己的目标。如上文所述,一般营销的核心包括产品、价格、推广和渠道,即"4P"。4个要素是社会组织营销的核心。

(1) 产品策略。产品是市场营销中最重要的因素,它直接影响和决定着产品定价、渠道等其他市场营销组合因素的管理。所以,对产品进行研究是社会组织营销的关键所在。

由于社会组织的产品主要是无形的观念和实践,所以社会组织在制定产品策略时,要注意以下几方面。

1) 社会组织要根据服务对象对产品的需求情况来开展营销任务。社会组织产品的每一种类型都对应着服务对象的某种需要或需求,同时又对应着某种营销任务。社会组织产品的需求包括双重需求、抽象需求、非常规需求、渐弱的需求、没有充分满足的需求和不健康的需求。社会组织产品的需求不同,所要开展的营销任务就不同。例如:"红十字会"推销献血时往往要求服务对象做出非常规的单一行动,在固定献血者不能满足需求的时候,红十字会在非常规需求期必须找到其他方法来吸引献血者。

2) 社会组织必须做好与产品相关的社会服务。社会服务是社会组织产品的一种工具和附属物。社会组织不仅仅要推销一种观念,比如无偿献血,还要为那些献血者提供良好的献血场所。要对献血服务进行有效的管理,包括对直接与献血者接触的医师和志愿人员的管理。因为他们的态度和行为直接影响服务对象对该组织产品的接受程度。所以,社会组织不仅要掌握推销观念和实践的技巧,还需要掌握推销服务的技巧。

3) 社会组织要为产品设计独特的品牌。品牌在营销活动中有独特的魅力,社会组织同样也要注重品牌的建设。品牌对社会组织的作用日益明显,它是建立服务对象忠诚度的最有力、最简便的工具。品牌已经成为联系服务对象和社会组织的桥梁和纽带,服务对象通过品牌来了解组织,组织通过品牌来更好地满足服务对象的需求。例如"希望工程"就是一个成功的品牌,它的名字家喻户晓,"希望工程"是中国青少年基金会发起和组织的一项活动,10年来"希望工程"所获得的巨大成功,与其品牌的塑造是分不开的。

(2) 定价策略。价格在社会组织的营销组合中也是一个重要的组成部分。社会组织在采用产品定价策略时,首先要以组织的宗旨为中心进行定价。宗旨赋予了社会组织一定的公益使命,这种使命要求社会组织不能以谋取私利为目的,所以社会组织的定价策略要为组织的使命服务。虽然社会组织具有"非营利"的特性,但是这并不是说社会组织不能通过定价策略来获得剩余收入,只是这部分收入不能在个人之间进行分配。社会组织可以用这部分收入来扩大组织的规模,促进事业的发展,从而更好地为人民和社会服务。

社会组织在采用定价策略时,还要考虑到影响定价的非货币成本。对服务对象来说,让其接受一个产品的总成本不仅包括货币成本,还包括非货币成本,如时间成本和服务对象感知风险。社会组织可以通过减少服务对象的交通时间和等候时间,以及向服务对象提供高质量的人际交流和广泛的信息指导等方式来尽量降低服务对象的时间成本和服务对象感知风险。

(3)分销策略。社会组织在给产品定价之后,应将自己的产品和服务以最便捷的方式提供给目标群体。社会组织可以通过以下渠道分配组织的产品。

1)传媒。传媒主要包括电视、收音机、报纸、户外广告以及网络等不同类型。

2)志愿者。社会组织的一个特点就是有大量的志愿人员的加入,因此志愿人员与服务对象的交流是社会组织独特的传播渠道。志愿者往往站在社会组织产品分配的最前沿,他们代表了整个组织的形象,他们关于社会组织营销问题的工作成效的与组织的发展密切相关。

3)专业人员。分销无形产品还会涉及到诸如医生等专业人士,他们也是分销无形产品的重要渠道。专业人士在产品分配中也扮演着重要的角色。比如在戒烟运动中,作为专业人士的医生就是最主要的分销渠道,他们肩负着改变吸烟行为的重要责任。社会组织在分配产品时可以通过奖励和营销计划来吸引专业人士的加盟,使他们觉得参加社会组织的运动可以得到资金的赠与、声誉的提高。

当然,无形产品的分销中媒体、志愿者、专业人士的运用并不是孤立的,许多社会组织多采取大众媒体、专业人士以及人际交往的渠道相互结合的方式来实现产品分配的最大化。有时以大众传媒为主,人际渠道为辅;有时以人际渠道为主,大众传媒为辅。这都需要社会组织根据组织的实际情况灵活运用。

(4)促销策略。社会组织除针对服务对象外,还要对外界公众和新闻媒体、政府机关进行产品宣传。社会组织主要利用广告和公共关系来传播有关信息,常用的方法包括以下几种。

1)通过公益广告、慈善广告等,宣传组织的产品,提高组织的知名度,如电视上经常出现的安全驾驶、节约水能源以及保护环境的广告。

2)通过邮寄的方式有针对性地使服务对象了解组织产品的信息,如向某些艾滋病毒的携带者邮寄信息资料。

3)借助各种媒体发表关于社会组织的各种正面新闻;进行社会组织营销问题研究。

4)经常组织一些由志愿者参加的公关活动,通过这些活动引起公众的注意,树立组织的形象。

三、社会组织策略性营销的过程

1. 制定策略

依据目标市场、市场定位和营销组合,首先确定特定的方案,方案要针对不同的需求对象,满足服务对象的不同需求。其次,设计组织制度,要考虑以何种组织与管理制度来提供产品或服务。最后,要决定衡量成果的标准,否则无法了解是否满足了服务对象的需求,也无法评估资源投入与产出的关系,更无法找到改进的方法。

2. 执行策略

策略的执行是一个具体而专业的过程,社会组织的各个部门要根据营销策略,进一步细化为详细的执行计划,包括服务或产品的供应、场所或提供方式的选择、费用与成本、推广或促销所需的媒体广告、公关等计划。

3. 评估策略

(1)过程评估,要求逐日或逐步地监督执行情况。这种评估侧重对过程的控制与修正,以免发生误差。在社会组织内部,营销控制的衡量方法应着眼于衡量服务对象满意程度,以及组织形象的改进程度上。

(2)结果评估,主要是评估组织各方面的工作成果。在评估成果之前,应首先对成果作一个预估,同时应评估是否合乎组织的使命和目标。

第五节 社会组织营销的中心导向与发展趋势

一、社会组织营销的中心导向

对于社会组织而言,需要改变传统的营销无用论甚至拒绝营销的错误观念,接纳和树立正确的市场营销观念,并结合实际情况,不断更新营销观念。具体应从下述几方面更新。

1. 树立以服务对象为中心的营销理念

以满足服务对象需求为中心的观念是社会组织营销的核心思想和理论基础,它贯穿于社会组织营销各部分内容的始终。

在任何交换关系中,只有服务对象才是主宰,只有服务对象的需求才是财源。服务对象是一个组织所有事务的中心。营销既不能胁迫也不能强迫,更不是"硬销"和虚假广告,而是一种合理、有效的技术手段,从而创造交换和影响交易行为。正确运用营销意味着营销必须有利于社会,不断满足服务对象的需求和欲望。营销的核心是交换,而交换中的核心要素是人的需求。社会组织开展营销,首先必须牢固树立以服务对象为中心的现代营销观念。以服务对象为导向的直接结果就是服务对象满意,那些感到满意的服务对象会将组织良好的声誉和口碑传到他人耳中,成为最好的广告,使得组织更容易吸引人,为更多的人提供服务,组织也更为高效。

以服务对象为导向并不是要迁就每一个服务对象的各种想法,而是指营销规划应从服务对象观念、需求和欲望开始研究,对市场进行细分,满足服务对象的需求。从组织的领导人、理事会成员,到部门主管、资深员工,以及每一个员工和志愿者,每一个人都要树立积极的营销意识,立足营销,开展各项活动。为此作下述要求。

(1)广泛倾听各类服务对象对组织发展的意见。包括在校学生和教师、社区居民、一般客户、医院的患者、家庭主妇、来访者、机关干部、企业员工、离退休人员和资助者等。

(2)了服务对象的愿望和需求。社会组织需要经常地采取各种形式,了解服务对象对组织活动的评价,了解他们觉得哪些活动有价值,哪些活动应该开展但是还没有开展。

(3)任命适当的员工专职负责营销业务,即设立专门的营销职位或营销小组。

(4)在组织内部形成一种遵循市场规律并以市场为导向的决策氛围,引导组织内部的服务对象导向意识。

(5)鼓励员工的创新和冒险精神。

2. 增强以人为本的内部营销理念

内部营销,即针对员工和组织成员的营销。与针对服务对象和捐助对象的外部营销相比,社会组织的内部营销强调公益性、慈善性以及志愿性。价值体系和使命感成为其凝聚力和向心力所在。社会组织的管理不是靠利润动机的驱使,要使员工牢固树立服务对象第一的服务理念,确保其能够采取必要行动,很好地满足服务对象需求。为此,社会组织内部营销要更加强调道德感与组织伦理。组织员工要有献身精神、恪守道德、关怀互助、公益使命优先以及不能以权谋私。社会组织应要求员工不仅具有深厚的专业知识、高超的技能,而且还要具有高度的责任感和崇高的个人道德。例如,医务人员要高度发扬救死扶伤的人道主义精神和对医疗事业无私奉献的价值观、高尚的医德等。

为增强社会组织的内部营销,有效的交流沟通是关键。员工给服务对象留下的印象很大程度上由组织对待他们的方式决定。如果员工与组织勤于沟通,就会减少不满情绪,优化其与服务对象的沟通。而它们给服务对象留下的良好印象也决定了社会组织在服务对象心中的形象。社会组织更应强调以人为本,把员工视为组织宝贵的财产,强调员工自我价值的实现。为此,社会组织要制定一整套内部沟通规划与战略安排,不断调整、权衡、整合员工的价值追求和责、权、利的关系,培养员工对组织的忠诚度,使组织的发展与服务对象、员工紧密相联。

对社会组织而言,建立有效的内部沟通机制主要包括以下手段。

(1)沟通调查。成立由各部门以及不同级别员工代表组成的沟通改善小组,通过发放调查问卷、查找总结问题、解决问题、公布调查结果等环节增强沟通效果。

(2)座谈会。定期召开员工座谈会。营造轻松、友好的氛围,让更多的员工倾吐心声,从中查找问题。

(3)员工集体活动。通过在内部组织举行集体活动,把更多的成员召集起来,共同探讨某一方面的问题。

(4)员工例会。确定例会的沟通主题,让员工表达个人意见。时间以一月一次或一季度一次为最佳。

(5)内部刊物。借助这样一种内部传播媒介,由员工亲自参与,发表心声。

3. 深化自强自立的竞争意识

随着竞争范围不断扩大,社会组织面临各种挑战。不仅社会组织之间有潜在的竞争(例如血站之间竞争献血者),而且社会组织与营利组织之间也存在着一定的竞争。竞争迫使社会组织只有不断改进技术、改善管理,不断创新,才能向服务对象提供更受欢迎的产品或服务,才能立足市场。社会组织的生存和发展要求构筑自己牢固的经济平台。面临各种竞争的日益加剧,政府财政或其他捐赠的不断减少,社会组织必须自强自立,不能仅依靠传统的经济来源,而必须自己筹措资金。当然,社会组织创造财富是本着造福社会的组织目标去奋斗的。资金的积累、使用和分配绝不是为了替经营者谋取私利,而是为组织的生存发展奠定稳固的根基,更好地服务社会。

二、社会组织营销的发展趋势

随着社会组织的自身发展和社会需求的多元化和复杂化,社会组织的营销也出现了一些新的发展趋势。社会组织需要关注这些趋势,并结合自身的内外部环境,适当调整营销策略。

1. 社会组织的多元化经营

社会组织多元化经营是指社会组织为满足市场的需求,同时提供多种准公共产品或服务的经营方式。与营利组织不同,社会组织多元化经营并不以获取投资的最高回报率为最终目的,而是以实现其社会使命和共同愿景为宗旨。因此,在实施多元化经营时,社会组织更多地考虑的是其社会使命。

社会组织多元化经营受以下几个重要因素的影响。

(1)服务对象关注因素的多样化。例如,由于社会富裕阶层的扩大,价格对于他们来说,已经不是十分重要的因素了。他们开始提出各种问题,要求也变得更为苛刻,同时这些富裕阶层的人们也愿意为他们认为值得的服务支付更多的费用。这就要求社会组织的营销者在营销组合中不仅要考虑价格问题,还要精心设计一些非价格的东西,来满足各种阶层人士的需求。

(2)服务对象更重视服务品质的趋势。市场竞争的加剧,表明服务对象的选择也更多,服务对象不仅可以选择社会组织的服务,也可以选择企业的一些服务。服务对象在购买服务或捐赠的时候,越来越不愿意采取被动的行为,他们会进一步要求更好的服务。高服务质量,本身就是社会组织的一个核心竞争优势。

(3)社会文化的多元化。全球化潮流带来了社会文化的多元化,社会组织正是带动全球化的弄潮儿之一,这一点体现得更明显。在许多国家中,原来一统天下的文化氛围被打破,取而代之的是各种文化的并存。所以,如果组织的营销仍然只针对一种文化,恐怕就会有些力不从心了。

社会组织多元化经营主要是出于满足社会需求、实现社会使命的需要,同时也是为取得规模经济、提升产品的生命周期曲线的需要。社会组织多元化经营应以相关多元化为起点。核心竞争力是社会组织多元化经营的依托,战略性资产则是构建核心竞争力的基本元件,所以社会组织应注重战略性资产的积累,要通过选择可使本部门能力得到充分发挥的广阔领域来从事多元化经营活动,要把握住有助于建立有利竞争优势的品牌、组织形象、特殊营销技能和管理方式等关键因素。在组织内部,不断地要求员工学习各种新的知识与技能,对有贡献的员工进行物质与精神方面的激励,从而不断地生产出新的准公共产品,提高准公共产品的质量。社会组织应以需求为导向,挖掘消费的潜在需求,开拓新的市场,在不断提升服务对象所需要的价值基础上,展开多元化经营,通过共享社会组织的价值链活动,提高差异化,完成其社会使命。

2. 主动寻找企业合作伙伴

就目前来看,社会组织营销受到来自营利部门的竞争压力越来越大。当企业之间的竞争使得企业的利润减少,精明的企业家纷纷转向和社会组织合作,并展开竞争。企业家发现,教育、医疗等社会组织的传统领域,实际上都是可以和社会组织公平竞争的市场,通过合理的价格提供高品质的服务,同样具有营利的空间。社会组织受到这种来自企业界的压力,迫使它们不得不考虑如何提高服务的质量,不得不考虑如何与企业展开竞争。

面对这样的竞争局面,社会组织和企业合作是一个双赢的选择。社会组织通过企业,获得需要的资金及援助,加强了公众对问题的关注;企业可以通过参与社会组织的活动实现更多的销售,打造一个更好的公众形象,增加知名度,获得许多公关机会,同时提高雇员的士气等。在美国,社会组织和营利组织之间的联盟,最早从美国运通信用卡公司与社会组织的合作开始,之后有雅芳、宝丽来、沃尔玛以及美洲航空公司等许多公司,与全国性的社会组织建立了协作关系,这些组织有美国红十字会、青年基督教组织、自然保护组织以及一些关注社区问题的地方机构。在超市、快餐店或是杂货店,营利性组织赞助的社会性项目的海报或其他广告资料几乎随处可见。

在国内,这样的合作也越来越多。例如农夫山泉与希望工程的合作,每卖一瓶农夫山泉就有一分钱捐给希望工程。这种合作的主要采用以下形式。

(1)公益推广活动,这是最常见的一种形式。公司将销售利润的一定比例,以现金、食物或设备的形式捐赠给社会组织。

(2)共同的主题营销,在这种合作关系中,公司与一个或多个社会组织达成协议,通过分发产品和宣传资料,以及做广告等形式,共同解决某个社会问题。双方之间可能有资金流通,也可能没有。

(3)合法许可证方式的营销,是社会组织在收取一定的费用或提取部分收入的条件下批准营利性公司使用其名称和商标。

营利性领域显然是最有前景的资金来源,社会组织要继续生存下去,必须与营利公司发展明确关系,必须与公司主动合作,发展以公益事业为目的的营销联盟。前提是社会组织必须精通自己组织的业务,了解自身组织的规模、知名度、对哪些人群有影响力、形象如何等,主动出击,了解能增加合作企业价值的所有途径,知已知彼,同时采取一系列的行动使合作的双方受益,不能寄希望于坐享其成。

3. 重新确立与政府的新型合作关系

政府是社会组织的主要资源依赖主体之一。社会组织本身为了弥补"志愿失灵",必须与政府和其他经济组织相互合作,取长补短,因此在这个过程中形成了社会组织与政府的新关系——战略合作关系。

特别是在社会组织营销过程中,二者更多地倾向于民办官助的形式,这有助于形成社会组织的民间性、自治性的本性,也使二者的关系由原来的管与被管向着平等合作的伙伴机制发展。

在当今我国社会转型期,依然存在某种程度的政府垄断和由此导致的不完全竞争环境。为了推动资源的合理配置,应把原来由政府职能部门承担的公共服务交给社会组织承担,并增强公共服务生产者的可选择性和价格机制的导向作用。在这条路径中,政府改革的力度将起关键作用。加快改革步伐,实行政事、政社分离,让民间组织承担更多的公共服务职责,发挥原来由政府承担的公共服务职能,就是对社会组织的经费支持和资源配置,这实际上是要求我们加快政治体制改革的步伐。

在政府资助中,关键是尽量减少政府的任性和随意,体现客观和平等,采取现在盛行的政府采购的方式,选择承接政府转让出去的公共服务的社会组织。但是,也要体现政府扶助的导向性,把社会急需、公益性和活动能力强的社会组织作为重点扶持对象。目前我国的社区服务、促进劳动就业、环保和教育等类型的社会组织应当成为政府扶持的重点。

4. 公益创投模式受到重视和快速发展

公益创投(Venture Philanthropy)起源于欧美,是一种新型的公益伙伴关系和慈善投资模式,资助者与公益组织合作的长期性和参与性是"公益创投"的重要特征,它强调资助方与受资助方不再是简单的捐赠关系,更重要的是与被投资人建立长期的、深入参与的合作伙伴关系。这种合作伙伴关系带来的是双方的共赢：合作伙伴能够更快地成长，则资助者就更为有效率地达到了最初设定的社会目标。

公益创投活动旨在通过创意投标、项目运作以及第三方评估等，培育和发展公益性社会组织，促进其规范治理、提升专业服务能力，推进社会发育和成长；创新、延伸"公益金"（如福利彩票公益金）使用方式，提高使用效率，扩大社会影响力，提升公益形象；在社区实施以人为本、助人自助的公益服务项目，满足社区和居民群众多样化、个性化的服务需求，促进社会和谐；利用公益金作为种子基金，通过公益创投，推动政府购买公共服务理念的提升，建立政府和社会组织合作共赢的新机制，创新社会管理。

广州市是我国社会组织改革与发展先行先试的地区之一。自2014年实施首届社会组织公益创投活动以来，广州市已成功举办了三届社会组织公益创投活动。三届公益创投活动政府累积投入"种子基金"4 850万元，共资助项目365个，撬动了近3 700万元的民间资本，受益对象120多万人。其中，第三届广州市社会组织公益创投活动共资助创投项目150个，通过开展创投主体能力建设培训、搭建公益创投联合劝募平台、积极吸引社会资金参与创投项目实施，探索出了一条具有广州特色的"共创共投"的公益之路，实现了服务居民群众、激发社会组织活力、探索创新社会治理模式的目标，逐渐形成了政府、企业和社会组织协同共治"1+1+1>3"的广州模式。2017年，第四届广州市社会组织公益创投项目资助资金总额为2 240万元，相比第三届1 850万元增加了390万元，增幅达21%。其中为老服务类项目资助总额约为1 000万元，有包括如科技助老、技能提升、标准化规范化以及独居、空巢、失能老年人关爱体系等创新领域的子级项目领域；其余约1 200万元将用于资助助残服务类、青少年服务类、救助帮困类和其他公益类项目。

5. 不断创新项目筹款方式，实现劝募渠道的多样化

长期以来，我国社会组织都面临着筹集资金能力偏弱的问题。在全民公益的时代，社会组织不仅要"脑洞大开"——思考如何设计出有意义又有趣的公益项目，还要"四处推销"项目，获取项目资金。"造血能力"——筹款能力已经成为当前社会组织生命循环圈的关键词，更是社会组织营销能力具体高低的衡量指标。

2016年，广州市在第三届广州公益创投项目的筹款工作中，创新采用了抱团筹款（联合劝募）模式，并有效地借助线上平台，实现网上募捐。在第三届广州公益创投联合劝募平台正式启用的初期，首批23个创投项目在腾讯公益乐捐平台募捐，这些首批上线募捐的创投项目中，广州市法泽城市与公益研究中心的"流动儿童早教"项目，上线10天之内完成了3.12万元的筹款任务；广州市中大社工服务中心的"为爱发声——反对家庭暴力"项目则获得近900次的捐款。就目前公募能力偏弱的社会组织来说，联合劝募方式开辟了社会组织营销的一条新渠道、新路径，虽然联合劝募平台启动不久，后台数据显示，首批上线的创投项目的捐款人次，在1个月内经历了高峰与低谷，即大部分项目上线首日捐款人次达到高峰，但在项目上线一周后，捐款人数就陷入低谷，但是，联合劝募以及之后的配捐奖励方式，应该说是社会组织营销的具有生命力的实现方式，它一定程度上体现了今后社会组织营销向纵深发展的趋势。

6. 利用品牌建设助推社会组织提升公信力

为了引导和激励更多社会组织打造品牌，提升自身服务能力，我国部分地区开始启动社会组织品牌建设工作，把社会认可的、有影响力、有说服力、有突出业绩的典型推荐出来，树立一批品牌社会组织、公益服务项目，示例如下。

2016年4月,广州市启动了品牌社会组织创建试点工作,至2016年12月,经专家集中会审,评选出10家社会组织作为首批"广州市品牌社会组织"。广州市品牌社会组织评价指标,不同于社会组织等级评估指标,甚至是高于4A,5A等级社会组织评价标准。广州市品牌社会组织评价指标体系围绕社会组织的品牌基础、品牌建设、品牌作用、品牌文化等4个一级指标设置评价指标体系,集中反映品牌社会组织的基本属性及构成。同时,评价指标的关注内容,也从传统的基本公共服务的满足,提升到了实施创新驱动发展战略,关注社会组织在重视科技创新、知识产权保护方面的力度。

2017年3月,杭州市民政局启动了品牌社会组织和公益服务项目品牌认定工作,拟定了《杭州市品牌社会组织认定指标》,从品牌基础支撑力、品牌传播影响力、品牌价值影响力、品牌发展持续力四个维度共1 000分值进行认定。截至本书收稿时,杭州市品牌社会组织和公益服务项目品牌认定工作仍在进行中。

从组织传播力、社会影响力的角度而言,首批获评品牌机构的社会组织,将成为本地区社会组织"社会信誉好、示范作用好"的典型,将更好地提升机构的公信力、组织形象,从而无形之中增强了机构的营销实力。从长远来看,重视和加强组织的品牌建设工作,将日益成为社会组织营销的发展趋势。

第八章 社会组织人力资源管理

第一节 何谓社会组织人力资源及社会组织人力资源管理

一、人力资源与社会组织人力资源

1. 人力资源的含义

人力资源是各种资源中最为宝贵的资源,它指的是一个国家或地区在一定时期内,能够推动整个国民经济和社会发展的具有智力劳动和体力劳动能力的人们的总称。

人力资源有两个基本构成要素,一是数量,二是质量。所谓人力资源的数量是指一个国家或地区范围内劳动适龄人口总量减去其中丧失劳动能力的人口,加上劳动适龄人口之外具有劳动能力的人口。它是标志人力资源总量的基础性指标,是反映一个国家或地区经济实力的重要指标;人力资源指的是人力资源所具有的体质、智力、知识和技能的水平,以及劳动者的劳动态度。人力资源的质量是劳动者劳动能力的体现,并在社会生产实践中形成工作技能。它反映了人力资源质的规定性。在现代社会中,人力资源质量对于国家和社会发展的促进作用要远甚于人力资源数量。

2. 社会组织人力资源的构成与特点

(1) 社会组织人力资源的构成。社会组织的人力资源是整个国家人力资源的一个重要构成部分。它一般由三种基本人员组成:负责决策的理事、执行计划的有酬员工和没有薪酬的志愿者。

1) 理事。一般包括出资人、社区居民代表、和社会工作者;理事会是社会组织的最高决策机构,其主要职责是为社会组织制定方案、确立目标和招聘成员等。

2) 有酬员工。有酬员工是指社会组织内职位较固定并领取薪酬的长期工作人员。有酬员工包括专职员工和兼职员工。在专职员工中,又分为执行主任和一般员工,前者属于高级管理人员,协助理事会办事,而后者则泛指一般的管理人员。秘书长由理事会任免,其工作职责是执行理事会制定的方案、管理机构资源、开发服务项目、拓展外界联系、争取社会支持及募捐、考核和评估雇佣人员。一般员工的主要职责是协助秘书长工作,处理日常事务,开展人员培训,对志愿者进行评价和监督等。

3) 志愿者。志愿者是指出于自由意志而非基于个人义务或法律责任,秉承以知识、体能、劳力、经验、技术、时间等贡献社会的宗旨,不以获取报酬为目的,为社会提供各项辅助性服务的人员。志愿者也是社会组织的重要的人力资源,社会组织的很多活动都是依靠志愿者来完成的。但这部分人力资源相对不固定,往往是根据具体的组织活动而临时招募的。

需要说明的是,由于理事会成员并不拿报酬,因而也具有志愿性,所以有人认为,理事会成员应归为志愿者,这样社会组织人力资源的构成便分为两部分,即有酬员工和志愿者。

(2) 社会组织人力资源的特点。

1) 成员来源的广泛性。社会组织的人力资源系统具有开放性,有酬员工及志愿者的招聘与吸纳都面向全社会公开进行,尤其是志愿者只要符合条件一般是"来者不拒"。

2) 成员目标追逐的非营利性。一方面有酬员工收入的分配不与组织营利挂钩,组织的财务制度以均衡为原则,营利也要用于事业扩大;另一方面志愿者加入组织是基于志愿、奉献、爱心、公益等非物质性的驱动,而不仅仅是为了获取报酬。

3) 成员间关系的平等性。大多数社会组织的组织结构趋于扁平化,没有严格的等级制度,管理人员和非管理人员之间也不是传统意义上的上下级关系。成员之间都是有着共同的使命感、责任感的合作伙伴,彼此间互相协调,团结合作,为实现组织的目标和宗旨而共同努力。

二、人力资源管理与社会组织人力资源管理

1. 人力资源管理的含义

人力资源管理是指对与一定物力相结合的人力进行组织和调配,使人力、物力经常保持最佳比例,同时对其思想、心理和行为进行恰当的诱导、控制和协调,充分发挥人力的主观能动性,使人尽其才,事得其人,人事相宜,以实现组织目标。人力资源管理包括对人力资源的外在要素量的管理和对人力资源质的管理。所谓人力资源量的管理就是根据人力和物力及其变化,对人力进行培训、组织和协调,使二者经常保持最佳比例和有机结合,使人和物都充分发挥出最佳效益。而人力资源质的管理是指对人的心理和行为的管理。就个体而言,人的主观能动性是积极性和创造性的基础,而人的思想、心理活动和行为都是人的主观能动性的表现。因此,人力资源管理要突出人的核心地位,树立人高于一切的价值观念,把调动人的积极性、挖掘人的潜力、实现人的价值的最大化作为人力资源管理的最终目标。就群体而言,人力资源管理的任务是使群体成员统一思想、融洽感情、协调行动,从而实现群体功能大于每一个个体功能的总和。

2. 社会组织人力资源管理的含义与特点

社会组织人力资源管理是指为实现组织的宗旨,利用现代人力资源管理理论,不断获得人力资源,并对所获得的人力资源进行整合、调控及开发,给予各种形式的薪酬,从而有效地加以开发利用并使之可持续发展的过程。社会组织人力资源管理是人力资源管理的一个组成部分。因此,社会组织的人力资源管理首先应具有一般人力资源管理的基本性质和特征。然而,由于社会组织自身的特殊性,如志愿性与公益性,使社会组织员工的工作动机与其他组织中的员工有所不同,特别是志愿者,他们是志愿精神的实践者,是为理想与信念而来,而不仅仅是为了生计,这是社会组织人力资源管理的最大特点,这一特色导致了社会组织人力资源管理与企业一般组织人力资源管理相比具有特殊性。

(1) 在人力资源管理上注重价值体系和使命感的作用。所谓价值,是指对个人有用的或重要的东西,它同时也是个人追求的东西,不同的价值观决定着人们从事各种活动最基本的个人心理倾向,也是决定人们社会行为的最基本的内因。社会组织具有公益性、志愿性的特点,它强调对整个人类的点化和关怀,志愿精神是其灵魂,也是社会组织凝聚力所在,这一独特的价值体系,不仅赋予社会组织以明确的目标,使组织具有崇高的使命,而且也激励着每一个员

工去兢兢业业地工作，并从事业的成功中得到满足，分享快乐。因此，在社会组织创建之初，都将这种社会使命确定为自己的宗旨和目标，以此表明社会组织存在的价值与理由，这一宗旨和目标的确定为社会组织的正常运转定下了基调。因此，在人力资源管理中，应特别强调价值体系和使命感对员工的激励和凝聚作用。

（2）日常管理与管理伦理相结合。伦理是指人与人相处的各种道德准则。在当今社会，社会组织要想维持较长的生命力，伦理管理是非常重要的。可以说伦理管理是随着社会经济的发展而被纳入最新管理理论的，它不仅是经济社会和管理理论走向成熟的标志，也同样是社会组织管理走向成熟的重要标志之一。因此，作为社会组织的管理者应重视和自觉运用管理伦理，并将其与日常的人力资源管理相结合。

社会组织应遵循的基本伦理包括四个方面：第一，德行伦理，就是要求管理者以好的人格行事，这是对管理者人格的基本要求。第二，责任伦理，责任伦理要求社会组织主动承担更多的社会义务，即社会组织必须以不污染环境、不歧视、不欺骗的方式来保护自己赖以生存的社会环境。作为社会大家庭的一员，社会组织还必须使自己融入自己所在的社区，并在公众中树立良好的形象，从而在改善社会中扮演积极的角色。第三，利益伦理，社会组织不仅要考虑组织自身的利益，而且还要考虑所有关系人的利益。第四，权利伦理，社会组织要尊重和保护个人自由和法律所规定的各种特权。

我们主张将日常管理与伦理管理相结合，就是要有意识地将伦理道德引入到管理决策及管理行为中来。伦理管理要求社会组织能够做到无私的社会承诺、恪守法令规章、组织承诺、公益使命优先、尊重个人的价值和尊严、包容社会的多元性并维护社会公平、开诚布公、慎用社会资源等。

（3）在人力资源管理方法上体现出特殊性。

1）素质要求的特殊性。由于社会组织不是以获取利润为目的，而是为社会公益（或共益）服务的独立机构，因此，它具有较高的社会使命感。所以，对社会组织的成员素质应该有特殊的要求，即社会组织的人力资源，其政治觉悟和道德品质要高于社会整体人力资源的平均水平。社会组织内的领导、计划、经营、管理等活动应该有很高的自愿参与成分，成员之间要有很强的团队合作精神，成员个人要有很高的道德自律。

2）培训过程的特殊性。由于对社会组织人力资源的素质要求不同于一般组织的人力资源，因此，其培训也必然有所区别。培训内容除了一般意义上的技能培训与岗位培训，更需要侧重于使命感培训、责任感培训和道德感培训。

3）激励方式的特殊性。与营利组织相比，社会组织的成员个人与组织之间缺乏责任相关性及直接的经济利益相关性。因此，在对成员的约束和激励过程中，目标激励、人本管理、文化建设及柔性管理显得更为重要。一方面，要通过倡导组织文化、设定组织目标将个体凝聚起来，以组织行为带动和约束个体行为，呼唤起个体成员的责任感和使命感，并用群体的认同感使其感到自身价值。另一方面，要贯彻人本管理理念，实行柔性管理，激发其内在的积极性，而不是热衷于制度、结构和模式。

4）绩效评价的特殊性。对于社会组织的人力资源绩效评价与一般组织也有所不同，主要表现在绩效评价不一定与物质激励直接挂钩。绩效评价过程中，定性的方法一般要多于定量的方法，对于员工贡献的评价，不应看重短期收益，而是要看重长远贡献。

第二节 配置、绩效、培训等要素是社会组织人力资源管理的重要内容

一、社会组织人力资源配置管理

社会组织人力资源管理的主要内容包括社会组织人力资源配置管理、社会组织人力资源绩效考评和社会组织人力资源培训管理等。

1. 社会组织人员配置的含义

社会组织人员配置指的是社会组织以科学的测评手段和方法为工具，通过招募、甄选、录用和评估等程序，从组织内外获取合适的人员填补职员空缺，实现组织目标的过程。

按照现代人力资源管理的要求，社会组织人员配置要从组织和个人的角度考虑。首先，从组织利益出发，要满足组织的需要，同时，考虑到组织成员个人的特点、爱好和需要，在此基础上为每个成员安排适当的工作。通过人员配置可以弥补岗位空缺，及时满足社会组织发展的需要，通过对应聘者的准确评价，降低社会组织人员流失率，有效的人员配置活动有利于树立社会组织良好的形象。

2. 社会组织人员配置的程序

（1）准备阶段。在进行人员配置之前，首先需要弄清所需人员的工作岗位具有什么特征和要求，明确这些工作对应聘者的知识、能力等方面的具体要求，并以此为依据制定人员配置计划，确定最佳的选择程序。这一阶段要解决的主要问题有两个：第一，通过工作分析，确定工作性质及人员录用标准；第二，通过配置方法的研究，确定选择人员的最佳方案。

（2）选择阶段。即正式进行人员挑选的阶段，为了保证能够从众多的求职者中选择出合格的人员，择优录取，需要进行一系列测验和测评，并进行严格的筛选。选择阶段通常包括6个步骤，分别是初步面试、填写申请表、求职测验、验证推荐材料、最后面试和体格检查。

（3）录用和评估阶段。一旦社会组织与应聘者双方都做出了最终决策，即实现了个人与工作的最终匹配后，这就意味着求职者已被组织聘用，录用关系就算正式建立起来了。录用工作结束后，还应对人员配置成本以及获取质量等内容进行评估，从而对人力资源配置的结果在质量、数量和效度等方面有一个全面的总结，这有利于及时发现问题，分析原因，寻找对策，并相应地调整人力资源配置计划，为今后的人员配置工作提供经验和教训。

3. 人员配置的方法

（1）内部招聘。内部招聘指的是社会组织出现职务空缺后从组织内部选择合适人选来填补这个位置。内部招聘是社会组织填补由于发展、离职或伤老病退而产生空缺的职位的主要方式之一。

内部招聘主要采用以下5种方式。

1）公开招募。面向组织内部的全体人员进行公开招募。发布招募广告，展示现有职位空缺的信息和要求。凡认为自己合适的人员（只要是组织内的人员）都可以报名。这种方法提供了组织内部公平竞争的机会，有利于调动全体员工的积极性，使每个人都有机会参与竞争，从而找到合适的人选。

2）工作轮换。指从内部的其他部门选择适当的人员安排到需要的岗位上，它多用于对一

一般员工的培养上,它既可以让有潜力的员工在各方面积累经验,为晋升做好准备,也可以减少员工因长期从事某项工作而带来的枯燥、无聊。

3)工作调换。工作调换也称"平调",指职位级别不发生变化,只是工作岗位发生变化。它一般用于中层管理人员的招募,且在时间上往往是较长的,甚至是永久的。

4)内部晋升。社会组织通过建立内部人才库和技能储备,给那些熟悉本组织工作、具有相应能力的员工以升职的机会。

5)返聘。即在下岗、长期休假、停薪留职和已退休的人员中选择内部空缺职位所需的人员。通过重新聘用使他们发挥余热,再为组织尽力。

(2)外部招聘。外部招聘指的是根据一定的标准和程序,从组织外部的诸多候选人中挑选符合空缺职位工作要求的人员。在许多情况下,仅靠内部招聘往往难以满足社会组织对人员的需求,尤其是在组织建设初期和快速发展期,这时候社会组织应把目光由内转外,通过外部招聘广泛招揽人才。

外部招聘的主要方法有以下几种。

1)网络招聘。即通过专业的人才招聘网站,发布广告,使求职者和职位空缺之间的匹配更加迅速和便捷。网络招聘是目前最常用招募员工方法之一。

2)广告招聘。即通过媒体以广告的形式获得所需的人才。

3)校园招聘。即通过与各大专院校挂钩,直接从学校招聘所需人员的方法。

4)熟人推荐。即通过本组织内部员工、客户及合作伙伴等"熟人"推荐人选。

5)中介机构。即通过人才交流中心、职业介绍所以及劳动就业服务中心等就业中介机构来获取所需人员。

二、社会组织人力资源绩效管理

1. 绩效管理的含义

绩效,也称业绩,是反映人们从事某一种活动产生的成绩和成果。绩效管理是管理组织和员工绩效的一种体系。它是计划、考评和反馈组成的闭环。其中,绩效计划主要是制定组织的愿景、战略以及绩效进行定义等活动;绩效评价则是对组织和员工的绩效进行衡量和评价的过程;绩效反馈是组织或部门主管与员工交互讨论考评结果,以达到改善绩效的目的。

2. 绩效考评的方法

(1)360度绩效评估。360度绩效评估称为全方位评估,它是指从员工自己、上司、直接部属、同事甚至客户等各个角度来了解员工个人的沟通技巧、人际关系、领导能力等。通过这种理想的绩效评估,被评者不仅可以从自己、上下级、顾客、客户处获得多种角度的反馈,也可以从这些不同的反馈中清楚地知道自己的不足、长处与发展需求,使以后的职业发展更为顺畅。对社会组织来讲,通过这种全方位绩效评估可以解决那些绩效难以量化的专业人才的绩效考核问题,可以通过各方面的反馈来测评员工的工作成果、工作情况并为组织做出培训、薪酬等决策提供依据。

(2)记录考核法。这种方法操作简单,它要求评价者记录下每个员工的强项、弱项以及潜力等。老员工、同事的考核记录对员工在提薪、晋升等方面起到举足轻重的作用。这种由相互熟知的人通过口头或书面的形式呈现出来的真实、客观的信息较其他复杂的方法同样也具有说服力。如果为了通过识别有发展潜力的员工或明确他们的发展需求来促进整个社会组织的绩效,我们可以从记录考核法获得的信息中迅速、准确地捕捉到员工的优缺点、长处和劣势,因而可以根据员工的薄弱环节,有针对性地进行培训,为个人的职业生涯规划提供参考和研究基础。

(3) 评级量表法。这种方法并未放弃记录考核法,而是更稳定、更可靠。一般来说,采用这种方法,主要是在一个等级表上对业绩的判断进行记录。这个等级被分成几类,它常用诸如杰出、优秀、一般或是不满意这些形容词来评价的。根据不同的工作性质,它的考核因素也会做出相应的变化,但一般都包括对个性特征评价,如诚信和合作精神。

(4) 关键事件法。关键事件法要求保存最有利和最不利的工作行为的书面记录。当一种行为对组织的效益产生无论是积极还是消极的重大影响,管理者都应把它记录下来,并把这些资料提供给评价者,用于对员工绩效进行评价。虽然它在认定员工特殊的良好表现和劣等表现方面是十分有效的,而且对于制定改善不良绩效的规划也是十分方便的,但其缺点在于如果考察期较长,则基层主管的工作量较大。此外,由于每一关键事件可能都会对绩效评估结果产生重大的影响,因而要求管理者在记录过程中不能带有主观色彩,必须始终如一地坚持客观、全面、精确的原则(关键事件法在本书第九章绩效管理中进行详述)。

(5) 一对一比较法。在这种方法中,将每个员工的业绩与小组的其他员工相比较,其比较常基于单一的标准,如总业绩,获得有利的对比结果最多的员工,被排列在最高的位置。无论何时制定人力资源决策,该领域的一些专业人员都对使用这种比较方法——诸如排列法持有异议。比如,这些专业人员感到,员工未能得到提升的原因是,他们要达到他们的目标,而不是他们取得的目标要比工作小组中的其他人要好。这种决策的制定已超出个人的业绩,因此,应在一个更广泛的基础上进行考虑。

(6) 平衡记分卡。平衡记分卡设计包括四方面:财务角度、服务对象角度、内部管理流程、学习和成长。这几个角度分别代表组织三个主要的机构运营相关者:政府、服务对象和员工,每个角度的重要性取决于角度的本身和指标的选择是否与组织战略相一致。其中每一个方面,都有其核心内容。

平衡记分卡把战略放在组织管理过程的核心地位,以深刻而一致的方法描述了战略在社会组织各个层面的具体体现,从而具有独特的贡献和意义。平衡记分卡克服了单纯利用财务手段进行绩效管理的局限,从四个不同的视角,提供了一种考察价值创造的战略方法:财务视角,从组织资源所有人的角度来看组织增长、利润率以及风险战略;顾客视角,从顾客角度来看组织创造价值和差异化的战略;内部运作流程视角,使各种业务流程满足顾客和所有人需求的战略;学习和成长角度,创造一种支持组织变化、革新和成长的战略。利用平衡记分卡,社会组织的管理人员可以测量自己的组织如何为当前以及未来的顾客创造价值。在保持对财务业绩关注的同时,平衡记分卡清楚地表明了卓越而长期的价值和竞争业绩的驱动因素。一个战略记分卡代替预算成为了管理过程的核心。(平衡记分法在本书第九章绩效管理中进行详述)

以上的评估方法都可以用于人才的绩效评估,但在评估过程中都无法避免一些个人的主观因素,如评价者的价值观、态度的影响。这就需要人们意识到并纠正这些固有的偏见和缺点,对人才的绩效评估持一种开放的态度。

三、社会组织人力资源培训管理

社会组织人力资源素质的高低直接影响到一个组织的生存和发展。然而,人的素质和能力不是天生的,需要有计划地进行开发,培训是人力资源开发的主要手段,因而,人员培训就成为人力资源管理部门的重要职能。

1. 社会组织人力资源培训的含义

社会组织人力资源培训是指社会组织根据自己实际工作的需要,为提高员工的素质和能力而对其实施的培养和训练。对员工进行培训的主要目的有两个:一是向员工传授技能,二是强化组织宗旨并塑造组织文化。

2. 社会组织人力资源培训的步骤

(1)培训需求评估。培训的第一个步骤是进行培训需求的评估。培训需求评估有种方法可以选择:第一,循环评估模型,它对员工培训需求提供一个连续的反馈信息流,以用来满足周而复始地评估员工的培训需求;第二,任务——绩效评估模型,它是根据新员工即将承担的工作任务、对员工的要求来判断员工的培训需求(利用工作说明和工作规范),根据现有员工的实际绩效与目标绩效水平之间的差异来进行培训需求评估;第三,前瞻性培训需求评估模型,它是根据预期的工作技能,对那些技能不够充分的员工进行培训。培训需求评估为设定培训目标、制定培训方案提供了明确的方向。

(2)设定培训目标及计划。培训的第二个步骤是设定培训的目标及计划。培训的目标应着眼于提高技能、传授知识和强化宗旨上。在培训需求评估的基础上,拟订培训计划。培训计划包括长期培训计划、年度培训计划和单位培训计划。培训计划中要确定所要采取的培训手段和方法,每个组织可以结合自身的条件选用多种不同的方法,如讲授、演示、研讨、视听技术、角色扮演(亲身实践)、案例分析、远距离培训以及程序化教学等。

(3)开展培训。培训的第三个步骤是开展培训。培训计划的实施通常有两种方式:脱产培训和在职培训。脱产培训有利于把新的知识和理念带入组织,效果也比较好,但是需要员工放下工作,代价比较大,成本比较高,一般适用于较为长期的组织外学习,如定点集训、委托代培等;在职培训通常就在组织内部进行,虽然效果不及脱产培训明显,但代价和成本都比较低,主要采用的形式有接受有经验的员工或上司的训练、助理制或工作轮换等。

(4)对培训进行评价。培训的第四个步骤是对培训进行评价。对培训的评价可以督促培训质量的提高。对培训的评价指的是对在培训中受训者所获得的知识、技能、态度等应用于工作的程度的评估,即对培训效果的评估。具体来说,所要评价的问题包括:培训内容是否易理解?形式是否有趣、灵活?是否具有激励效果?成本是否合理?员工的工作行为是否发生改变?这些变化是否是培训引起的?这些变化是否有助于组织宗旨的实现?

3. 社会组织人力资源培训的形式

(1)新员工上岗培训。上岗培训是指为使新员工熟悉组织、适应环境、进入角色,进而掌握基本知识和要领而进行的一系列培训活动,一般在新员工报到后进行。通过新员工上岗培训,有助于新员工进入群体,消除现实冲击造成的不确定感和焦虑,有助于培养员工对组织的归属感。

上岗培训的主要内容包括:介绍组织的总体情况和宗旨,进行相关知识教育(组织的宗旨、理念、历史、特点等,组织的行政程序及内外环境关系等,组织对员工的要求和员工应对组织持有的期望等);新员工所在部门介绍(部门职能、工作职责、地点、安全规定、绩效标准和介绍同事等);举行座谈会,进行思考和讨论(围绕组织宗旨、个人抱负以及工作兴趣等),引见介绍相关人员,参观组织,接触具体的工作环境和特点,提出问题。

(2)在职员工的组织内培训。主要通过组织内部定期或不定期举办的培训,一方面落实工作轮换制度,使员工熟悉不同的工作内容、学习方法等;另一方面外聘专家到组织,安排集中训练或项目咨询。

(3)在职员工的外派培训。外派培训主要分为两种:一是到正规的大学申请获得学位,二是参加单一学科或讲座的培训班。外派培训较为系统和规范,但费用较高,并要离职学习。

(4)员工终身教育。终身教育是时代发展的需要,对社会组织来说尤其重要。要求员工以多元方式开展,包括自学、绩效学习等,请经验丰富的员工为年轻员工授课也是一种有效的形式。

四、社会组织薪酬管理

薪酬是组织对员工劳动所给予的回报,是员工劳动价值的表现。员工劳动价值是否实现、在多大程度上得到实现一般要借助于他所获得的薪酬具体表现出来。合理的薪酬体系会促使员工更加专注于工作,更加努力,从而提高劳动生产率,为社会组织带来发展、增强活力。相反,不合理的薪酬往往带来的是低效率和人员的大量流失。所以,薪酬管理是社会组织人力资源管理中涉及组织与员工劳资关系的一个关键因素。

1. 薪酬的构成

薪酬的内容十分广泛,既包括现金方式的直接报酬,又包括职工福利方式的间接报酬,还包括激励员工为更高的生产效率而奋斗的各种刺激和奖励。具体地讲薪酬是由三部分组成的:

(1)工资。这是劳动者直接的经济报酬,是薪酬中相对稳定的报酬部分,也是报酬的主体,通常由基本工资、奖金、津贴和补贴构成。基本工资是根据劳动者所提供的劳动的数量和质量按事先规定的标准付给劳动者的劳动报酬,也可以说工资是劳动力的价格;奖金是对员工超额劳动的报酬;津贴和补贴则是对员工在特殊劳动条件、工作环境中的额外劳动消耗和生活费用额外支出的补偿,通常把与生产相联系的补偿称为津贴,把与生活相联系的补偿称为补贴。工资、奖金、津贴等是直接以货币形式支付的报酬。

(2)福利。与薪酬和奖金相比,福利往往采取实物或延期支付的形式。因为与劳动能力、绩效和工作时间的变动无直接关系,所以有固定成本的特征。例如,基本养老保险、失业保险、基本医疗保险等都是根据国家政策而支付的福利,有其强制性和保障性。福利主要用于满足员工对工作本身或者对工作在心理与物质环境上的需要,其形式多种多样,还包括各种带薪假期、各种保险、住房补贴、交通补贴等在内的间接支付的报酬。

2. 薪酬的功能

(1)补偿功能。薪酬是劳动者衣食住行等基本生活的主要收入来源,用于满足劳动者的基本生活需要,这是补偿功能。

(2)激励功能。薪酬是劳动者社会地位、权力、令人尊重的象征,虽然金钱不一定能买到地位、权力及尊重,但在市场经济条件下,薪酬的高低,往往反映出一个人在社会上所扮演角色的地位高低。因而,薪酬便成为人们很重要的、潜在的动力源,它可激发员工的积极性。

(3)调节功能。薪酬不仅具有经济上的意义,还具有更重要的心理上的意义。主要表现在,人们有时并不在乎绝对数量的多寡,但却非常在意相对数量的高低,于是,薪酬的差异便成了引导劳动者流向的一个重要原因,这便是调节功能。可见,建立公平合理的分配制度,不仅可以促进组织的发展,维持组织的正常秩序。

还可以协调社会组织中的人际关系,减少纠纷,使管理者与被管理者之间建立起一种相互信任的关系。

3. 薪酬管理的原则

(1)公平性。包括外部公平性、内部公平性和个人公平性。薪酬的制定既要保持与其他社会类似的组织同等水平,又要体现出内部各个岗位上的不同,要根据人的能力和岗位需求来具体设定,做到基本公平。

(2)竞争性。工资、福利等是吸引人才的重要因素,因此,与其他组织相比要具有一定的吸引力和竞争性。

(3)激励性。组织确定薪金和福利标准的目的应该是对员工有所激励、鞭策、约束和限制。

五、社会组织激励管理

调动人的积极性是社会组织人力资源管理永恒的话题,也是提高效率和效益的关键环节。所谓激励就是创设满足职工需要的各种条件,激发职工的工作动机,使之产生实现组织目标的特定行为过程。社会组织人力激励主要采用下述基本方法。

1. 目标激励

制定目标是社会组织及其内部协作的出发点,也是一个组织存在的目的。没有明确的目标,就无法进行管理。共同的目标有利于促进组织内部的协作,形成共同的理想和信念。

制定目标不仅仅是组织发展和管理本身的需要,而且是激励员工的需要。员工参与目标的制定,可以看到自己的价值和责任,感到工作的乐趣,并从实现目标中获得满足感。目标制定还有利于上下左右之间沟通意见,减少完成目标的阻力,保证目标的完成,并使个人利益与组织目标得到统一。

激励理论认为,激励等于目标意义乘实现可能性。要使目标发挥最大的激励效用,就必须使目标本身具有重要的意义和实现的可能性。

员工对于目标的制定一般有三种需要:需要知道他们该干什么(对目标的理解清晰),需要感到参与了工作标准的制定(对目标价值的认识),需要对他们实际所做工作进行经常性的信息反馈(对目标实施的了解)。因此,用于激励的目标必须包含三大要素:目标清楚明了,可以传达;实施目标的组织成员要参与目标制定工作;根据结果对履行职责的情况进行评估与反馈。

2. 竞争激励

人都是有自尊心的,因此,管理者要善于有意识地营造一种良好的竞争氛围,巧妙地激发员工的工作热情,从而获得良好的激励效果。要做事,就要有竞争。这不仅是为了获取报酬的竞争,而且是人们出自本能追求卓越的欲望。竞争激励指的是在组织内通过评比竞赛方法进行激励,也就是管理者通过经常性的检查评比和多种形式的竞赛活动,来激发员工的上进心和竞争意识,努力使自己的工作走在他人前面。

竞争激励的具体实施方法是:评比竞赛前,拟订好具体的标准和实施细则,提出明确的要求,做好宣传工作;评比竞赛过程中,以事实为根据,坚持标准,客观衡量,秉公办事,并注意克服胜利高于一切的不良倾向;评比竞赛结果之后,及时总结,要做到鼓励先进更先进,帮助后进赶先进。

竞争激励是一种已被实践证明能有效地激励员工上进心和积极性的好方法。应该注意的是，评比和竞赛不能过于频繁，要突出重点，注意实效。

3. 奖罚激励

奖励包括物质奖励和精神奖励，前者主要通过增加工资或奖金等手段，后者主要指通过各种形式的表扬、给予一定的荣誉等手段来调动人的积极性。其中物质奖励是最古老和最传统的激励方式之一，我国古代就有"重赏之下，必有勇夫"之说。在运用奖励时，要根据本组织的实际情况，在调查分析的基础上，制定科学的奖励制度。一般说来，制定奖励制度必须遵守以下两项重要原则。

(1)组织为其成员提供的奖励必须对其成员有较高的价值，即组织成员认为这种奖励对他有重要意义。

(2)组织制定的奖励制度要使其成员得到的报酬与他们的工作绩效相联系，即工资奖金与绩效挂钩。对不同的奖励制度，可以从重要性、数量上的灵活性、使用的频率、可见性、低成本五个方面进行评价。组织常用的奖励方式有 5 种，即增加报酬、津贴、提升、地位和身份象征、特殊奖励证书。这 5 种奖励方式并不是相互排斥的，且各有优缺点，可以结合起来运用。

在运用激励措施时，只奖不惩是不行的，只奖不惩在管理上是一种不封闭的表现。适当的惩罚也是一种教育，有时是更实际更深刻的教育，因为许多健康的行为事实上都是来自于惩罚的过程。许多期望行为是从自己和别人非期望行为所得到的惩罚受教育而来的。但是，惩罚容易引起负作用，如产生不满、顶牛、关系紧张、丧失信心和行为固化等。为消除惩罚产生的负作用，必须正确地使用惩罚手段，如在惩罚之前要发安民告示、奖惩比例要适当、要言行一致、从善意出发等。

4. 感情激励

感情是沟通员工心灵的桥梁，是社会组织人力资源管理的一种重要的动力和手段，与员工之间加强情感的交流，使之相互了解、相互信任，满足员工情感的需要是感情激励的重要内容。所谓感情激励是指管理者通过感情的投入和交流，不断增强组织的凝聚力与人际关系的亲和感。情感的投入与交流，包含两个方面，即管理者的感情投入和被管理者的情感投入。两种情感投入具有互动效应，只要管理者注重情感投入，必然会激励下属员工对领导"合法权威"的认同和增强对组织的归属感，增强员工主体意识，把组织目标与个人目标有机地结合起来，产生相同的目标和价值取向，激发员工的创新意识和创造能力，自觉地为组织的发展贡献力量。

管理者情感投入衡量标准：

(1)管理者要率先垂范，要求别人做到的自己首先做到，要别人不得违规的，自己绝不越轨。这是产生感情激励效应的首要条件。

(2)管理者要有高尚的道德情操，常与被管理者进行感情交流与沟通。具有正直、公正、诚信、进取精神等优秀人格品质的管理者必然能潜移默化地影响组织成员，从而将下属人员吸引并凝聚于组织内，增加对组织的认同感和归属感。

(3)管理者要关爱员工，认真帮助他们解决生活与工作中的问题。管理者的感情投入，必然会得到"回报"，管理者感情投入越多，得到的"回报"也越多。所谓"回报"就是被管理者的感情投入。这种管理者的情感"投入"与被管理者的"回报"之间的互动关系，使管理者与被管理者之间情感不断加深，形成了情感"递进效应"。这种情感"递进效应"必然促使被管理者更多地"回报",更加努力工作,不断提高绩效水平。

5. 组织文化激励

组织文化是组织员工统一意志的体现,这种意志可以形成自身的发展机制,并产生效应,使员工从内心产生一种动力,形成一种激励。组织文化的基础是"以人为本",在这种"以人为本"价值观的指导下,员工所受到的激励是传统的激励方法所不能比拟的。组织文化所起的激励作用不是被动消极地满足员工对自身价值实现的心理需求,而是通过组织文化的塑造,使员工从内心深处自觉产生为组织努力的精神。组织的价值观一旦被员工认同,就会成为一种黏合剂,从各方面把其成员团结起来,产生一种巨大的向心力和凝聚力。同时,它使个体对外部异质体增强敏感性和竞争性,促使个体凝聚在群体之中,形成"利益共同体",从而大大增强了组织群体内部的一致性,使组织在竞争中形成一股强大的力量。

一个成功的组织,必然是那些能够对环境的各种变化做出敏锐、准确反应的组织。要使组织在动态发展的环境中持续发展,作为组织领导者,就必须在组织中建立一种具有长久影响力的精神支柱——组织文化,有了这种精神支柱的激励作用,组织就能够形成一种有效应对环境因素变化对组织影响的"内在机制"。加强组织文化建设是组织应付未来环境挑战、形成持久激励力的一种有效的激励手段。

第三节 志愿者管理是社会组织人力资源管理的特殊内容

一、社会组织志愿者管理的行动准则

社会组织对志愿者进行管理,目的是激励志愿者,促使志愿者高效地投入到组织的工作中,以提高志愿服务工作的质量,并帮助志愿者获得发展。简单地说,就是使志愿者能够有效率、有效能地利用各种资源来完成组织的目标和使命。

对于社会组织来说,由于志愿者与一般员工不同,他们是志愿精神的实践者,是"不用发工资的员工",所以,对志愿者的管理就不能简单地按照一般人力资源的办法来进行。正因为如此,社会组织在对志愿者进行管理时,必须坚持下述行之有效的行动准则。

1. 明确招募前提

在招募志愿者之前,社会组织要先确定志愿者招募的理由,并进行内部环境分析以确定自己是否有能力招募志愿者?组织的内部环境与制度建设是否适合于招募志愿者?任何组织在没有适当条件和准备之前,都不宜贸然招募志愿者。

2. 确定志愿者的定位

在进行工作分析的基础上,做出一个全面的人力资源计划,包括要志愿者来干什么?如何安排他(或她)的工作?工作分析很重要,能帮助社会组织确定志愿者的职责和任务,规划好他们的定位。

3. 承诺角色平等

组织内的所有员工,包括领导者、管理者和一般员工,都需要有一个承诺:将志愿者视为组织中的一员。为此需要在招募志愿者之前对员工进行关于志愿精神及其基本知识的教育,使员工懂得志愿服务对组织来说不仅是必要的,而且是光荣的。要懂得尊重志愿劳动及其价值。

4. 公开招募、择优录用

社会组织要定出一个有吸引力的招募计划和广告,以营销的方式公开招募志愿者,发挥宗旨的魅力、组织的魅力、工作的魅力等,吸引那些有志于志愿服务的优秀人才加入志愿者的队伍。

5. 提供教育和培训

志愿者加入组织,要和新员工一样接受必要的教育、训练和指导,要明确志愿者的权利和义务,接受上岗培训,熟悉组织的环境和工作要求。在工作了一段时间以后,可能由于任务的改变、新技术的出现等,志愿者还要随时接受在职训练。教育和训练的目的是不断提高志愿者的工作能力,以保证其胜任工作。这也是吸引志愿者的一个重要因素,因为他们通过志愿服务获得了自我发展的机会,在工作中身心都会得到满足。

6. 给予指导和协助

在组织中应设有专门的志愿者管理部门或专职的志愿者管理员,一方面负责执行和实施志愿者工作计划,另一方面负责每天例行的志愿者指导和管理工作。

7. 及时记录

要重视各项志愿者相关的记录,包括个人档案、工作记录和总结等,将其及时归档整理。

8. 鼓励和重用

要通过各种激励措施,保持志愿者的工作热情和积极性,对志愿者的工作热情加以表彰。同时,发展合适的志愿者加入理事会也很重要,使他们负起领导和管理的职责来。

9. 提供必要经费

尽管志愿者本身的服务是不计报酬的,但是在开展服务过程中所需要的各种必要开支则应由组织提供。

10. 开展绩效评估

针对志愿者的工作表现,以及完成的工作量和服务效果等,要进行系统的评估和鉴定,同时要把评估的结果及时通知志愿者本人。通过绩效评估,可改进工作,加强志愿者与组织的联系,促进志愿服务质量的提高。

二、社会组织志愿者管理的模式

根据人员素质和不同的管理要求,社会组织可以采用以下 4 种管理模式来对志愿者进行管理。

1. 自主管理模式

在这种管理模式中,志愿者拥有全部的工作决定权,他们可以自主处理他们认为应当处理的事情。这样,不仅能够调动志愿者的积极性,提高工作效率,而且还会增强志愿者工作的主动性,继而承担更多的责任。在一些实施自主管理的社会组织中,每位员工的工作能力都会得到较大的锻炼,综合能力较高、创造性较强的员工会脱颖而出,成为独当一面的业务骨干。

2. 定期报告模式

这种管理模式可以发挥志愿管理者的监督作用,使他们能对志愿者进行经常的监督和管理,从而保证工作沿着既定的目标进行。在这种管理体制中,志愿者是工作的主导,可以亲自处理他们的工作,但需要在某些时候向管理者报告工作的进展及已处理的事项,使管理者获得更多的信息,保证工作朝着正确的方向发展。这种管理是在传统的自上而下的管理模式之下,引入自下而上的管理反馈机制的一种控制型管理,志愿者的工作目标及目标的实现等都是由管理者来控制的。

3. 监督工作模式

假如管理者对志愿者缺乏足够的信任,那么他就需要采取行动去监督志愿者工作的进展,并减少其工作自主权。在这种管理模式中,志愿者也是工作的责任人,但在采取行动前,他要向管理者提出采取行动的建议并获得认可。这样,管理者便可在工作进展上有较大的控制权,如果管理者认为志愿者所作的决定不恰当,能够在行动前制止。

4. 指令工作模式

假如管理者极为担忧志愿者的表现,唯一适用的便是不赋予志愿者任何自主权的管理模式。在这种管理模式中,志愿者无须为工作提出建议,也不能自行做出决定,他们只需按管理者的指令行事。如果志愿者不知道下一步该怎么办,他们必须请示管理者,管理者也必须为志愿者的行动提出方案,这无疑增加了管理者的工作量,当志愿者数量众多的时候,管理者将面临更多的困难。当志愿者被安排到这种模式下,他们工作的主动性、积极性和创造性受到限制,从而产生厌恶感。当志愿者感到不满时,他们对工作的投入程度会减弱,不易获得满意的工作成果,甚至不愿再提供志愿服务。

在志愿活动中,最重要的是志愿者的参与。在上述四种管理模式中,前三种是最为常用的和积极的管理模式。但是在以下两种情况下可考虑第四种模式:一种情况是,志愿者并无相关的工作经验,需要接受训练,他们对工作没有足够的认识,无法提出有效的建议;另外一种情况是,在紧急情况下,没有足够的时间去聆听志愿者的建议。

三、社会组织志愿者管理的流程

我们通过志愿者管理的流程介绍一下社会组织志愿者管理的内容,由于招募、培训和评估在整个管理中相对来说比较重要,所以对这3方面内容的介绍比较详细,具体如下。

1. 规划

在招募志愿者之前,根据组织的使命与目标,结合现有人力资源的状况做出一个全面的设计与规划,是成功管理志愿者的第一步。在进行规划时,社会组织需要在充分考虑各种因素,如志愿活动的各种要素、各种资源的可利用性、志愿者的需求和实际情况等的基础上做出一个包括预算、活动空间安排、地点以及适当的交通工具等在内的全面行动方案,这一步工作被称为管理计划。一个完整的管理计划包括下列内容:人员安排、材料准备、参与者、设施准备、食宿、时间、交通工具和预算。

2. 工作分析

工作分析又称职务分析,是指全面了解、获取与工作有关的详细信息的过程,具体地说,是对组织中某个特定职务的工作内容和职务规范的描述和研究过程,即制定职务说明和职务规范的系统过程。通过工作分析,不仅可以帮助社会组织收集有关人力资源管理所需要的一切详细资料,为人事决策提供依据,而且,它对于整个社会组织的管理也具有非常重要的作用。

3. 招募

社会组织为了发展,首先是设法招到本组织所需要的人员。招聘应从"人和事"两个方面出发,挑选出最合适的人来担任某一职务,而录用则主要涉及如何做出录用决策及人力资源安排。这些活动就是人们平时所说的"招聘"。成功的招聘,一方面可以扩大组织的知名度;另一方面,则可获得优秀的人员,有效地提高组织人力资源的素质,为组织的发展打下良好的基础,同时,也为本组织人员的稳定打下良好的基础,减少组织因人员流动频繁而带来的损失,对组织人力资源管理的其他职能也有极大的帮助。

(1)招募的方法。招募志愿者最常用的方法有以下几种。

1)志愿者介绍。志愿者可以与他们身边的亲友分享宝贵的服务经验,这样更能树立典范,鼓励更多人投身于义务工作的行列。

2)举办志愿者训练课程。有关机构可通过举办各种形式的个人及团体训练计划,引导及鼓励不同年龄人士,包括青少年、青年、成人及长者参与志愿服务工作。

3)活动推广。安排于中心、会堂、职员聚会及学校进行演讲,介绍义务工作;并配合一些宣传单张、幻灯片、服务机构的宣传单及有关机构的通讯,派发给参加者作参考用。这样有助于确认志愿服务工作的价值和志愿者的贡献,从而吸引更多人士参与志愿者的服务。

4)对外宣传工作。利用大众传播媒介(包括电视、电台广播、报纸、刊物、杂志)、海报、横幅、展览及公交车身广告等各类形式,广泛推广志愿服务工作及宣传志愿者招募的信息。

5)举办志愿者招募周。在地区层面举办定期的志愿者招募活动,并配合对外宣传工作,在街上设立志愿者招募站,派发宣传招募单,为有兴趣参加志愿服务的市民实时办理志愿者登记手续。

6)印制志愿者服务手册。内容包括志愿服务的意义,志愿者的权利、角色和责任简介,以及现有的志愿服务机会及机构名单,并附设志愿者登记申请表,提供简易登记手续让有意参与志愿服务的市民实时填写。

7)运用互联网及电子邮件。在互联网上提供志愿者工作的网页,详列服务性质、服务机会、福利团体、机构数据等各项信息;鼓励志愿者及有兴趣参与志愿服务的人士在网页上交流做志愿者的心得。例如一些中心的志愿者小组会将服务数据上网。

(2)遴选志愿者的技巧。

第一,事前先要清楚考虑机构需要及服务的要求,以便确定理想的志愿者人选,包括兴趣、技能及经验等。第二,遴选会面应由机构职员与资深志愿者共同进行。这样的组合有助于平衡观点,更有利于日后安排工作及进行督导。第三,设计一张完善的志愿者登记表,以便记录有关数据。内容通常包括:教育程度、宗教信仰、技能及其他(如参加志愿者的动机、原因、期望及可服务的时间)。这些数据有助了解志愿者的背景。第四,可考虑应用一些简单的测验,帮助准志愿者了解自己的需要。第五,要懂得因才善用,根据应征者的体质、能力及心理状况等方面的不同,分别给他们安排不同的志愿服务岗位。第六,有系统地安排志愿者先熟悉他们将会负责的服务大纲。让志愿者明白社会组织志愿者小组的期望,使他们有所选择。第七,接见志愿者的地点及时间要作适当安排,以示对他们的尊重;这亦有助他们对机构及职员保留好印象,有利建立良好合作关系。

4. 培训

培训工作则是人力资源管理的重要环节。志愿者培训对促进志愿者的工作表现,增进工作满足感及提升志愿服务工作的整体素质发挥着重要的作用。培训的主要目的是让志愿者了解志愿服务工作,使志愿者明白志愿服务工作的意义与使命;根据工作岗位的要求,使志愿者掌握工作所需要的知识、技能及态度,确保服务质量达到应有的水平。适当的培训能令志愿者对工作更具信心,帮助他们发掘潜能,促进个人发展。

(1)培训的策划。组织在策划志愿者培训活动时,应先考虑学员所属工作岗位的工作要求,从而帮助他们掌握应有的知识,学习工作技能及培养服务态度。简单来说,志愿者培训工作的策划及管理步骤为:分析机构状况——工作或任务分析——列出所需的知识和技能并选择训练对象——说明训练需要——决定训练目标——拟定训练课程:包括确定时间表、编排训练课程、选择训练方法——实践应用及评估——修订建议。培训活动必须配合工作要求来设计。因此,策划及进行培训时必须考虑以下因素:

1)志愿者参与。让志愿者参与培训活动的策划,这能加深他们对培训的了解,亦能增强他们对培训计划的兴趣和认同感。

2)使用者参与。使用志愿服务的机构如老人院、医院等更能清楚说明志愿者应具备的条件与能力,它们的参与及支持对培训活动的成效起着重要的作用。

3)成本控制。培训活动必须考虑社会组织或志愿者小组的资源限制。有些活动设计可能很理想却需要昂贵的经费,这并不是每个机构都能负担得起的。

4)时间配合。志愿者训练活动的时间编排,应做到志愿者在投入服务前已接受足够的训练,这样更能确保服务质量。

(2)培训的内容。志愿者培训内容可归纳为两个范畴:基础理论、技巧训练。每项培训活动须平衡两者的比重,避免培训活动流于表面化。基础理论内容主要包括志愿服务工作概念和服务对象的相关知识。技巧训练主要包括以下几项内容。

1)志愿服务技巧即人际沟通技巧、自我认识以及活动程序设计技巧。

2)特别技能培训,包括探访技巧、与其他服务提供者的合作技巧、急救训练、带领游戏技巧和小组工作技巧。

3)管理技巧培训,主要有服务策划课程、领袖才能训练和平资源管理等。

(3)培训的安排。成功的培训计划应充分考虑以下事项。

1)通知参与训练的志愿者。内容包括培训计划简介,举行培训活动的地点,培训内容和可以预先准备的教材,提示学员准备自己的资料等,并以简短的问卷了解志愿者的经验、兴趣和对培训课程的期望。

2)时间安排。把培训课程分成单元,循序渐进由浅入深地将单元分几个阶段授课。

3)学员人数。学员人数会影响到培训设备、地点、活动时间及方式等方面的准备。

4)课程讲义。派发讲义可帮助学员重温课程内容。讲义内容最好包括一些练习活动、评估表、作业和参考书目等,让学员有机会思考及找寻更深入的学习资料。

5. 激励

对志愿者的激励,要坚持精神与物质鼓励并举,并突出精神激励的原则。按照现代组织的人力资源管理的理念,使员工树立与组织共存亡的观念是一种非常有效的激励方法。世界上最优秀的组织都是靠人奋斗出来的。若要人去奋斗就要有一种信念的激励,作为管理者来讲,就是要培养员工的这种信念。员工一旦建立了这种信念,他的潜能就会被激励而得到发挥。从理论上讲,激励过程是从个人需要出发的。

志愿服务的特性决定了对志愿者的激励具有和企业、政府部门不一样的地方,由于志愿者参与志愿活动并不是为了物质报酬,所以非物质性的精神激励是关键。组织通过运用媒体宣传、激发兴趣以及强化宗旨等手段,激发志愿者的光荣感、荣誉感、成就感和自豪感,并通过各种手段满足志愿者的需求是一种行之有效的方法。

四、留住志愿者

1. 志愿者退出的原因

对于社会组织而言,如何留住志愿者是其实现人力资源管理的一个重要工作。1992年美国一项调查发现,40%的非志愿者曾经做过志愿者。他们之所以退出志愿者行列的主要原因在于一些志愿者管理人员不清楚怎么留住他们,志愿者不满意的地方通常表现在以下几方面。

(1)志愿活动的安排和潜在志愿者期待的活动相左;

(2)缺乏对志愿者必要的回报;

(3)缺乏适当的培训与管理;

(4)相对于全职工作来说,志愿者感觉到他们做的不过是低级的另类工作;

(5)对他们的时间要求不合适;

(6)缺乏个人成就感。

上述问题的解决,一个可行的办法是调查"中途退却者",探明究竟是什么原因使他们退出。例如,可进行与上述民意调查类似的调查研究,然后采取相应对策。另一个办法是:定期测试现有志愿者的满意度和不满意度,定期和志愿者进行交流,从下列问题中分析他们的状态:是否获取了志愿活动的相关知识;是否掌握技能;是否与家庭成员或朋友一起参与志愿活动;是否结交了新朋友;是否与参与志愿活动的老朋友在一起;是否获得了新的知识;是否有乐趣;是否与特定客户群体在一起;是否负责一些事情;是否自我感觉成为了群体的一员;是否从志愿工作中获得了经验;是否结交到重要人物,是否获得新的地位;是否获得认同等。

2. 志愿者的需求

要使志愿者保持积极的工作心态,需要志愿组织和管理人员通过各种方式激励志愿者,满足他们的各种需求,为此要考虑以下问题。

(1)认同需求。志愿者需要别人对他们的工作给予认同。

(2)确认成功。要让志愿者感到他们已经完成了一些事情,发生在一些目标比较明确的活动中。

(3)自主性需求。让志愿者感到他们有一定的独立性,他们能决定自己的活动。这些往往发生在那些需要他们自己做出决定的活动中。

(4)变换需求。让志愿者的活动丰富多彩,防止出现志愿者厌烦他们工作的情形。

(5)提高需求。让志愿者感到自己所从事的工作有发展的空间,可以增长知识和才能,丰富人生,这些可以通过培训、指导、咨询以及示范等手段来实现。

(6)归属感。通过一定的方式让志愿者感到归属感,被组织接受,得到组织的关爱,与人合作,分享组织的优愁与喜悦,与组织专职员工建立密切的关系。

(7)权力需求。创造一定的条件让志愿者能够通过自己的努力担任一定的领导职务,提升他们在组织中的地位。例如,参加理事会、充当发言人以及协调活动等。

(8)兴趣需求。一个志愿者无法在一个不喜欢的岗位上服务,组织必须让他们感到志愿活动充满乐趣和享受。

在所有的需求中,得到认同无疑是极为重要的。这种认同在社会组织的志愿者管理中可以采取两种方式:正式认同和非正式认同。正式认同的方式很多。例如,奖励、颁发证书、发匾、颁发纪念品以及举行表彰宴会等,通过这些方式来认可志愿者的工作与贡献。非正式的认可发生在日常生活、活动当中,包括鼓励组织专职员工和志愿者之间的相互欣赏与合作,这种认可可能更为有效。一年一次的庆祝餐,不会比365天的融洽关系效果更好。日常的认同包括:说声谢谢、介入志愿活动协助他们决策、关心志愿者的家庭和兴趣、平等对待志愿者、邮寄感谢信给志愿者家庭、提供培训活动、记住志愿者的生日以及庆祝志愿者参加志愿者组织周年纪念等。

第九章　社会组织绩效管理

社会组织绩效管理属于社会组织人力资源管理范畴，是社会组织人力资源管理的重要内容，搞好机构的绩效管理、提高组织凝聚性、积极性，是当前许多快速发展并处于转型中的社会组织的核心要务。参考企业管理思路和具体管理方式，社会组织绩效管理的常用方法有平衡记分卡法、关键绩效指标法（KPI）、全视角考核法（360度绩效反馈）等，这些方法在实际操作中比较简便易行。

第一节　平衡记分卡法

平衡计分卡法的主要原理是，组织应从四个角度审视自身业绩，四个角度分别是：财务、顾客（服务对象）、内部运作以及学习与成长。每个角度的重要性取决于角度的本身和指标的选择是否与组织战略相一致。其中每一方面，都有其核心内容。

（1）财务方面：社会组织财务性绩效指标能够综合地反映组织业绩和利益，因此财务指标一直被广泛地用来对社会组织的业绩进行控制和评价，并在平衡计分卡方法中予以保留。常用的财务性绩效参考指标主要有利润和投资回报率，这些指标对于社会组织资产的保值增值、扩大发展规模非常重要。

（2）客户（服务对象）：客户是上帝，以客户为核心的思想在社会组织人员绩效考核中需有所体现，即强调"客户造就组织"。平衡计分卡方法中客户方面的指标主要有：客户满意程度、客户保持程度、新客户的获得和客户目标达成情况等。

（3）内部运作：组织各方面价值的追求，都需要靠其内部的良好经营来支持。对于社会组织来说，内部运作过程又可细分为几个具体评价指标点，例如：人员配置、服务数据及成效、治理制度和管理制度等。

（4）学习与成长：学习与成长基于员工的学习程度与成长情况，因而可以考虑采用如下的评价指标：员工培训支出、员工满意程度、员工的稳定性和员工的生产率等。

平衡记分卡的四方面既包含结果指标，也包含促成这些结果的先导性指标，并且这些指标之间存在着因果关系，因为平衡记分卡的设计者认为组织的重要目标就是设置好关于因果的一系列设想，从而有效影响机构的发展。社会组织成功的绩效评价应当明确规定各个不同方面的目标和衡量方法之间的逻辑关系，同时设置的指标体系便于量化，从而有利于管理它们和证明其合理性。

由于平衡记分卡的构成要素选择和评价过程设计都考虑了因果逻辑关系链，所以它的四个评价维度是相互依赖、支持和平衡的，能够形成一个有机统一的战略保障和绩效评价体系。

第二节 关键绩效指标法(KPI)

一、关键绩效指标是衡量工作绩效表现的量化指标

组织关键绩效指标(KPI:Key Performance Indicator)是通过对组织内部流程的输入端、输出端的关键参数进行设置、取样、计算和分析,衡量流程绩效的一种目标式量化管理指标,是把组织的战略目标分解为可操作的工作目标的工具,是组织绩效管理的基础。KPI可以使部门主管明确部门的主要责任,并以此为基础,明确部门人员的业绩衡量指标。建立明确的切实可行的KPI体系,是做好绩效管理的关键。关键绩效指标是用于衡量工作人员工作绩效表现的量化指标,是绩效计划的重要组成部分。

KPI法符合一个重要的管理原理——"二八原理"。在一个组织的价值创造过程中,存在着"20/80"的规律,即20%的骨干人员创造组织80%的价值;而且在每一位员工身上"二八原理"同样适用,即80%的工作任务是由20%的关键行为完成的。因此,必须抓住20%的关键行为,对之进行分析和衡量,这样就能抓住业绩评价的重心。

KPA(Key Process Area)意为关键过程领域,这些关键过程域指出了组织需要集中力量改进和解决问题的过程。同时,这些关键过程域指明了为了要达到该能力成熟度等级所需要解决的具体问题。每个KPA都明确地列出一个或多个的目标(Goal),并且指明了一组相关联的关键实践(Key Practices)。实施这些关键实践就能实现这个关键过程域的目标,从而达到增加过程能力的效果。我们也可以从人力资源管理角度意为KPA(Key Performance Action)意为关键绩效行动,可以简单叫做关键行为指标,当一件任务暂时没有找到可衡量的KPI或一时难以量化的时候,可以对完成任务关键的几个分解动作进行要求,形成多个目标,对多个目标进行检查,达到考量的结果。KPA是做好周计划和日计划的常用工具,通过KPA的检查考量统计可以将一个任务的KPI梳理出来。

KRA(Key Result Areas)意为关键结果领域,它是为实现组织整体目标、不可或缺的、必须取得满意结果的领域,是组织关键成功要素的聚集地。

KPI(Key Performance Indicators)意为关键绩效指标,是通过对组织内部流程的输入端、输出端的关键参数进行设置、取样、计算、分析,衡量流程绩效的一种目标式量化管理指标,是对组织运作过程中关键成功要素的提炼和归纳。每个KRA都涵盖了几个KPI。KRA和KPI是把组织的战略目标分解为可操作的工作目标的工具,是组织绩效管理的基础,建立明确的切实可行的KPI体系是做好绩效管理的关键。

BSC(The Balanced Score Card)意为平衡计分卡,是绩效管理中的一种新思路,适用于对部门的团队考核。平衡计分卡的核心思想就是通过财务、客户、内部流程及学习与发展四个方面的指标之间的相互驱动的因果关系展现组织的战略轨迹,是实现绩效考核——绩效改进以及战略实施——战略修正的战略目标过程。它把绩效考核的地位上升到组织的战略层面,使之成为组织战略的实施工具。

我们可以把KPA,KPI,KRA,BSC系统的联系起来,就会发现KPA是指标量化执行阶段,KPI是指标量化考核阶段,KRA是指标必要达成的结构性目标管理阶段,BSC是指标的战略管理阶段,这四个名词是绩效量化管理不断升级的关键词。也是组织实施绩效量化管理发展的

四个阶段。

KPI 的绩效考核体系与一般绩效评估体系的区别基于 KPI 的绩效考核体系与一般绩效评估体系的区别。基于 KPI 的绩效评估体系一般绩效评估体系。

这首先意味着,作为衡量各职位工作绩效的指标,关键绩效指标所体现的衡量内容最终取决于组织的战略目标。当关键绩效指标构成组织战略目标的有效组成部分或支持体系时,它所衡量的职位便以实现组织战略目标的相关部分作为自身的主要职责;如果 KPI 与组织战略目标脱离,则它所衡量的职位的努力方向也将与组织战略目标的实现产生分歧。

KPI 来自于对组织战略目标的分解,其第二层含义在于,KPI 是对组织战略目标的进一步细化和发展。组织战略目标是长期的、指导性的、概括性的,而各职位的关键绩效指标内容丰富,针对职位而设置,着眼于考核当年的工作绩效、具有可衡量性。因此,关键绩效指标是对真正驱动组织战略目标实现的具体因素的发掘,是组织战略对每个职位工作绩效要求的具体体现。

最后一层含义在于,关键绩效指标随组织战略目标的发展演变而调整。当组织战略侧重点转移时,关键绩效指标必须予以修正以反映组织战略新的内容。

二、关键绩效指标是对绩效构成中可控部分的衡量

组织经营活动的效果是内因外因综合作用的结果,这其中内因是各职位员工可控制和影响的部分,也是关键绩效指标所衡量的部分。关键绩效指标应尽量反映员工工作的直接可控效果,剔除他人或环境造成的其他方面影响。例如,销售量与市场份额都是衡量销售部门市场开发能力的标准,而销售量是市场总规模与市场份额相乘的结果,其中市场总规模则是不可控变量。在这种情况下,两者相比,市场份额更体现了职位绩效的核心内容,更适于作为关键绩效指标。

三、关键绩效指标是对重点经营活动的衡量,而不是对所有操作过程的反映

每个职位的工作内容都涉及不同的方面,高层管理人员的工作任务更复杂,但 KPI 只对其中对组织整体战略目标影响较大,对战略目标实现起到不可或缺作用的工作进行衡量。

四、关键绩效指标是组织上下认同的

KPI 不是由上级强行确定下发的,也不是由本职职位自行制定的,它的制定过程由上级与员工共同参与完成,是双方所达成的一致意见的体现。它不是以上压下的工具,而是组织中相关人员对职位工作绩效要求的共同认识。

五、关键绩效指标在组织管理中具有重要意义

KPI 所具备的特点,决定了 KPI 在组织中举足轻重的意义,主要表现在以下几方面。

(1)作为组织战略目标的分解,KPI 的制定有力地推动组织战略在各单位各部门得以执行;

(2)KPI 为上下级对职位工作职责和关键绩效要求有了清晰的共识,确保各层各类人员努力方向的一致性;

(3)KPI 为绩效管理提供了透明、客观以及可衡量的基础;

（4）作为关键经营活动的绩效的反映，KPI 帮助各职位员工集中精力处理对组织战略有最大驱动力的方面；

（5）通过定期计算和回顾 KPI 执行结果，管理人员能清晰了解经营领域中的关键绩效参数，并及时诊断存在的问题，采取行动予以改进。

六、建立关键绩效指标的要点在于流程性、计划性和系统性

（1）明确组织的战略目标，并在组织会议上利用头脑风暴法和鱼骨分析法找出组织的业务重点，也就是组织价值评估的重点。然后，再用头脑风暴法找出这些关键业务领域的关键业绩指标(KPI)，即组织级 KPI。

（2）各部门的主管需要依据组织级 KPI 建立部门级 KPI，并对相应部门的 KPI 进行分解，确定相关的要素目标，分析绩效驱动因数（技术、组织和人），确定实现目标的工作流程，分解出各部门级的 KPI，以便确定评价指标体系。

（3）各部门的主管和部门的 KPI 人员一起再将 KPI 进一步细分，分解为更细的 KPI 及各职位的业绩衡量指标。这些业绩衡量指标就是员工考核的要素和依据。这种对 KPI 体系的建立和测评过程本身，就是统一全体员工朝着组织战略目标努力的过程，也必将对各部门管理者的绩效管理工作起到很大的促进作用。

（4）指标体系确立之后，还需要设定评价标准。一般来说，指标指的是从哪些方面衡量或评价工作，解决"评价什么"的问题；而标准指的是在各个指标上分别应该达到什么样的水平，解决"被评价者怎样做，做多少"的问题。

（5）必须对关键绩效指标进行审核。比如，审核这样的一些问题：多个评价者对同一个绩效指标进行评价，结果是否能取得一致？这些指标的总和是否可以解释被评估者 80% 以上的工作目标？跟踪和监控这些关键绩效指标是否可以操作？等等。审核主要是为了确保这些关键绩效指标能够全面、客观地反映被评价对象的绩效，而且易于操作。

七、订立关键绩效指标时必须考虑其可控性

每一个职位都影响某项业务流程的一个过程，或影响过程中的某个点。在订立目标及进行绩效考核时，应考虑职位的任职者是否能控制该指标的结果，如果任职者不能控制，则该项指标就不能作为任职者的业绩衡量指标。比如，跨部门的指标就不能作为基层员工的考核指标，而应作为部门主管或更高层主管的考核指标。

绩效管理是管理双方就目标及如何实现目标达成共识的过程，以及增强员工成功地达到目标的管理方法。管理者给下属订立工作目标的依据来自部门的 KPI，部门的 KPI 来自上级部门的 KPI，上级部门的 KPI 来自组织级 KPI。只有这样，才能保证每个职位都是按照组织要求的方向去努力。

八、确定关键绩效指标的 SMART 原则

关键绩效指标是对组织运作过程中关键成功要素的提炼和归纳。确定关键绩效指标有一个重要的 SMART 原则。SMART 是 5 个英文单词首字母的缩写，具体含义如下。

S 代表具体(Specific)，指绩效考核要切中特定的工作指标，不能笼统；M 代表可度量(Measurable)，指绩效指标是数量化或者行为化的，验证这些绩效指标的数据或者信息是可以

获得的；A 代表可实现（Attainable），指绩效指标在付出努力的情况下可以实现，避免设立过高或过低的目标；R 代表关联性（Relevant），指绩效指标是与上级目标具明确的关联性，最终与组织目标相结合；T 代表有时限（Time bound），注重完成绩效指标的特定期限。

九、确定关键绩效指标遵循的过程

确定关键绩效指标的具体过程如下。

1. 建立评价指标体系

可按照从宏观到微观的顺序，依次建立各级的指标体系。首先明确组织的战略目标，找出组织的业务重点，并确定这些关键业务领域的关键业绩指标（KPI），从而建立组织级 KPI。接下来，各部门的主管需要依据组织级 KPI 建立部门级 KPI。然后，各部门的主管和部门的 KPI 人员一起再将 KPI 进一步分解为更细的 KPI。这些业绩衡量指标就是员工考核的要素和依据。

2. 设定评价标准

一般来说，指标指的是从哪些方面来对工作进行衡量或评价；而标准指的是在各个指标上分别应该达到什么样的水平。指标解决的是我们需要评价"什么"的问题，标准解决的是要求被评价者做得"怎样"、完成"多少"的问题。

3. 审核关键绩效指标

对关键绩效指标进行审核的目的主要是为了确认这些关键绩效指标是否能够全面、客观的反映被评价对象的工作绩效、以及是否适合于评价操作。

4. 设计思路及注意事项

（1）鱼骨图分析法。运用"鱼骨图"分析法，建立关键绩效指标体系，其主要流程如下。

1）根据职责分工，确定哪些个体因素或组织因素与组织整体利益是相关的。

2）根据岗位，1% 的标准，定义成功的关键因素。

3）确定关键绩效指标、绩效标准与实际因素的关系。

4）关键绩效指标的分解。

（2）工作量化的灵活处理。有些部门工作量化的确有困难，就从工作要求、时间节点上进行量化。如人力资源管理者、行政事务人员、财务人员，其关键绩效指标的量化难度相对大，若硬性地从其自身职责上进行量化，逻辑上也说不通，不对其量化，情理上同样也说不过去。实际处理，可以从考核其工作任务或工作要求来界定，可以通过时间来界定。从实质上讲，被时间所界定的工作任务或工作目标也是定量指标。

（3）PDCA 循环。运用 PDCA 循环逐步完善和落实，其主要流程如下。

1）关键绩效指标由专业人员设计。

2）设计稿上报组织领导班子审议。

3）根据组织领导班子的意见进行修订。

4）将修订稿交各职能部门讨论。

5）将讨论意见集中再修订。

6）上报批准下发。

其中 1）~5）项，实际工作中会有几个来回反复。

（4）KPI 考核的支持环境。有了关键绩效考核指标体系，也不能保证这些指标就能运用于绩效考核,达到预期的效果。要想真正达到效果,还取决于组织是否有关键绩效指标考核的支持环境。建立这种支持环境,同样是关键绩效指标设计时必须考虑的。

1)以绩效为导向的组织文化的支持。建立绩效导向的组织氛围,通过组织文化化解绩效考核过程中的矛盾与冲突,形成追求优异绩效的核心价值观的组织文化。

2)各级主管人员肩负着绩效管理任务。分解与制定关键绩效指标是各级主管应该也必须承担的责任。专业人员只是起技术支撑作用。

3)重视绩效沟通制度建设。在关键绩效指标的分解与制定过程中,关键绩效指标建立与落实是一个自上而下、至下而上的制度化过程。没有良好的沟通制度作保证,关键绩效指标考核就不会具有实效性和挑战性。

4)绩效考核结果与价值分配挂钩。实践表明,两者挂钩的程度紧密,以关键绩效指标为核心的绩效考核系统才能真正发挥作用。

同时KPI也不是十全十美的,也有不足之处,主要表现在以下几方面。

1)KPI指标比较难界定:KPI更多是倾向于定量化的指标,这些定量化的指标是否真正对是对组织绩效产生关键性的影响,如果没有运用专业化的工具和手段,还真难界定。

2)KPI会使考核者误入机械的考核方式:过分地依赖考核指标,而没有考虑人为因素和弹性因素,会产生一些考核上的争端和异议。

3)KPI并不是针对所有岗位都适用。

第三节 全视角考核法(360度评估)

全视角考核法通常称为360度评估,是绩效考核的常用方法之一,其特点是评价维度多元化(通常是4或4个以上),适用于对中层以上的人员进行考核。

360度评估反馈(360度Feedback),又称"360度考核法"或"全方位考核法",是指由员工自己、上司、直接部属、同仁同事甚至顾客等从全方位、各个角度来评估人员的方法。评估内容可能包括沟通技巧、人际关系、领导能力和行政能力等。通过这种理想的评估,被评估者不仅可以从自己、上司、部属、同事甚至顾客处获得多种角度的反馈,也可从这些不同的反馈清楚地知道自己的不足、长处与发展需求。

360度评估反馈自20世纪80年代以来,迅速为国际上许多组织所采用。在《财富》排出的全球1 000家大组织中,超过90%的组织应用了360度考核法。很多大组织都把360度评价模式用于人力资源管理和开发。事实上,360度工具的流行并不限于大组织,据一项对美国组织较大规模的调查显示,65%以上的组织在2000年采用了这种多面评估的评定体系,比1995年调查结果40%上升了许多。

一、360度评估的优势

准确性:根据心理测量理论,对个体从多个角度获得观察并将得出更有效和更可靠。组织常规的考评方法是员工的领导、管理者评价下属的能力,360更准确的原因如下。

(1)人员选择正确,多角度的结果比单一的视角准确。

(2)多角度提供了对评价人员胜任力素质更为全面的了解。

(3)匿名性的评估确保评估结果更为的可靠和可信。

(4)接受性强。研究发现多角度的评估比更单一上级评估容易让评价者接受结果,因此也更容易采取行动改善。这在个人发展上尤为关键,因为无论你的结果有多准,没有力图改变的动机,想到到达的效果也是很有限的。

(5)参与性高。360评估涉及到整个组织,实施一次360度评估反馈几乎能让所有的员工都参与进来,提供了上级和下属间沟通的公开平台。

二、360度评估的价值

1. 个人

(1)可以发现其潜在的能力和盲点。

(2)来自不同的人员的反馈更容易被接受,因而可能更容易去改变。

(3)较全面、客观地了解有关自己优缺点的信息。

(4)以作为制定工作绩效改善计划、个人未来职业生涯及能力发展的参考。

(5)可以帮助人们提高对自我的洞察力,更加清楚自己的强项和需要改进的地方,进而制定下一步的能力发展计划。

2. 团队

(1)帮助人们了解他们的行为如何影响团队的顺利运行。

(2)支持团队的参与发展进程的团队成员。

(3)提高团队成员之间的沟通,提高团队效能。

3. 组织

(1)全面把握员工的状况。

(2)帮助培训需求分析。

(3)加强组织文化联系,传递组织价值。

三、360度评估的意义

360度评估的意义如下。

(1)打破了由上级考核下属的传统考核制度,可以避免传统考核中考核者极容易发生的"光环效应""居中趋势""偏紧或偏松""个人偏见"和"考核盲点"等现象。

(2)一个员工想要影响多个人是困难的,管理层获得的信息更准确。

(3)可以反映出不同考核者对于同一被考核者不同的看法。

(4)防止被考核者急功近利的行为(如仅仅致力于与薪金密切相关的业绩指标)。

(5)较为全面的反馈信息有助于被考核者多方面能力的提升。360度考核法实际上是员工参与管理的方式,在一定程度上增加他们的自主性和对工作的控制,员工的积极性会更高,对组织会更忠诚,提高了员工的工作满意度。

四、360度评估的缺点

360度评估的缺点如下。

(1)考核成本高。当一个人要对多个同伴进行考核时,时间耗费多,由多人来共同考核所导致的成本上升可能会超过考核所带来的价值。

(2)容易成为某些员工发泄私愤的途径。某些员工不正视上司及同事的批评与建议,将工作上的问题上升为个人情绪,利用考核机会"公报私仇"。

（3）考核培训工作难度较大。组织要对所有的员工进行考核制度的培训,因为所有的员工既是考核者又是被考核者。

五、360度评估的用途

360度评估反馈的本身所具备的评估准确性、可接受性和高参与性以及对个人、团队和组织产生的价值,组织人力资源管理的任何环节都可以利用360度评估反馈获得,但是根据实际的应用情况来看,360度评估反馈主要用于两类别的评估,即发展类和绩效类的评估。

（1）发展类评估：它包括个人发展、领导力评估与发展、培训需求分析以及培训效果评估。

（2）绩效类的评估：它包括绩效评估、内部选拔与晋升以及团队分析。

六、360度评估的应用对象

360度评估反馈从多个角度收集信息,使评估结果更准确、更可被接受,这些优点能让现代组织的每一位员工都可以从中获益。实际上,它在各级别的员工身上都得到了不同程度的运用。

不过360度评估反馈最广泛的应用对象还是组织的管理人员,尤其是中高级别的管理人员。国外一个人力资源经理人协会的调查显示,38%的组织只针对中高层的管理人员使用360度评估反馈,23%和18%的组织表示应用于中层和初级管理人员,仅有11%的组织表示会对一般员工进行360度评估反馈。

从高级别的管理层开始推行360度评估反馈,可以让普通员工了解评估的开展是经严格的审核,而且一视同仁。另外,员工们看到组织的高级主管们愿意倾听员工们的声音,也乐意、更可能接受他人意见,并努力进行自我提升。因此,当360度评估法稍晚应用于一般员工时,也就更容易为员工们所接受。

另外,要想通过360度评估转变组织文化,需要从高级管理人员做起,然后再把效果层层传达给组织的各级员工。

七、360度评估的内容

360度评估反馈主要用于收集员工的工作技能、专业知识和工作风格、态度等方面的信息。下述是对这些内容的具体解释。

（1）工作技能：完成某项任务的能力；掌握某项技能的程度,例如进行策略性思考的能力、文字表达能力、指挥分配工作的能力、影响力、洽谈协商能力、以及设备操作能力等。

（2）专业知识：对某一方面的业务或学科的熟悉程度,例如,对某个行业或某项特定的商业活动的熟悉水平。

（3）工作风格：员工对外界特定的工作环境所采取的回应方式,例如自信心、工作动力、自我满足感和情绪稳定性等。

相比于传统绩效评估的客观、量化的指标相比（如生成率、营销额和出勤率）,360度评估的这些评估内容具有主观性和相对性。因此,最为有效的评估问卷会针对员工们的具体行为提出问题,而不是单纯地让他们做出主观笼统的判断选择。例如,当想了解某位管理人员在调动员工积极性方面的表现时,不必直接问接受调查的员工："你的上级是不是一位善于鼓舞人心的人?",应该在问卷中提出"他是否经常明确地向你提出需不需要支持与帮助来完成某项工作?"。通过提出类似与接受调查者工作体验直接相关的问题,可以有效的避免主观的臆断。同时,详细具体的行为描述,也让参与评估的员工了解到什么样的行为需要改变、什么样的行为需要提倡。

八、360度评估的方式

问卷调查和一对一访都被用来采集360度评估反馈数据,但最为常用的是问卷调查。问卷调查的基本形式是评价人通过纸笔作答,不过电子化问卷和在线的评估系统随着信息化的时代正变得越来越流行,许多组织已经或正在购买360度评估反馈的软硬件产品。

1. 调查问卷

通常由围绕能表现出特定素质(一般包含10个指标)的关键行为描述构成,评价人在评价对象的这些行为表现上进行打分或选择符合程度。问卷回收后,对数据进行量化分析处理。有些调查问卷中也会包含部分的开放式问题,是接受调查的员工能有机会用自己的语言,把看到的和感受到的经验表达出来。调查问卷的来源可以是组织根据岗位要求、组织文化价值观自定义设计,也可以直接购买成形、且被大量使用的专业化问卷,比如领导力测评、管理人员胜任素质评估问卷。

2. 一对一访谈

即通过对个人访谈、交流的方式收集关于特定素质的信息,它可以独立作为收集信息的工具,也可以作为调查问卷的补充。访谈可以与问卷调查同时展开,也可以在稍后对问卷调查中发现的问题进行澄清。因为问卷调查都能带来大量的信息,但信息的内容往往会过于笼统,用访谈的方式可以挖掘更深更细内容,从而获得更为实在的具体事例。

九、360度评估反馈的实施周期

360度评估反馈的实施周期应该根据不同的评估目的进行灵活的处理。如果用于发展性的评估,而且并没有和一些HR的管理体系结合起来,比如机构进行全面绩效管理,12~18月的周期是合理的。因为在评估后,管理者需要计划、改变,达到真正的改变目的;评估太多的话,会牵扯太多的精力。同时时间也不能超过两年,这样会导致失去发展和改进的热情和动力。如果360度评估反馈和组织全面绩效管理结合的时候,可以适当缩短评估的周期,比如6个月,甚至是季度的考核,此时360度评估的结果需要在绩效考评的结果之前出来。但总地来说,360度评估反馈只有在组织中长期、坚持使用才能发挥其最大的价值。

1. 准备阶段

(1)确定评估目的:讨论和明确开展360度评估反馈的目的,是用来进行人员发展、领导力开发,还是进行绩效考核,缺乏明确的目的性是360度反馈测评系统运作失败的一个重要原因。

(2)确定评估内容:即设计评估,需要评估什么内容、以什么形式评估,这其实是和评估目的结合起来的。评估内容可以与组织的战略需求相结合,也要重点加强对组织所需的核心素质的培养,根据不同职能、职层以及工作性质的差别来做具体的设计和计划。

(3)确定受测者和评价关系:根据评估目的,选择需要考察的对象。具体的人数因组织的规模、成熟度决定,没有绝对的人数限制。另外,选择评价人时,可以由考察对象自己选取,也可以有 HR 指定。

（4）小规模试测：在进行正式的活动前，最好有小规模或者模拟的试测，作答前仔细检查，因为活动一旦开始，就很难进行调整和修改。试测可以将错误的发生概率降低到最小。

准备工作相当重要，它影响着评估过程的顺利进行和评估结果的有效性。

2. 实施阶段

（1）启动/通知：全面有效的沟通对于 360 反馈测评机制有着特殊的意义。由于被测评者可能会感到报告的结果对自己存在负面的威胁，因此更需要在测评之前就对反馈测评的根本目的进行完备的沟通。为了避免可能出现的误会和会被出卖的负面错觉，还需要在测评之前就对反馈结果的保密性达成共识。启动形式可以是召开活动启动大会，也可以是邮件电话通知，具体根据评估活动的目的、组织的特点灵活开展。

（2）正式开始实施：分别由上级、同级、下级、相关客户和本人按问卷中各个维度标准，进行评估。评估过程中，除了上级对下级的评估无法实现保密之外，其他几种类型的评估最好是采取匿名的方式，必须严格维护填表人的匿名权以及对评估结果报告的保密性，大量研究表明，在匿名评估的方式下，人们往往愿意提供更为真实的信息。

（3）监控作答过程：了解作答进度，解答作答过程中的问题，以保证评价活动按时完成。

3. 应用阶段

（1）收集汇总数据：在活动结束后，回收评估问卷，整理作答数据。注意区分问卷作答的有效性。

（2）数据处理：根据评估的目的，确定数据分析的方法和内容，得到评估报告。360 度评估反馈的报告一般比较长，一般报告内容包括概况、优势、劣势、潜在能力、盲点、共识与分歧的分析以及主观反馈等，同时报告应选择使用丰富、直观、生动的表格、图形类型来呈现数据，易于报告的解读。

（3）反馈应用：最后将评估结果反馈给者受评者，并进行有针对性的辅导，这是一个非常重要的环节。根据经验，在第一次实施 360 度评估和反馈项目时，最好请专家或顾问开展一对一的反馈辅导谈话，以指导受评者如何去阅读、解释以及充分利用 360 评估和反馈报告。另外，请外部专家或顾问也容易形成一种"安全"（即不用担心是否会受惩罚等）的氛围，有利于与受评者深入交流。

在本章最后，研究者还需要认真表达几个观点，就是社会组织绩效管理可供借鉴的经验和需要注意的问题。

由于社会组织的复杂性，其产出及成效（Outputs&Outcomes）难以衡量，而且其成功往往缺乏一致的评价标准。因而，在组织实践中，很难运用一种成熟的绩效评价框架去进行衡量，诸如平衡计分卡模式、360 度评估模式，这样的即成衡量模式在社会服务机构中有一定难度来推行，或者即使推行也是成效有限的。组织需要根据自身服务的特点，制定适合本机构的衡量标准。通过个案调查研究，总结出下述可供借鉴的经验和需要注意的问题。

（1）培训和辅导是现阶段社会组织提升绩效最好的办法。社会组织在业务开展过程中，要加强对专职员工、志愿者的培训与辅导，提升服务人员的服务技能和服务能力，是提高服务成效的根本，否则，其他任何形式的评估和衡量都是浪费资源。

（2）给专职服务人员订最低工作任务量是必要的，但要根据服务群体的需要开展，不能让员工落入为完成工作量而开展服务的窠臼。订立最低工作量，能让员工有一定的奋斗方向，但是,最主要的还是要根据服务群体的需要制定合适的服务计划,监督员工将计划落在实处。

(3)汇报、总结等材料性任务不能占用员工太多时间和精力。工作人员或志愿者开展实际服务的时间和精力与其他行政事务,写材料的时间是有冲突的。社会组织在进行绩效考核的制度设计时,应该充分考虑这一点。许多一线工作人员表示,在写汇报材料时会粉饰自己的工作,假如机构根据汇报材料来衡量他们的实际工作。长此以往,容易助长员工"做材料"而轻服务的作风。这需要机构领导对汇报材料做适度的应用。在现阶段,社会组织中的专职人员还是经验不足、知识欠缺的一个群体,要提高绩效还需要将重点放在员工的能力提升上。而现阶段社会组织对绩效的评估关注点主要在服务产出、服务的质量保证、服务使用者的满意程度、志愿者的稳定性上。如何在绩效管理中不增加一线工作人员的工作负担仍是值得探讨的重要课题。

附 录

附录一 某社会组织理事的岗位描述样本

1. 支持组织的使命并愿意确保组织对其服务对象的需求做出及时回应。
2. 行为有道德,没有利益冲突——不因是理事会成员而为本人、亲属或企业接受报酬或不正当的利益。
3. 定期参加理事会,积极参与理事会和委员会的决策并在其中发挥作用。
4. 知道理事的作用,能够区分理事和员工的职能。支持秘书长监管组织的运转工作。
5. 为做出决策而要求提供全面和准确的信息。
6. 协助制定和完成长期战略规划,包括组织能力建设和资源开发。
7. 参与制定年度预算和审核定期财务报告。确保财务管理符合条例,可靠并有透明度。
8. 确保进行年审或内部财务审核,并在年报中向公众公布。
9. 为进行新的项目提供专家的意见,并评估正在进行的项目。确保在公开出版的年报中刊登有持续性的高质量的项目成果。
10. 确保有书面的人事政策,并且贯彻执行此政策使之符合管理要求并有良好的人力资源管理程序。
11. 量力而行为组织捐款。
12. 积极参与筹款并开发其他所需要的资源以确保组织有足够的资金。
13. 以负责任的态度代表组织同国际机构、政府、民主党派和各协会交流。
14. 代表本非营利机构所服务的对象推动政府做出正确的公共政策。
15. 积极帮助组织同媒体、金融机构和跨国公司及国内知名企业建立关系。
16. 挑选并评估秘书长的工作。
17. 促进其他利益相关者和社区代表对本非营利机构了解并参与其活动。

附录二 某会员式组织理事会细则样本

第一条 理事会的结构

1. 组织的事务应当由_____(人数)组成的理事会和该组织的各负责人来管理。
2. 理事的选举应当同选举该组织负责人一致的方式和方法在组织的年会上选出,理事的一届任期是_____年。
3. 理事会应当决定和监管该组织的事务。当理事长(会长)在所有理事都得到开会的通知后召开定期会议时,理事会才能以组织的名义决策。

_____% 的理事会成员构成法定人数,理事会在[日期]定期召开会议。

4. 每一理事都应有一票表决,这种投票是不能由他人代替的。
- 理事会在经过慎重考虑认为必要时为理事会会议制定规则。
- 理事会中的空缺将由现有的理事的多数票决定补缺人选。
- 理事会应当从其成员中选出理事长(会长)。

5. 如果有充足的免职理由,理事可被免职。理事会应考虑听取对任何理事的质询。理事可以请法律顾问代表出席任何关于免职的听证会。理事会应当根据组织的最大利益对这种听证制定规则。

第二条　组织的理事会负责人:理事长(会长) 副理事长(副会长) 秘书 财务主管

1. 理事长(会长)应当主持所有理事会会议。
- 他(她)应在组织的年会上提交组织工作的年度报告。
- 他(她)应当任命所有临时或永久的委员会主任。
- 他(她)应当确保所有法律要求必备的账簿、报告和证书正确地归档。
- 他(她)应当是可以在组织的大额账单和文案上签字的官员之一。

2. 副理事长(会长)应当在理事长(会长)缺席或不能行使权力时担负起理事长(会长)的责任,他(她)具有合法选出的主席所具有的一切权利和特权。

3. 秘书应当确保在合适卷宗中保存组织所有的备忘录和纪录。
- 他(她)应当为组织的成员提供所有的通知。
- 他(她)应当对组织公章和档案的管理负责。
- 他(她)可能是被要求在组织的大额账单和文案上签字的官员之一。
- 他(她)应当在会议上向理事们传达所有作为秘书收到的信息。
- 他(她)应当向理事会递交所有他作为组织秘书收到的信息。
- 他(她)应当履行所有秘书应尽的责任。

4. 财务主管应当负有监管组织所有资金的责任。
- 他(她)必须是在组织的大额账单和文案上签字的官员之一。不能设立任何单独的基金造成财务主管不必为其账单签字的结果。
- 他(她)应当根据理事会的规定定期递交财务报告,财务报告应当附在理事会的会议备忘录中。
- 他(她)应当履行所有财务主管应尽的责任。

所有理事会的负责人也是理事会的理事。

第三条　委员会

组织的所有委员会都应当由理事会任命,他们的任期应当是一年。如果理事会决定终止委员会他们的任期会更短。

长期委员会包括:[描述]

第四条　细则修改程序

此细则可以在不少于_____(_____%)成员的赞成票的情况下修改、补充或废除。

附录三 理事会构成工作表——专业知识、技能及个人信息

年　龄	目前成员	未来成员
19～34岁		
35～50岁		
51～65岁		
65岁以上		
性别		
男性		
女性		
资源		
可以捐款		
有筹款能力		
获得其他资源的能力		
积极参与的可能性 （如参与游说访问、参与写筹款建议书）		
与社区的关系		
宗教组织		
公司		
教育机构		
媒体		
政治机构		
慈善机构		
小企业		
社会服务		
其他		
素质		
领导能力		
工作意愿		
个人与组织使命之间的关系		

续表

年　龄	目前成员	未来成员
个人风格		
善于建立共识		
良好沟通者		
战略家		
有远见		
专业知识领域		
管理/行政		
创业者		
财务管理		
会计		
银行和信托		
投资		
资金筹集		
政府事务		
国际事务		
法律		
营销、公关		
人力资源		
战略规划		
工业(建筑师、工程师)		
房地产		
受益人代表		
特别关注领域 (教育、卫生、公共政策、社会服务)		
技术		
其他		
理事任期(几年及几届)		

附录四 理事构成工作表——理事会构成分析

理事姓名									
经验/兴趣									
学术/评估									
会计/财务									
组织服务内容									
电脑/技术									
企业界									
投资者									
法律/政府部门									
管理经验									
宣传推广经验									
媒体									
人事管理经验									
公关									
开发资源									
组织受益者									
中小企业									
培训/发展									
志愿者管理经验									
筹资渠道/技能									
向公司筹资的渠道									
向基金会筹资的渠道									
向个人筹资的渠道									
向当地商家筹资的渠道									
年度捐献活动									
专项募捐活动									
大型筹款活动									
人群特征									
男性									
女性									
城市									
农村									
其他									

在栏中填入现有理事的姓名并在他(她)们具有的技能和特征处打勾。

附录五　利益冲突声明样本

某社会组织利益冲突声明
（供负责人、理事、委员会成员、员工和某些顾问使用）

任何社会组织的理事会或委员会成员都不能因他（她）参加社会组织工作而获得任何直接或间接的个人利益和利润。任何个人都应当向社会组织公开他（她）在社会组织可能获得的个人利益并且应当避免参与就此类事做决策。

任何社会组织的理事会或委员会成员若在接受社会组织的资金或赠款或与其有业务往来的组织内担任理事、委员会成员或员工，都应声明此种关系。此外，社会组织在做关于这些组织的资助或业务的决定时不应有她/他参加，而且这种决定应由全体理事会投票通过。

任何社会组织的理事、委员会成员或工作人员应当避免在他们任期中的任何时候为了个人或私人拉关系的目的而获取中心服务对象的名单。

现在，本人是下列组织的理事，委员会成员或员工：
_____

在此我保证现在和在过去一年中的任何时候都未做过以下事情：
1）直接或间接同卖主、厂商或其他人同社会组织有业务往来人有任何协商、协议、投资或其他活动，这些活动给我或可能给我带来个人的利益。
2）直接或间接的从与社会组织交易有关的任何个人和组织处接受薪水、贷款、礼物或免费服务、折扣或其他酬金。

关于以上两条的例外，在下面详细说明在过去一年中从与社会组织业务有关的个人和组织那里获得的直接或间接的交易和利益：
_____

签字：
日期：

附录六　新理事就任手册内容

1. 使命陈述（组织的历史）。
2. 组织章程，法律注册文件。
3. 其他理事的姓名和地址，简短的履历会非常有用。
4. 理事岗位描述，理事会细则，下一年度理事会会议时间表。
5. 理事会委员会名称、目的和成员名单。
6. 组织机构图。
7. 员工名单/员工职能表。
8. 当前预算。

9. 要提交理事会的最近的财务报告。
10. 最新的审计报告/年度财务报告。
11. 当前项目报告。
12. 目前使用的机构和项目宣传手册。
13. 过去一年的理事会会议纪要。
14. 保险情况概要。
15. 人事制度。
16. 当前战略规划或长期计划。
17. 最近的年度报告。
18. 挂靠机构/主管机构/注册机关要求的年审报告或其他报告（如果组织附属/挂靠于某一国家级、省级或地方机关/机构,或在某一政府机构注册）。

附录七 理事表现自查表

作为一名理事我是否（在横线上填是或否）：
1. _____参加组织提供的培训？
2. _____在参加理事会会议之前阅读理事会提供的材料？
3. _____参加所有的理事会会议？
4. _____积极参加理事会的讨论和辩论？
5. _____要求组织提供所需的其他信息和财务数据,以确保自己全面了解情况？
6. _____当感到有必要保护自己的声誉时,要求将自己投反对票的情况写进会议纪要？
7. _____在允许公开理事会决议之前严格保密？
8. _____不介入员工之间的摩擦冲突？
9. _____在自己能力范围内支持或推动组织的筹款活动,并且本人量力而行向组织捐款？
10. _____支持理事会大多数人通过的决议（尽管本人并不同意这一决议）？
11. _____了解理事会的职责,对理事会和组织的行为的合法性保持警觉？
12. _____不参与任何可能会导致或被理解为有利益冲突的活动？

附录八 练习：应该是谁的责任？

A. 秘书长的职责　　　　　　B. 秘书长应先向理事会征求意见
C. 全体理事会讨论决定　　　D. 不知道

1. (　　)一位员工怀孕了想休产假。
2. (　　)房主要求提高办公室租金。
3. (　　)组织打算向一位新的潜在捐助者申请资金。
4. (　　)起草下一年的预算。
5. (　　)聘请咨询专家为一个项目作评估。
6. (　　)一位员工在工作中很不开心。

7.（　　）一则消息是否应该放在组织的网站上。
8.（　　）编写年度报告。
9.（　　）批准组织来年的计划。
10.（　　）一位员工报销时数额与发票面额相差30元钱。
11.（　　）设计安排一项筹款活动。
12.（　　）两名员工关系过密，影响了工作的效果。
13.（　　）检查组织的工作是否与组织的章程一致。
14.（　　）为组织购买新电脑。
15.（　　）为招聘秘书长制定岗位责任和招聘程序。
16.（　　）面试新的行政人员。
17.（　　）检查组织的工作进度。
18.（　　）制定组织人员行为准则。

附录九　广州市社会团体法人治理指引

第一章　总则

第一条　为规范和健全我市社会团体法人治理结构和运行机制，充分发挥其自主办会、自我管理、自律发展的职能作用，依据有关法律、法规、规章，结合我市社会团体发展的实际，制定本指引。

第二条　本指引供我市社会团体建立健全法人治理机制时参考使用。本指引所称的社会团体法人治理是指社会团体建立的以会员（代表）大会、理事会、监事会等机构为主体的、责任明确、相互制衡的组织架构，以及民主、科学、高效的决策、执行和监督机制。

第三条　社会团体法人治理的主要目标为：

（一）建立健全包括会员（代表）大会、理事会、监事会和秘书处等机构在内的治理架构，明确各自的职能。

（二）完善科学、民主的议事规则和决策程序，提高社会团体工作效率。

（三）明确会长、副会长、常务理事、理事、监事和秘书长等社会团体管理人员的职责、职权。

（四）保障社会团体职能的有效实现。

第四条　社会团体法人治理应当遵循以下原则：

（一）合法原则。社会团体法人治理应当符合国家有关法律法规的规定。

（二）自治原则。社会团体法人治理应当以尊重会员自治为原则。

（三）制衡原则。社会团体法人治理应当建立决策机构、执行机构及监督机构之间相互制约、相互监督的机制。

（四）民主原则。社会团体法人治理应当建立民主的决策和运行机制。

（五）效能原则。社会团体法人治理应当根据行业特点，做到机构精简、人员精干、运转顺畅、服务有效。

第二章　章程设立

第五条　社会团体章程是社会团体活动的基本准则，社会团体章程内容主要包括：

（一）名称、住所；

（二）宗旨、业务范围和活动地域；

（三）会员资格及其权利义务、会费缴纳标准；

（四）组织管理制度，会员（代表）大会、理事会、常务理事会、会长、监事会的产生、职权、任期和罢免的办法；

（五）财务预算、决算、清算等资产管理和使用办法；

（六）章程的修改程序；

（七）设立分支机构、代表机构的办法；

（八）社会团体变更、注销以及注销后资产的处理办法；

（九）应当由章程规定的其他事项。

第六条 社会团体章程的制定（修改）须经会员（代表）大会全体会员（代表）的 2/3 以上同意，并报登记管理机关核准后，方能生效。

第三章 会员

第七条 社会团体实行会员制。

社会团体由为实现共同意愿、拥护其章程的个人（单位）会员自愿组成。凡符合章程规定的入会条件的，由本人自愿申请并经理事会同意，可以成为社会团体会员。

第八条 会员入会按下列程序执行：

（一）申请人填写并提交"个人会员申请表"或"单位会员申请表"；

（二）申请人提交个人身份证复印件或单位法人登记证书复印件；

（三）社会团体秘书处对申请人的申请资料进行审查，认为合格的，提交理事会讨论决定；

（四）理事会决定接纳申请人为社会团体会员的，由秘书处通知申请人在 30 日内办理会员入会手续。

第九条 社会团体应当在章程中明确会员入会的条件和标准。

申请人自注册之日起成为社会团体正式会员，并颁发由社会团体统一制作、统一编号的《会员证》；社会团体秘书处于会员入会之日起 30 日内，在本社会团体网站和刊物上予以公布。

入会申请未经理事会批准，申请人可以向会员（代表）大会再次提出申请，并由会员（代表）大会做出最终决定。

第十条 单位会员应由其单位法定代表人出任代表，特殊情况可书面委托单位其他负责人出任。

第十一条 社会团体应建立全体会员名册，详细记录会员姓名、性别、年龄、社团职务、政治面貌、所在单位及职务、联系电话、身份证号等相关会员信息，属委托的还要注明委托相关信息。会员信息发生变化的，应及时通知秘书处办理变更。会员资格发生变化的，应当及时修改会员名册。

第十二条 会员享有以下权利：

（一）本团体的选举权、被选举权和表决权；

（二）参加本团体的活动；

（三）对本团体工作的知情权、批评建议权和监督权；

（四）入会自愿、退会自由；

（五）本团体章程规定的其他权利。

第十三条　会员必须履行下列义务：

（一）遵守本团体章程；

（二）执行本团体决议；

（三）维护本团体合法权益；

（四）按规定交纳会费；

（五）向本团体反映情况，提供有关资料；

（六）本团体章程规定的其他义务。

第十四条　个人会员死亡的或单位会员因单位解散的，自动丧失会员资格。

第十五条　社会团体会员资格终止的情形：

（一）申请退会的；

（二）不符合本团体会员条件的；

（三）严重违反本团体章程及有关规定，给本团体造成重大名誉损失和经济损失的；

（四）被登记管理部门吊销执照的；

（五）正在或者曾经受到剥夺政治权利的刑事处罚。

会员资格终止的，社会团体收回其会员证，并定期在社会团体网站更新会员名单。

第十六条　会员可以申请退出社会团体。申请退会应按会员管理权限，向社会团体提交书面退会申请，并交回会员证。

第十七条　会员应每年按规定及时缴纳会费，社会团体可以通过章程规定会员连续2年不缴纳会费的，视为自动退会。

第四章　会员（代表）大会

第十八条　社会团体的最高权力机构是会员（代表）大会。

第十九条　会员数量在300个以上的社会团体，可推选代表组成会员代表大会。会员代表大会代表的人数由章程规定，一般不少于全体会员的1/3。会员代表大会行使会员大会的职权。

第二十条　会员（代表）大会行使下列职权：

（一）决定社会团体的业务范围和工作职权；

（二）选举或者罢免会长、副会长、秘书长（选任制）、监事长、理事或监事；

（三）审议理事会、监事会的年度工作报告；

（四）审议理事会的年度财务预决算方案；

（五）审议并决定理事会对会员除名的提案；

（六）对社会团体重大事项变更、解散和清算等事项做出决议；

（七）改变或者撤销理事会不适当的决定；

（八）制定、修改章程；

（九）章程规定的其他职权。

第二十一条　会员（代表）大会每届一般为3～5年。因特殊情况需要提前或延期换届的，由理事会讨论决定，经登记管理机关批准，可以提前或延期执行，但延期或提前换届时间最长一般不超过1年。会员（代表）大会每年至少召开1次会议。理事会认为有必要或者1/5以上的会员提议，可召开临时会员（代表）大会。

第二十二条　会员(代表)大会应制定内容完备的议事规则,详细规定大会的召开、选举和表决程序,会议记录的一般内容,会议决议的签署、公告等内容,以及大会对理事会的授权原则和授权内容。

会员(代表)大会议事规则应作为章程的附件,由会员(代表)大会审议通过后执行。

第二十三条　会员(代表)大会召开的日期由理事会议决定。会议的日程草案,可以由秘书处拟定,会长审定。

第二十四条　在会员(代表)大会召开的10日前,秘书处应将大会的主要议题和会议的时间、地点通知各会员(代表)。

会员(代表)大会应当公正、合理地安排会议议程和议题,确保会员(代表)大会能够对每个议题进行充分的讨论。未经讨论的事项,原则上不得在会员(代表)大会上表决。

第二十五条　会员(代表)大会须全体会员(代表)2/3以上出席方能举行。

第二十六条　会员(代表)大会由会长或会长委托的副会长或秘书长主持。

第二十七条　大会的决议,必须经全体会员(代表)1/2以上会员(代表)同意方能生效。

第二十八条　每个会员有一票表决权,但社会团体章程对单位会员和个人会员的表决权另有规定的除外。

第二十九条　会员(代表)可以委托代理人代为出席会议和表决。会员(代表)委托代理人代为出席会议和表决的,应于会员(代表)大会前将有效授权书送交社会团体秘书处备案。

社会团体可通过章程规定代理人接受会员(代表)委托的限额。

第三十条　会员(代表)大会会议应有完整记录并留档保存。

第五章　理事会

第三十一条　理事会由会员(代表)大会选举产生,是会员(代表)大会闭会期间的执行机构,依照章程的规定和会员(代表)大会的决议行使职权,在闭会期间领导社会团体开展日常工作,对会员(代表)大会负责。

第三十二条　理事会成员的人数由社会团体章程规定,但一般不宜超过会员(代表)人数的1/3,且人数应为奇数。理事会成员的每届任期与会员(代表)大会届期一致。当理事人数少于理事会成员总数2/3时,须按照程序及时进行补选。

第三十三条　理事会由会长1名、副会长若干名、秘书长(选任制)1名、理事若干名组成。

第三十四条　理事人数在50人以上的社会团体,可设立常务理事会。从理事中选举常务理事组成常务理事会,常务理事一般为理事的1/3。

常务理事会是理事会的常设机构,在理事会闭会期间,执行理事会的决议,对理事会负责。常务理事会由会长、副会长、秘书长(选任制)和常务理事组成。

第三十五条　理事会行使下列职权:

(一)筹备和召开会员(代表)大会;

(二)执行会员(代表)大会的决议,向会员(代表)大会报告工作;

(三)决定本会具体的工作业务;

(四)拟定社会团体的年度财务预算、决算、解散和清算等事项的方案;

(五)决定新申请人的入会和对非理事会、监事会成员会员的处分,提议对会员的除名、提议对理事会、监事会成员的处分;

(六)聘任或解聘聘任制秘书长,决定副秘书长、各机构主要负责人的聘任及报酬事项;

(七)制定内部管理制度,领导本团体各机构开展工作;
(八)决定社会团体分支(代表)机构的设立和变更事项;
(九)章程规定的其他事项。

第三十六条　会长、副会长、秘书长和理事原则上应当具备下列条件:
(一)坚持党的路线、方针和政策,具有较高的政治思想素质,善于团结协作,热心公益事业,社会信用良好;
(二)熟悉行业情况,被业内公认具有丰富的专业知识、良好的组织领导能力及协调能力;
(三)热爱社会团体工作,有奉献精神;
(四)身体健康,能坚持正常工作;
(五)未受到任何刑事处罚,具有完全民事行为能力。

第三十七条　社会团体的法定代表人须由社会团体负责人担任,其中行业协会、异地商会法定代表人为会长,其他社会团体可以为会长、副会长或秘书长(选任制)。法定代表人代表本社会团体利益,按照本社会团体章程行使法人权利。

会长的每届任期应与会员(代表)大会任期一致,可连选连任,但一般不超过两届。

第三十八条　会长行使以下职权:
(一)召集和主持理事会、常务理事会;
(二)组织研究本社会团体及本行业领域的发展规划和重大问题;
(三)向理事会提交社会团体工作报告,向会员(代表)大会报告工作;
(四)签发社会团体重要文件(不担任法定代表人的除外);
(五)社会团体章程规定的其他职责。

第三十九条　副会长协助会长工作。在会长出缺时,由理事会或常务理事会指定的一位副会长代行其职务。

第四十条　选任制秘书长为理事会成员,出席理事会会议或常务理事会会议;聘任制秘书长列席理事会会议或常务理事会议。

第四十一条　社会团体章程应当对理事履行职责提出明确要求。如理事一年内累计2次无正当理由不参加理事会议或不履行理事职责的,可考虑经会长提名取消其理事资格,由会员(代表)大会进行补选。

第四十二条　会长、副会长、常务理事和理事应当严格遵守法律、法规和社会团体章程,谨慎、认真、勤勉地行使社会团体所赋予的权利,维护社会团体利益。

第四十三条　理事会会议每半年至少召开一次。

第四十四条　有下列情形之一的,会长可在5个工作日内召集理事会临时会议:
(一)会长认为必要时;
(二)1/3以上理事联名提议时;
(三)监事会提议时。

三分之一以上理事联名提议召开理事会临时会议时,应提交由全体联名理事签名的提议函。

监事会提议召开理事会临时会议时,应递交由过半数监事签名的提议函。

提议召开理事会临时会议的提议者均应提出事由及议题。

第四十五条　理事会须有2/3以上理事出席方能召开,其决议须经全体理事的1/2以上同意方能生效。

第四十六条 理事会会议建议在会议召开 3 个工作日以前、临时会议建议在会议召开以前通知全体理事。

第四十七条 理事会行使职权可采取举手表决或投票方式做出决议。

第四十八条 理事会会议由会长主持。会长因故不能出席会议的,由会长授权的副会长或秘书长主持。

第四十九条 理事会会议应当有会议记录。涉及重大事项时,建议出席会议的理事和记录人在本次理事会会议结束前对本次理事会会议记录进行核实,并在会议记录上签名。

出席会议的理事有权要求在记录上对其在会议上的发言做出说明性记载。

理事会的决定、决议及会议记录等应当妥善保管,并应向全体会员公开。

第五十条 理事会会议记录包括以下内容:

(一)会议召开的日期、地点和召集人;

(二)出席理事名单;

(三)会议议程;

(四)理事发言要点;

(五)每一决议事项的表决方式和结果。

第五十一条 监事会成员列席理事会会议。

理事会应当主动接受监事会的监督,不应阻挠、妨碍监事会依职权进行的检查、审计等活动。

第五十二条 常务理事会会议规则同理事会会议规则。

第六章 监事会

第五十三条 社会团体应当设监事会。

监事会由会员(代表)大会选举产生,是会员(代表)大会设立的监督机构,负责监督社会团体的业务活动及财务管理,对会员(代表)大会负责,并报告工作。

第五十四条 监事会成员的人数由社会团体章程规定,且人数应为奇数。监事会设监事长 1 名,监事若干名。监事会成员的每届任期与会员(代表)大会的届期一致。

人数较少和规模较小的社会团体可以设 1~2 名监事,不设监事会。

监事可连选连任,但不超过两届。

第五十五条 社会团体应当在章程中明确监事的任职条件。监事的任职原则上应当具备下列条件:

(一)监事应为没有担任本社会团体理事、秘书长、副秘书长的会员;

(二)坚持原则,廉洁奉公,公道和正派;

(三)具有与担任监事相适应的工作阅历和经验;

(四)身体健康,能坚持正常工作。

第五十六条 监事享有以下权利:

(一)经监事会委托,核查社会团体财务状况,有权要求理事会及相关人员提供有关情况报告;

(二)出席监事会会议,并行使表决权;

(三)列席社会团体理事会会议;

（四）根据社会团体章程规定和监事会的委托，行使其他监督权。

第五十七条　监事应履行以下义务：

（一）遵守章程，忠实履行监督职责，执行监事会决议，维护会员利益；

（二）不得以职权谋取私利；

（三）保守社会团体秘密。

第五十八条　监事会依照章程的规定履行职责。监事会可行使下列职权：

（一）对社会团体的决策、决议、计划的制定和执行情况进行监督；

（二）对社会团体会费收缴、使用及财务预算、支出和决算等财务状况进行监督；

（三）对社会团体会长、副会长、理事、秘书长以及各分支（代表）机构任职人员和社会团体聘请的工作人员工作情况进行监督；

（四）对社会团体内部机构的设置、运行，及各类人员的任免，会员（代表）大会的召开、选举程序进行监督；

（五）对社会团体成员违反社会团体章程和管理制度，损害社会团体声誉的行为进行监督，提交理事会并监督执行。

第五十九条　监事会可根据需要设监事长1名。监事长行使以下职权：

（一）召集和主持监事会会议，决定是否召开临时监事会会议；

（二）检查监事会决议的实施情况，并向监事会报告决议的执行结果；

（三）代表监事会向会员（代表）大会报告工作；

（四）签署监事会的决议和建议；

（五）社会团体章程规定的其他权利。

第六十条　监事应列席（常务）理事会会议。

列席会议的监事有权发表意见，但不享有表决权。

第六十一条　监事会会议每半年应召开1次。

第六十二条　监事应当出席监事会会议。因故缺席的监事，可以事先提交书面意见或书面表决，也可书面委托其他监事代为出席，委托书应载明授权范围。

无故缺席且不提交书面意见或书面表决的，可视为同意监事会的决议。

第六十三条　监事会会议一般应由2/3以上的监事或其授权代表出席方可举行。监事会做出决议，应经全体监事过半数表决通过，方为有效。

监事会会议的表决可采取无记名投票或举手表决方式。

第六十四条　监事会认为有必要时，可以邀请会长、秘书长或其他管理人员列席会议。

第六十五条　监事会的决议事项应当做出记录，出席会议的监事及记录员应在会议记录上签名。

监事可以要求在会议记录上对其在会议上的发言做出某些说明性记载。

监事会的决定、决议及会议记录等应当妥善保管，并向全体会员公开。

第六十六条　监事会的监督记录以及进行财务或专项检查的结果，可作为对会长、副会长、理事、秘书长等业绩评价的重要依据。

第七章　秘书处

第六十七条　社会团体可根据需要设立秘书处。

秘书处为社会团体常设办事机构，负责具体落实会员（代表）大会、理事会和常务理事会的各项决议,承担社会团体的日常工作。

第六十八条 秘书处根据工作需要可设置若干内部工作机构,并配备相应工作人员。

第六十九条 秘书处设秘书长1名,副秘书长若干名。

秘书长为执行机构负责人,负责处理秘书处日常工作,一般应为专职。

第七十条 秘书长可行使下列职权:

(一)主持社会团体日常工作,召集并主持秘书长办公会;

(二)执行理事会决议;

(三)组织实施年度工作计划和社会团体活动;

(四)提名副秘书长、各工作机构、分支机构、代表机构主要负责人;

(五)决定专职工作人员的聘用;

(六)社会团体章程和理事会授予的其他职权。

第七十一条 秘书处可行使以下职权:

(一)根据会长指示及理事会决议,具体筹备会员(代表)大会、理事会会议和社会团体的其他活动;

(二)主持办事机构开展日常活动,组织实施年度计划;

(三)妥善保管社会团体有关的档案材料;

(四)处理理事会交办的其他工作。

第七十二条 秘书处应建立秘书长办公会议制度,秘书长办公会议由秘书长、副秘书长以及秘书长指定的其他人员组成。

第七十三条 秘书长办公会会议每月至少召开1次,也可根据需要随时召开。

第七十四条 秘书长办公会的各项议题,应形成会议纪要,并由秘书长或由秘书长指定的人员组织实施。

会议纪要同时抄送社会团体监事会。

第七十五条 社会团体应设专职工作人员。

第七十六条 社会团体应当按《中华人民共和国劳动合同法》的规定与专职工作人员订立劳动合同。专职工作人员的社会保险以及离退休制度,按照国家、省和所在地区的有关规定执行。

第七十七条 社会团体建立规范的人事管理制度。组织专职人员进行培训,逐步提高专职人员的工作水平。

第八章 分支(代表)机构

第七十八条 社会团体的分支机构,是社会团体根据开展活动的需要,依据业务范围的划分或者会员组成的特点,设立的专门从事该社会团体某项业务活动的机构。社会团体的代表机构,是社会团体在住所地以外属于其活动区域内设置的代表该社会团体开展活动、承办该社会团体交办事项的机构。

分支(代表)机构在社会团体统一领导下开展工作,并对理事会负责。

第七十九条 设立社会团体分支(代表)机构,应符合社会团体章程所规定的宗旨和业务范围。应至少有15个以上与拟设分支(代表)机构业务范围一致的会员。

第八十条 各分支(代表)机构应根据所属社会团体章程规定的宗旨、任务和业务范围的需要设置,并有明确的名称、负责人人选、业务范围、管理办法和组织机构等。

第八十一条　各分支(代表)机构的名称应冠以所属社会团体的名称,分支机构可以称分会、专业委员会、工作委员会以及专项基金管理委员会等。代表机构可以称代表处、办事处、联络处等。

第八十二条　社会团体分支(代表)机构的设立应当按照章程的规定,履行民主程序:

(一)由社会团体秘书处提出设立分支(代表)机构的具体方案;

(二)将具体方案提交会长办公会议讨论通过;

(三)将通过后的具体方案提交理事会审议批准。

第八十三条　各分支(代表)机构是社会团体的组成部分,不具有独立的法人资格,其法律责任由所属社会团体承担。

各分支(代表)机构的日常工作可由社会团体秘书处指导。各分支(代表)机构每年应向所属社会团体秘书处报送半年及年度工作总结和翌年工作计划。遇有特殊情况应随时报送。

各分支(代表)机构举办的各种业务性活动,一般应经理事会审批后方可开展,必要时所属社会团体可派人参与。

以各分支(代表)机构名义对外发布信息的,一般应经所属社会团体秘书处审核,经批准后发布。

第八十四条　社会团体不得设立地域性分会,不可冠以行政区划名称,不带有地域性特征;分支(代表)机构不再下设分支机构、代表机构;

第八十五条　各分支(代表)机构一般应依据所属社会团体章程及相关规定制定分支机构工作规则,报所属社会团体(常务)理事会批准后执行。

第八十六条　各分支(代表)机构可根据需要配备专职或非专职负责人。

第八十七条　各分支(代表)机构负责人可行使以下职权:

(一)主持本分支(代表)机构的各类会议,组织拟订年度工作计划、年度经费计划、年度工作总结;

(二)组织实施本分支(代表)机构的会议决议及工作计划;

(三)向所属社会团体(常务)理事会汇报工作,向本分支(代表)机构委员通报情况;

(四)完成所属社会团体交办的其他任务。

第八十八条　各分支(代表)机构擅自或违法开展活动,损害社会团体声誉的,所属社会团体除责令其改正外,视情节严重情况可采取通报批评,责令限期整改,撤换主要负责人等措施。

第八十九条　各分支(代表)机构的变更及撤销须经(常务)理事会批准并形成决议后,向全体会员公布。

第九十条　各分支(代表)机构的设置、变更及注销的相关工作一般由所属社会团体秘书处办理。

第九章　负责人产生、罢免

第九十一条　社会团体应按照《广州市社会团体选举工作指引》制定本团体选举办法。

第九十二条　社会团体成立选举工作,由筹备组具体负责实施。候选人由筹备组征求会员意见后,酝酿协商产生。

第九十三条　社会团体换届选举工作,由上一届理事会负责筹备,具体由换届选举委员会组织实施。候选人由上一届理事会广泛征求会员意见,在充分酝酿协商的基础上,由上一届理事会全体理事过半数表决通过产生。若未能按规定顺利通过的候选人,可由上一届理事会以无记名投票直接推选候选人。

第九十四条　社会团体选举应于会员（代表）大会会议召开10日前向全体会员（会员代表）公开候选人资料，同时在本社会团体网站上公布。

第九十五条　社会团体会长、副会长、常务理事、理事、秘书长（选任制）、监事长和监事可采取差额或等额选举，差额比例由社会团体选举办法规定。

第九十六条　社会团体正式选举前，监事会必须对会员资格进行审核，确认选举的合法有效性。社会团体选举采取无记名投票方式进行表决。对于确定的候选人，可以投赞成票、反对票、弃权票，也可以另选他人。

在投票前，会议主持人应介绍候选人基本情况，或由候选人分别向会议做规定时间的演讲。

投票结束后，由会议推选的监票人、计票人将投票人数和票数进行统计、核对，并由监票人对统计结果签字确认。选举结果由选举委员会确定是否有效，并予以公布。

第九十七条　社会团体选举应有全体会员（代表）人数的2/3以上参加投票，选举方为有效。候选人获得全体会员（代表）1/2以上赞成票始得当选。

第九十八条　社会团体届中变更和增补理事会成员（除会长外），由理事会决定，向全体会员公告，并经会员（代表）大会追认。

社会团体届中变更和增补监事会成员，由监事会决定，向全体会员公告，并经会员大会追认。

若变更和增补的理事会、监事会成员，在会员（代表）大会追认表决中未通过的，其资格终止。

第九十九条　社会团体会长在任期内，调离原单位或因其他原因不能继续担任会长的，理事会应30日内召开理事会或常务理事会讨论研究，提出新的会长候选人，并提交会员（代表）大会无记名投票选举。召开会员大会有困难的，可以通过书信、电邮等方式征求会员（代表）意见进行表决。产生的新会长任期为上任会长未尽任期。

第一百条　社会团体会长、副会长、常务理事、理事、秘书长（选任制）、监事长和监事的罢免程序应在社会团体章程中明确规定，一般为1/3以上理事提议，经全体理事的2/3以上表决通过，再由理事会向会员（代表）大会提请表决罢免。

第十章　财务管理

第一百零一条　社会团体的财产及其合法收入受法律保护，任何组织和个人不得侵占或挪用。

第一百零二条　社会团体应当根据章程规定和业务范围使用其财产，不得在会员中分配。

第一百零三条　社会团体应当严格按照国家有关法律、法规、财务规章制度和社会团体章程，依法组织收入，厉行节约，量入为出，统筹兼顾，建立健全独立的财务管理和监督制度，确保社会团体工作的正常运转。

第一百零四条　社会团体经费收入的主要来源如下。

（一）会费收入；

（二）有关团体、单位、个人的自愿捐赠和资助；

（三）政府部门对社会团体的经费补助；

（四）在章程核准的业务范围内开展的有偿服务收入；

（五）其他合法收入。

社会团体应在国家政策允许的前提下，本着积极筹措、多渠道开辟的原则，合理组织资金来源。

第一百零五条　社会团体应依据章程规定的业务范围、工作成本和会员承受能力等因素，合理制定会费标准，并应遵循合理负担、权利义务对等的原则。

会费收取须采用固定标准，不得具有浮动性。会费标准的制订和修改，应召开会员大会或者会员代表大会，应有 2/3 以上会员或者会员代表出席，并经出席会员或者会员代表 1/2 以上通过，表决采取无记名投票方式进行。应自通过会费标准决议之日起 30 日内，将决议向全体会员公开。会费标准不得违背民政部门、财政部门关于社会团体收取会费的有关规定。

第一百零六条　社会团体收取会费，应按照规定使用财政部和省、自治区、直辖市财政部门印（监）制的社会团体会费收据。

第一百零七条　社会团体应当通过章程明确会费标准、缴纳办法及未及时足额缴纳会费的处理办法。

第一百零八条　经费收支情况应每年书面向全体会员公开，会员有权对经费收支情况提出质询，可以向理事会或者常务理事会申请公开财务账目。

社会团体收取会费不符合相关规定的，会员有权利拒绝缴纳，并可向有关部门举报。

第一百零九条　社会团体接受其业务指导部门或会员单位委托，开展各种项目设计、项目论证、项目评估、成果鉴定、管理技术调研咨询等有偿服务的，其收费应按照政府有关部门的相关规定执行。

第一百一十条　社会团体接受社会各界的捐赠和资助必须符合章程规定的宗旨和业务范围，不得与捐赠资助方有任何违背社会团体宗旨和有损国家利益的交换条件。接受境外组织、机构或个人的捐赠，应按有关规定，向登记管理机关和有关主管部门申报备案。

社会团体必须与捐助方签订协议，按协议规定合理使用捐赠财产，捐助方有权向社会团体查询捐赠财产的使用、管理情况，并提出意见和建议。

第一百一十一条　社会团体在开展重大活动时需要有关单位给予资助的，应遵循自愿原则，禁止各种摊派。

第一百一十二条　社会团体应遵守国家有关财务制度和财经纪律，本着节约量力、收支平衡、略有节余，有利于事业发展的原则合理安排支出。

第一百一十三条　社会团体的经费支出一般包括以下几项内容。

（一）管理费用：

1．社会团体专职和聘用的临时工作人员的工资、福利和劳务报酬等方面的费用；

2．社会团体租用办公场所、购置办公设备、办公用品、订购书籍和报刊等费用；

3．其他合理支出。

（二）业务活动成本：

1．社会团体开展各项业务活动的经费支出，包括会议费、接待费、邮电费、差旅费的支出及开展捐赠、资助和奖励活动等费用；

2．社会团体邀请国内外专家、学者作咨询讲课等付酬；

3．社会团体开展学术交流、咨询服务、人才培训、举办宣传展览活动等有偿服务的成本支出。

第一百一十四条　社会团体的经费支出执行国家财务制度规定的开支范围和开支标准,同时在办理支出的过程中,必须取得合法的原始凭证,并经过认真审核方能办理支出。

第一百一十五条　社会团体要合理确定经费额度。

经费额度采取预算管理的方式核定。一般情况下,每年年初由理事会根据上一年度收支情况和本年度工作安排,做出本年度经费预算,经会员(代表)大会审议通过后执行。

在执行中需加以调整和补充的预算,可由理事会审核决定。

第一百一十六条　秘书处可作为社会团体财务的主管部门,承担以下职责:

(一)草拟有关财务管理的制度、规定;

(二)开辟收入渠道,控制经费支出;

(三)执行社会团体财务收支预算;

(四)实施财务管理和会计核算;

(五)与财务管理相关的其他工作。

第一百一十七条　社会团体应当执行《民间非营利组织会计制度》,并建立健全内部财务会计管理制度。

第一百一十八条　社会团体财务要强化统一核算。社会团体发生的各项经费应当在依法设置的会计账簿上统一登记、核算。

除法定的会计账簿外,社会团体不得另立会计账簿。社会团体的资产,不以任何个人名义开立账户存储。

社会团体的银行账号、账户不得出租、出借或转让其他单位或个人使用。未经理事会批准,不得将公款借给外单位,不得以社会团体名义对其他单位和个人提供经济担保。

第一百一十九条　社会团体可设财务负责人,并配备或聘请具有专业资格的会计人员。会计不得兼任出纳,实行账、钱、物分人管理。

会计负责成本费用核算、资金收支的审核、登记总账、编制财务预算、编制会计报表和会计档案的管理等工作;出纳负责资金的收付、往来款项结算、登记现金、银行日记账、固定资产管理以及会计电算化等工作。

财务人员的调动和离职,必须按《中华人民共和国会计法》的有关规定办理交接手续。

第一百二十条　会计凭证登记要清晰、工整,符合《会计基础工作规范》要求。所附原始凭证要求内容真实准确,取得的发票应为合格、有效。对不真实、不合法的原始凭证有权不接受,并向法定代表人报告;对记载不准确、不完整的原始凭证予以退回,并要求按照国家统一的会计制度的规定更正、补充。

第一百二十一条　保证会计资料合法、真实、准确以及完整。对会计凭证、会计账簿、财务会计报告和其他会计资料应建立档案,妥善保管。

第一百二十二条　社会团体应建立财务收支情况报告制度,定期向会长、理事会、监事会以及会员(代表)大会报告,同时接受社团登记管理机关和相关部门的监督检查。

社团登记管理机关及其他部门为履行监督管理职责,需要社会团体提交有关业务活动或财务情况的报告时,社会团体应当予以配合。

第一百二十三条　社会团体的财务年度为每年1月1日至12月31日。

第一百二十四条　社会团体换届或更换法定代表人之前应当进行财务审计,并将审计报告报送登记管理机关。

第一百二十五条　社会团体解散、撤销或办理注销登记前,应在业务指导(主管)部门、登记管理机关及其他有关机关的指导下,成立清算组织,完成清算工作,任何单位和个人不得侵占、私分或者挪用社会团体的资产。

第一百二十六条　社会团体应将财务状况以适当方式向社会公布,社会团体收支情况应每年向全体会员公布。

第一百二十七条　社会团体经费使用应接受会员(代表)大会的监督检查。

经费来源属于财政拨款或社会捐赠、资助的,应当接受财政、审计机关的监督。

第一百二十八条　社会团体注销前,在登记管理机关及相关职能部门的指导下,按规定成立清算组织,清理债权债务,处理善后事宜。

第十一章　信息公开

第一百二十九条　社会团体要根据法律法规的有关规定,将单位的相关信息和承诺服务内容向社会公布,公开接受服务对象、政府部门和社会公众的监督。

第一百三十条　公开的内容、方式和范围包括:

(一)社会团体理事会会议制度、监事会会议制度、财务制度、劳动用工制度等单位内部管理制度的文本或展板,在单位相应的内设机构办公室,以上墙张贴或悬挂的方式进行公开。

(二)社会团体登记证书、税务登记证书、组织机构代码证书、收费许可证等证书正本,以及经核准(或备案)的章程(或章程摘要)、会费标准等相关信息的展板,在住所的醒目位置,以上墙悬挂的方式进行公开。

(三)本单位登记基本信息及年度活动情况、工作报告、接受和使用捐赠(资助)等的有关情况,在相关媒体或广州社会组织信息网上向社会公开。

第一百三十一条　有条件的单位,还可在电子屏幕、报刊、电视以及本单位网站等,向社会公开相关信息和承诺服务的内容。

第十二章　党建工作

第一百三十二条　根据社会团体的不同类型、不同特点,采取多种形式组建党的基层组织。

第一百三十三条　具备条件的社会团体都应当成立党组织,党组织设置形式根据党员的人数确定。

凡专职工作人员中有3名以上正式党员的社会团体,要单独建立党组织;正式党员不足3名的,可与同一业务指导(主管)单位辖区的社会团体或其他单位建立联合党组织。尚不具备建立党组织条件的社会团体,可建立党小组或按党建工作实际归属情况,由业务指导(主管)单位的党组织或所在地的党组织选派党的工作指导或联络员。

第一百三十四条　各级社会团体党组织应自觉接受上级党组织的领导,结合社会团体工作实际,建立健全党的各项工作制度,充分发挥党组织的战斗堡垒作用和党员的先锋模范作用。

第十三章　附则

第一百三十五条　本规则所称"1/2""2/3""过半"以及"满""连续"等,均包含本数。

第一百三十六条　本指引自公布之日起供社会团体结合实际情况参考使用。

本指引自印发之日起施行,有效期5年,相关法律、政策依据变化或有效期届满,依据实际情况进行评估修订。

附录十 广州市民办非企业单位法人治理指引

第一章 总 则

第一条 为规范和完善我市民办非企业单位的法人治理结构和运行机制,促进民办非企业单位健康、规范、持续发展,充分发挥其功能作用,根据有关政策法规,结合民办非企业单位的实际,制定本指引。

第二条 本指引所称的民办非企业单位法人治理结构是指从事非营利性社会服务活动的民办非企业单位,以实现其公益目的为目标,由理事会、监事会和执行机构为主体的、权责明确、相互制衡的组织架构,及其内部治理制度和运行机制等相关的制度安排。本指引供民办非企业单位结合实际情况参考使用。

第三条 民办非企业单位法人治理结构的主要目标:

(一)建立健全以章程为核心的法人内部治理制度和机制,明确理事会、执行机构、监事会(监事)的职责,建立民主、科学、协调、高效的决策、执行和监督治理机制和制衡机制。

(二)建立健全财产制度,规范出资人、举办者与民办非企业单位等主体行为,明晰产权关系,明确各自的权利和义务,确保民办非企业的财产权益和安全。

(三)建立完善的法人外部治理环境,强化公益属性,扩大公益参与,健全信息披露制度和他律机制,自觉接受行政监督和社会监督。

(四)完善科学、民主的议事规则和决策程序,增强法人行为的合法性,提高民办非企业单位工作效率和社会服务能力。

第四条 民办非企业单位法人治理应当遵循以下原则:坚持依法自治、独立自主的原则,实现政社分开;坚持非营利性的原则,实现社会化和公益属性;坚持自律的原则,实现自我约束、自我管理;坚持民主和制衡的原则,实现民主决策、相互制约、相互监督和科学运行。

第二章 章程设立

第五条 民办非企业单位章程是民办非企业单位法人治理的核心,也是其活动的行为准则,民办非企业单位章程的主要内容包括以下几项。

(一)名称、住所;

(二)性质、宗旨、登记管理机关和需前置审批的业务主管单位;

(三)举办者、开办资金和业务范围;

(四)组织结构与管理制度。理事会、监事会的职权、任期和会议规则,法定代表人条件、理事长、监事长、行政负责人的职权;

(五)资产管理和使用原则及劳动用工制度;

(六)章程的修改程序;

(七)民办非企业单位变更、终止和终止后资产的处理办法;

(八)应当由章程规定的其他事项。

第六条 民办非企业单位章程的修改须经理事会成员2/3以上同意,并报业务主管单位(需举办资格许可的民办非企业单位)和登记管理机关核准后,方能生效。

第三章 理事会

第七条 民办非企业单位设理事会。理事会为民办非企业单位的决策机构。

第八条　理事会成员的人数由章程规定,不应少于3人,为奇数。

第九条　理事会成员由举办者、出资者、行政负责人和职工代表等组成,按照章程赋予的职责进行民主决策。理事每届任期4年,任期届满可以连选连任。

第十条　理事会行使下列职权:

(一)拟定和修改章程;

(二)制定本单位发展规划和审议决定重大业务事项;

(三)审议批准本单位的年度财务预决算;

(四)审议决定增加开办资金方案;

(五)审议本单位的分立、合并、变更以及终止方案;

(六)负责本单位行政及财务主要负责人员的任免;

(七)审议和决定增补、罢免理事;

(八)审议和决定内部职工的收入分配方案;

(九)监督行政负责人(执行机构)执行理事会决议;

(十)法律法规和本单位章程规定的其他事项。

第十一条　理事长行使下列职权:

(一)召集和主持理事会会议;

(二)代表理事会签署理事会决议和有关文件;

(三)检查理事会决议的实施情况;

(四)法律、法规和本单位章程规定的其他职权。

第十二条　理事会会议规则:

(一)理事会实行会议制和票决制。理事会会议分为定期会议和临时会议,定期会议应当按照本单位章程的规定按时召开,每年不少于2次。理事长、1/3以上理事和监事会(监事)提议召开临时会议的,应当召开临时会议。

(二)理事会实行一人一票制。理事会会议应由1/2以上的理事出席方可举行。属于理事会决策范围的一般事项须经全部理事的半数以上通过,重要事项须经全部理事的2/3以上通过方为有效。一般事项和重要事项的具体范围,应当在章程中予以明确。因故不能出席的理事,可以书面委托其他理事代为出席理事会,委托书必须载明授权范围。

(三)理事会会议的一般流程:一是相关主体提议召开理事会会议,确定会议议题;二是应提前5个工作日以上将会议议题和相关材料交给所有理事;三是不搞临时动议;四是表决并形成决议;五是根据会议情况,真实、完整地形成理事会会议记录,具体载明理事意见,形成决议的,应当场制作会议纪要,并由出席会议的理事审阅签名。理事会记录要指定人员存档保管。

第四章　监事会(监事)

第十三条　民办非企业单位设监事会。监事会成员不应少于3人,为单数,可设监事长1名。人数较少的民办非企业单位可不设监事会,但必须设1名监事。

第十四条　监事在举办者、出资者、本单位从业人员或有关单位推荐的人员中产生或更换,理事长、理事及财务负责人不得兼任监事。

监事任期与理事任期相同,任期届满可连选连任。

第十五条　监事会依法依照章程的规定履行职责,并可行使下列职权:

(一)检查本单位财务情况;

(二)对本单位理事会、理事和行政负责人的行为依法、依照章程进行监督;

(三)当本单位理事会、理事和行政负责人的行为损害本单位的利益时,要及时予以纠正;监事会或监事有向登记管理机关直接反映情况的权利。

第十六条 监事长行使以下职权:

(一)遵守章程,忠实履行监督职责,执行监事会决议,维护合法权益,不得以职权谋取私利;

(二)召集和主持监事会会议,决定是否召开临时监事会会议。

(三)检查监事会决议的实施情况,并向监事会报告决议的执行结果;

(四)代表监事会向理事会报告工作;

(五)签署监事会的决议和建议;

(六)章程规定的其他权利。

第十七条 监事会会议规则:

(一)监事会会议每年至少召开两次。

(二)监事应当出席监事会会议。因故缺席的监事,可以事先提交书面意见或书面表决,也可书面委托其他监事代为出席,委托书应载明授权范围。无故缺席且不提交书面意见或书面表决的,可视为同意监事会的决议。

(三)监事会会议一般应由 2/3 以上的监事或其授权代表出席方可举行。监事会做出决议,应经全体监事过半数表决通过,方为有效。监事会会议的表决可采取无记名投票或举手表决方式。

(四)监事会的决议事项应当做出记录,出席会议的监事及记录员应在会议记录上签名。监事可以要求在会议记录上对其在会议上的发言做出某些说明性记载。监事会的决定、决议及会议记录等应当妥善保管。

第五章 执行机构

第十八条 民办非企业单位的执行机构从属于理事会,对理事会的决议计划组织实施,直接对理事会负责。

第十九条 执行机构负责人受聘于理事会,是具体执行理事会决议计划的管理者。

第二十条 执行机构负责人对理事会负责,并行使下列职权:

(一)主持单位的日常工作,组织实施理事会的决议;

(二)组织实施单位年度业务活动计划;

(三)拟订单位内部机构设置的方案;

(四)拟订内部管理制度;

(五)提请聘任或解聘本单位副职和财务负责人;

(六)聘任或解聘内设机构负责人;

(七)执行机构负责人不是理事的可列席理事会会议。

第六章 举办者、出资者权利

第二十一条 举办者、出资者享有下列权利:

(一)督促检查本单位运营状况和财务状况;

(二)检查章程宗旨履行情况;

(三)推荐理事和监事;

（四）依法开展产权管理，监督和保障资金安全、合理使用；

（五）有权查阅理事会会议记录和本单位财务会计报告。

第七章　资产管理与人力资源管理

第二十二条　民办非企业单位的财产及其合法收入受法律保护，任何组织和个人不得侵占或挪用。

第二十三条　民办非企业单位的财产应当根据章程规定和业务范围使用其财产，盈余不得分红。

第二十四条　执行国家统一的民间非营利组织会计制度，依法进行会计核算，建立健全内部会计监督制度，保证会计资料合法、真实、准确和完整。

第二十五条　配备具有专业资格的会计人员，会计不得兼出纳。会计人员调动工作或离职时，必须与接管人员办清交接手续。

第二十六条　本单位更换法定代表人之前必须进行财务审计。

第二十七条　按照《广州市社会组织管理办法》的规定，应当于每年3月31日前提交年度报告书。

第二十八条　民办非企业单位应本着对口、精简、高效的原则配备专职工作人员。

第二十九条　民办非企业单位专职工作人员的工资福利，应根据市场化原则，参照当地工资待遇水平，结合国家有关规定和本单位实际，由理事会研究确定。

第三十条　民办非企业单位应当按《中华人民共和国劳动合同法》的规定与专职工作人员订立劳动合同。专职工作人员的社会保险以及离退休制度，按照国家、省和所在地区的有关规定执行。

第三十一条　民办非企业单位应建立规范的人事管理制度，组织专职人员进行培训，逐步提高专职人员的工作水平。

第三十二条　民办非企业单位法人资格终止的，应办理注销登记。民办非企业单位办理注销登记前，应当在登记管理机关、业务主管单位和有关机关的指导下成立清算组织，清理债权债务，依照国家法律法规，处理剩余财产，完成清算工作。属于公益产权的，该组织注销后的剩余财产用于公益性或者非营利性目的，或者转赠给与该组织性质、宗旨相同的组织，并向社会公告。

第八章　信息公开

第三十三条　民办非企业单位要根据法律法规的有关规定，将单位的相关信息和承诺服务内容向社会公布，公开接受服务对象、政府部门和社会公众的监督。

第三十四条　公开的内容、方式和范围包括以下几项。

（一）民办非企业单位理事会会议制度、财务制度、劳动用工制度等单位内部管理制度的文本或展板，在单位相应的内设机构办公室，以上墙张贴或悬挂的方式，向单位员工公开。

（二）民办非企业单位登记证书、税务登记证书、组织机构代码证书、收费许可证等证书正本，以及经核准（或备案）的章程（或章程摘要）、服务项目和收费标准等相关信息的展板，在服务场所（住所）的醒目位置，以上墙悬挂的方式，向社会公众公开。

（三）本单位登记基本信息及年度活动情况、工作报告、接受和使用捐赠（资助）等的有关情况，在相关媒体或广州社会组织信息网上向社会公开。

第三十五条　有条件的单位，还可在电子屏幕、报刊、电视以及本单位网站等，向社会公开相关信息和承诺服务的内容。

第九章 党建工作

第三十六条 根据民办非企业单位的不同类型、不同特点,采取多种形式组建党的基层组织。

第三十七条 凡专职工作人员中有3名以上正式党员的民办非企业单位,都要建立独立的党组织;党员不足3名的,可与同一业务主管单位所辖的民办非企业单位或其他单位建立联合党组织。尚不具备建立党组织条件的民办非企业单位,可建立党小组或按党建工作实际归属情况,由业务指导(主管)单位的党组织或所在地的党组织选派党的工作指导或联络员。

第三十八条 要加强党的建设,充分发挥党组织的战斗堡垒作用和党员的先锋模范作用。

第十章 附则

第三十九条 本指引所称"2/3""1/3""1/2"和"过半"等,均包含本数。

第四十条 本指引自公布之日起供民办非企业单位结合实际情况参考使用。

附录十一 广州市非公募基金会法人治理指引

第一章 总则

第一条 为规范和健全我市非公募基金会的组织机构和运行机制,建立和完善基金会法人治理机构,维护捐赠人、受益人和基金会的合法权益,根据有关法律、法规、规章,结合我市基金会发展的实际,制定本指引。

第二条 本指引供我市非公募基金会建立健全法人治理机制时参考使用。本指引所称的基金会法人治理主要包括理事会、监事会(监事)、执行机构及其各自的职责和相关关系。基金会通过明确主体权利、义务和责任,建立起理事会、监事会(监事)和执行机构之间实行决策、执行和监督分立的运行机制,建立健全以章程为核心的法人治理机制。

第三条 本指引所称的基金会是指在广州市民政局依法登记的非公募基金会。

第四条 基金会法人治理的主要目标为:

(一)建立健全包括理事会、监事会(监事)、执行机构等在内的治理结构设置,明确法定职能和治理结构内部关系,促进组织机构设置科学化和社会化。

(二)完善科学、民主的议事规则和决策程序,增强基金会组织行为规范性和合法性。

(三)明确理事长、理事、监事、秘书长等基金会工作人员的职责、权利和义务。

(四)保障基金会、捐赠人和受益人的合法权益。

(五)确立不同类别基金会的信息公开准则,接受社会监督。

第五条 基金会法人治理应当遵循以下原则:

(一)合法原则。基金会法人治理应当符合国家有关法律法规的规定。

(二)自治原则。基金会法人治理应当以尊重捐赠人意愿为原则,建立民主的决策和运行机制,明确内部机构的权利和责任,完善科学民主的议事规则、决策程序和监督机制。

(三)制衡原则。基金会法人治理应当建立决策机构、执行机构及监督机构之间相互制约、相互监督的机制。

(四)效能原则。基金会法人治理应当根据自身特点,做到机构精简、人员精干、运转顺畅、服务有效。

第二章 章程设立

第六条 基金会章程是基金会最基本的制度,是基金会内部运作和开展活动的依据。基金会章程必须明确基金会的公益性质,不得规定使特定自然人、法人或者其他组织受益的内容。

基金会章程应当载明下列事项:

(一)名称及住所;

(二)设立宗旨和公益活动的业务范围;

(三)原始基金数额;

(四)理事会的组成、职权和议事规则,理事的资格、产生程序和任期;

(五)法定代表人的职责;

(六)监事的职责、资格、产生程序和任期;

(七)财务会计报告的编制、审定制度;

(八)财产的管理、使用制度;

(九)基金会的终止条件、程序和终止后财产的处理。

第七条 基金会章程的修改,要经理事会民主决议,形成会议纪要,并报登记管理机关核准之后,方才有效。

第三章 理事会

第八条 基金会设理事会,它是基金会的决策机构,依法行使章程规定的下列职权:

(一)制定、修改章程;

(二)制定内部管理制度;

(三)选举或者罢免理事长、副理事长、秘书长和理事;

(四)决定资金的筹集、管理、使用等重大业务活动;

(五)决定基金会分支(代表)机构的设立、变更或者终止;

(六)听取、审议基金会的工作报告、财务报告、年度收支预算及决算,检查基金会工作;

(七)决定基金会的分立、合并或者终止;

(八)章程规定的其他事项。

第九条 基金会理事会成员人数由基金会章程规定为5~25人,且人数应为单数。

第十条 理事应当具备下列条件:

(一)具备完全民事行为能力;

(二)热心基金会所从事的公益事业;

(三)具有与理事工作相适应的工作阅历和工作经验,曾从事公益事业或者具有法律、金融专业知识等;

(四)能够尽职尽责,保障捐赠财产的使用符合捐赠人的意愿和基金会的公益目的,保障基金会财产的安全及保值增值;

(五)廉洁奉公,办事公道。

第十一条 理事的产生和罢免:

(一)第一届理事由主要捐赠人、发起人分别提名并共同协商确定。

(二)理事会换届改选时,由理事会、主要捐赠人共同提名候选人,并组建换届领导小组,由换届领导小组组织理事会、主要捐赠人共同选举产生新一届理事。

（三）罢免、增补理事应当经理事会表决通过，报登记管理机关备案。

第十二条　理事任期由章程规定，但每届任期不得超过5年。理事任期届满，连选可以连任。

用私人财产设立的基金会，相互间有近亲属关系的基金会理事，总数不得超过理事总人数的1/3。

第十三条　发起设立基金会单位的工作人员在理事会担任理事的不能超过2/3。

第十四条　理事行使下列职权：

（一）选举权、被选举权和表决权；

（二）知情权、建议权和监督权；

（三）参加本会的活动；

（四）有权查阅、复制基金会章程、理事会会议记录、理事会决议和财务会计报告，查阅基金会会计账簿，获得履行职责所需的与本基金会有关的其他信息和资料；

（五）章程和理事会赋予的其他职权。

第十五条　理事应当遵守法律、行政法规和章程的规定，忠实履行职责，维护基金会的利益，遵守下列行为准则：

（一）维护本会的合法权益，遵守章程，执行理事会决议；

（二）在职务范围内行使权利，不越权；

（三）不得利用职权为自己或者他人谋取利益；

（四）不得从事损害基金会合法权益的活动。

第十六条　在基金会领取报酬的理事不得超过理事总人数的1/3。未在基金会担任专职工作的理事不得从基金会获取报酬。

第十七条　基金会会设理事长1名，副理事长若干名，从理事中选举产生。

理事长是基金会的法定代表人，应当由中国内地居民担任。本基金会法定代表人不得担任其他组织的法定代表人。

第十八条　理事长、副理事长应当具备下列条件：

（一）在本基金会业务领域内有较大影响；

（二）理事长、副理事长最高任职年龄不超过70周岁；

（三）身体健康，能坚持正常工作；

（四）具有完全民事行为能力。

第十九条　理事长行使下列职权：

（一）召集和主持理事会会议；

（二）检查理事会决议的落实情况；

（三）代表基金会签署重要文件；

（四）章程和理事会赋予的其他职权。

第二十条　理事长、副理事长以及选任制秘书长不得由现职国家工作人员兼任。现职国家工作人员是指在各级党的机关、人大机关、政府机关、政协机关、审判机关和检察机关中的现职工作人员，以及法律、法规授权行使行政管理职能的其他机构的工作人员。

第二十一条　理事会每年至少召开2次会议。理事会会议由理事长负责召集和主持。

有1/3理事提议，必须召开理事会会议。如理事长不能召集，提议理事可推选召集人。

召开理事会会议,理事长或召集人需提前5日通知全体理事、监事。

第二十二条　理事会会议须有2/3以上理事出席方能召开;理事会决议须经出席理事过半数通过方为有效。

下列重要事项的决议,须经出席理事表决,2/3以上通过方为有效:

（一）章程的修改;

（二）选举或者罢免理事长、副理事长、选任制的秘书长;

（三）章程规定的重大募捐、投资活动;

（四）基金会的分立、合并或者终止;

（五）基金会章程规定的其他事项。

第二十三条　理事会会议应当制作会议记录。形成决议的,应当当场制作会议纪要,并由出席理事审阅、签名。

理事会决议违反法律、法规或章程规定,致使基金会遭受损失的,参与决议的理事应当承担责任。但经证明在表决时反对并记载于会议记录的,该理事可免除责任。

第二十四条　理事会会议记录包括以下内容:

（一）会议召开的日期、地点和召集人;

（二）出席理事和列席人员名单;

（三）会议议程;

（四）理事发言要点;

（五）每一决议事项的表决方式和结果。

第二十五条　理事会应当主动接受监事会（监事）的监督,不应阻挠、妨碍监事会（监事）依职权进行的检查和审计等活动。

第四章　监事会（监事）

第二十六条　基金会应当设立监事。监事任期与理事任期相同,期满可以连任。

第二十七条　具有下列情形的基金会应当设立监事会:

（一）理事会成员人数超过15名的基金会;

（二）原始基金数额超过1 000万的基金会;

（三）净资产超过2 000万的基金会;

（四）收入来源渠道较多、公益活动较为频繁的基金会。

监事会成员不得少于3人,且人数为单数,可设监事长1名。

第二十八条　监事会（监事）的职权:

（一）监事依照章程规定的程序检查基金会财务和会计资料,监督理事会遵守法律和章程的情况;

（二）监事列席理事会会议,监督理事会会议程序和理事会决议的合法性,有权向理事会提出质询和建议,并应当向登记管理机关、业务指导单位以及税务、会计主管部门反映情况;

（三）对基金会负责人执行基金会职务的行为进行监督,对违反法律、行政法规、基金会章程或者理事会决议的基金会负责人提出罢免的建议;

（四）当基金会负责人的行为损害基金会的利益时,要求基金会负责人予以纠正;

（五）提议召开临时理事会会议,在理事会不履行本法规定的召集和主持理事会会议职责时召集和主持理事会会议;

(六)监督理事会履行信息公开责任。

第二十九条　监事长行使下列职权：

(一)遵守章程,忠实履行监督职责,执行监事会决议,维护合法权益；

(二)召集和主持监事会会议,决定是否召开临时监事会会议；

(三)检查监事会决议的实施情况,并向监事会报告决议的执行结果；

(四)代表监事会向理事会、主要捐赠人或公众发布监事年度工作报告；

(五)签署监事会的决议和建议；

(六)章程规定的其他权利。

第三十条　监事会(监事)要每年至少两次检查财务报表,对公益项目实施情况实行全程监督。

第三十一条　基金会应当在章程中明确监事的任职条件。监事应当具有财务、会计、审计、法律等方面的专业知识和工作经验,具有保护基金会资产的利益和相关者利益的能力。

第三十二条　理事、理事的近亲属和基金会财会人员不得任监事。

第三十三条　监事的产生和罢免：

(一)监事由主要捐赠人选派；

(二)监事的变更依照其产生程序。

第三十四条　监事不得从基金会获取报酬。

第三十五条　监事会每年至少召开两次会议。

第三十六条　监事应当出席监事会会议。因故缺席的监事,可以事先提交书面意见或书面表决,也可书面委托其他监事代为出席,委托书应载明授权范围。

无故缺席且不提交书面意见或书面表决的,可视为同意监事会的决议。

第三十七条　监事会会议一般应由2/3以上的监事或其授权代表出席方可举行。监事会做出决议,应经全体监事过半数表决通过,方为有效。

第三十八条　监事会的决议事项应当做出记录,出席会议的监事及记录员应在会议记录上签名。

监事可以要求在会议记录上对其在会议上的发言做出某些说明性记载。

监事会的决定、决议及会议记录等应当妥善保管,并向全体理事公开。

第三十九条　监事会认为有必要时,可以邀请理事长、秘书长或其他管理人员列席会议。

第五章　执行机构

第四十条　基金会应当设立秘书处,属理事会日常工作执行机构,对理事会制定的具体决策和项目组织实施,直接对理事会负责。

第四十一条　秘书处行使下列职权：

(一)根据理事长指示及理事会决议,具体筹备理事会会议和运营其他公益活动；

(二)主持开展日常活动,实施年度计划；

(三)妥善保管基金会有关的档案材料；

(四)处理理事会交办的其他工作。

第四十二条　秘书长是执行机构的负责人,负责处理秘书处日常工作。秘书长行使下列职权：

(一)主持基金会日常工作,召集并主持秘书长办公会议；

（二）执行理事会决议；
（三）组织实施年度工作计划和基金会公益活动；
（四）提名副秘书长、各工作机构、分支机构以及代表机构主要负责人；
（五）决定专职工作人员的聘用；
（六）基金会章程和理事会授予的其他职权。

第四十三条　基金会应当在章程中明确秘书长的任职条件，应当具备下列条件：
（一）具备与担任秘书长相适应的工作阅历和经验；
（二）最高任职年龄不超过70周岁；
（三）身体健康，能坚持正常工作；
（四）具有完全民事行为能力。

第四十四条　实行选任制的秘书长，为理事会成员，由理事会选举产生和罢免。选任制的秘书长出席理事会会议。

根据工作需要可聘任秘书长，其具体产生办法应在基金会章程中明确规定，其辞职或免职应由理事会投票表决。聘任制的秘书长列席理事会会议。

第四十五条　选任制秘书长任期一般与理事成员任期相同。聘任制秘书长聘期可由理事会决定，可以连聘连任。

第四十六条　专职秘书长的薪酬待遇由理事会议定。

第四十七条　基金会应设专职工作人员。

第四十八条　基金会应当按《中华人民共和国劳动合同法》的规定与专职工作人员订立劳动合同。专职工作人员的基本养老、医疗和失业等社会保险以及离退休制度，按照国家和所在地区的有关规定执行。

第四十九条　基金会建立规范的人事管理制度。组织专职人员参加各种业务培训，逐步提高专职人员的工作水平。

第六章　分支（代表）机构

第五十条　基金会分支机构，是为开展业务活动的需要，按照业务范围科学划分而设立的专门从事业务活动的内部机构。基金会代表机构，是在会址以外某行政区域设置的代表该基金会从事活动，承办基金会交办的工作任务的机构。

分支（代表）机构在基金会统一领导下开展工作，并对理事会负责。

第五十一条　各分支（代表）机构应根据所属基金会章程规定的宗旨、任务和业务范围的需要设置，并有明确的名称、负责人、业务范围、管理办法和组织机构等。

第五十二条　各分支（代表）机构的名称应冠以所属基金会的名称，分支机构可以设为委员会等，代表机构可以设为代表处、办事处以及联络处等。

第五十三条　基金会分支（代表）机构的设立应当按照章程的规定，履行民主程序：
（一）由基金会秘书处提出设立分支（代表）机构的具体方案；
（二）将具体方案提交理事会审议批准。

第五十四条　各分支（代表）机构是基金会的组成部分，不具有独立的法人资格，其法律责任由所属基金会承担。

各分支（代表）机构的日常工作可由基金会秘书处指导。各分支（代表）机构每年应向所属基金会秘书处报送半年及年度工作总结和翌年工作计划。遇有特殊情况应随时报送。

各分支(代表)机构开展的各种公益性活动,应经理事会审批后方可开展,必要时所属基金会可派人参与。

以各分支(代表)机构名义对外发布信息的,应经所属基金会秘书处审核,经批准后发布。

第五十五条　基金会分支(代表)机构不再下设分支机构、代表机构。

第五十六条　各分支(代表)机构应依据所属基金会章程及相关规定制定分支(代表)机构工作规则,报所属基金会理事会批准后执行。

第五十七条　各分支(代表)机构可根据需要配备专职或非专职负责人。

第五十八条　各分支(代表)机构负责人可行使以下职权:

(一)主持本分支(代表)机构的各类会议,组织拟订年度工作计划、年度经费计划、年度工作总结;

(二)组织实施本分支(代表)机构的会议决议及工作计划;

(三)向所属基金会理事会汇报工作,向本分支(代表)机构委员通报情况;

(四)完成所属基金会交办的其他任务。

第五十九条　各分支(代表)机构擅自或违法开展活动,损害基金会声誉的,所属基金会除责令其改正外,视情节严重情况可采取通报批评,责令限期整改,撤换主要负责人等措施。

第六十条　各分支(代表)机构的变更及撤销须经理事会批准并形成决议后,报登记管理机关备案并对外公布。

第六十一条　各分支(代表)机构的设置、变更及注销的相关工作由所属基金会秘书处办理。

第七章　财务管理

第六十二条　基金会的财产及其他收入受法律保护,任何单位和个人不得私分、侵占、挪用。

第六十三条　基金会接受捐赠、提供资助应当确保公益性,不得损害捐赠人、受益人和社会公众的合法权益。

第六十四条　基金会及其捐赠人、受益人依照法律、行政法规的规定享受税收优惠。

第六十五条　基金会组织募捐、接受捐赠、开展公益项目,应当符合章程规定的宗旨和业务范围。

基金会不得接收、使用附加违反中国法律、法规条件的资金。

第六十六条　基金会联合其他组织开展募捐活动的,接收的捐赠财产应当进入基金会账户。

第六十七条　基金会接受捐赠,应当签订捐赠协议,约定资助方式、数额以及用途和使用方式。

第六十八条　基金会接受因受地震、洪涝、火灾等突发性重大赈灾捐赠,必须专款专用。对于指定用于救助自然灾害等突发事件的受赠财产,用于应急的应当在应急期结束前使用完毕;用于灾后重建的应当在重建期结束前使用完毕。

第六十九条　基金会接受捐赠的财产,必须用于发展章程规定的公益事业,不得挪作他用。

第七十条　基金会开展重大公益项目,要签订资助协议,约定资助方式、资助数额以及资金用途和使用方式等。

第七十一条　基金会重大资助项目支出,要提交理事会会议审议通过,形成决议。

第七十二条　基金会重大资助项目,开展前必须要履行管理制度规定的程序,出具可行性报告(包括前期调研情况、资助背景、公益内容、预算、时限以及合作单位等)。

第七十三条　基金会购置固定资产只能用于行政管理、出租,不能用于捐赠或者对外出售。

第七十四条　基金会接受的捐赠款项和实物没有登记入账前不能进行公益运作。

第七十五条　基金会不得资助任何组织、个人从事危害社会稳定的活动;不得资助、组织以及举行宗教活动;不得资助以营利为目的开展的活动,不得向单位和个人直接提供与公益活动无关的借款;不得为任何单位和个人提供担保、抵押。

第七十六条　基金会的投资活动以保证完成年度的公益活动开支比例为前提,遵循合法、安全、有效的原则,实现基金的保值和增值。

基金会投资获取的增值资金,应当按其章程的规定用于资助符合业务范围的公益事业,任何单位和个人不得侵占、私分或者挪用。

第七十七条　基金会注销后的剩余财产应当按照章程的规定用于公益目的;无法按照章程规定处理的,由登记管理机关组织捐赠给与该基金会性质、宗旨相同的社会公益组织,并向社会公告。

第七十八条　基金会应当执行国家统一的《民间非营利组织会计制度》,依法进行会计核算、建立健全内部会计监督制度,保证会计资料合法、真实、准确、完整。

第七十九条　基金会财务要强化统一核算。基金会发生的各项经费应当在依法设置的会计账簿上统一登记、核算。

除法定的会计账簿外,基金会不得另立会计账簿。基金会的资产,不以任何个人名义开立账户存储。

基金会的银行账号、账户不得出租、出借或转让其他单位或个人使用。

第八十条　基金会可设财务负责人,并配备或聘请具有专业资格的会计人员。会计不得兼任出纳,实行账、钱、物分人管理。

会计负责成本费用核算、资金收支的审核、登记总账、编制财务预算、编制会计报表和会计档案的管理等工作;出纳负责资金的收付、往来款项结算、登记现金、银行日记账、固定资产管理和会计电算化等工作。

财务人员的调动和离职,必须按《中华人民共和国会计法》的有关规定办理交接手续。

第八十一条　会计凭证登记要清晰、工整,符合《会计基础工作规范》要求。所附原始凭证要求内容真实准确,取得的发票应为合格、有效。对不真实、不合法的原始凭证有权不接受,并向法定代表人报告;对记载不准确、不完整的原始凭证予以退回,并要求按照国家统一的会计制度的规定更正、补充。

第八十二条　对会计凭证、会计账簿、财务会计报告和其他会计资料应建立档案,妥善保管。

第八十三条　基金会应建立财务收支情况报告制度,定期向理事会、监事会(监事)报告,同时接受登记管理机关和相关部门的监督检查。

登记管理机关及其他部门为履行监督管理职责,需要基金会提交有关业务活动或财务情况的报告时,基金会应当予以配合。

第八十四条　基金会的财务年度为每年1月1日至12月31日。

第八十五条　基金会换届或更换法定代表人之前应当进行离任财务审计。

第八十六条　基金会注销或撤销，应及时清理资产和债权、债务。

第八十七条　经费来源属于财政拨款或社会捐赠、购买政府服务的，应当接受财政、审计机关的监督。

第八章　信息公开

第八十八条　基金会应当及时向社会公众和利益相关方公开下列信息：

（一）组织章程；

（二）内部制度；

（三）年度工作报告；

（四）接受捐赠的信息；

（五）开展公益项目信息；

（六）关联方关系及其交易信息；

（七）登记管理机关规定的其他信息。

第八十九条　基金会应当将组织章程、内部制度、年度工作报告在登记管理机关指定的媒体上公开。

年度工作报告的内容包括：登记事项、联系方式、机构设置情况、业务活动情况、财务会计报告、接受监督管理情况、履行信息公开义务情况、内部制度建设情况和年检结论等。

第九十条　基金会接受的捐赠，应当在取得捐赠后定期在本组织网站和其他媒体上公开收入和支出明细，主要包括以下内容：

（一）直接用于受助人的款物；

（二）实际支出的工作成本；

（三）其他需要公开的内容。

项目运行周期大于3个月的，每3个月公示1次进展情况。项目完成后，应当对有关情况进行全面公示。

第九十一条　基金会与关联方发生关联交易的，应当在交易发生后10个工作日内向社会公众予以公开。

第九十二条　基金会应当将章程和年度工作报告置备于本基金会，接受捐赠人和社会公众的查询。对于捐赠人和社会公众的查询，基金会应当及时如实答复。

第九十三条　基金会公布的信息资料应当真实、准确、完整，不得有虚假记载、误导性陈述或者重大遗漏。

第九十四条　基金会应当建立健全信息公开制度，并指定专人负责处理信息公布活动的有关事务。对于已经公布的信息，应当制作信息公布档案，妥善保管。

第九章　党建工作

第九十五条　根据基金会的不同类型、不同特点，采取多种形式组建党的基层组织。

第九十六条　凡专职工作人员中有3名以上正式党员的基金会，都要建立独立的党组织；党员不足3名的，可与或其他基金会建立联合党组织。尚不具备建立党组织条件的基金会，可建立党小组，为建立党组织创造条件。

第九十七条　基金会党组织应自觉接受上级党组织的领导，结合基金会工作实际开展工作。

第九十八条　要加强党的建设,充分发挥党组织的战斗堡垒作用和党员的先锋模范作用。

第十章　附　则

第九十九条　基金会重大活动、重大项目是指当年该项目的捐赠收入占基金会当年捐赠总收入的 1/5 以上,或者单笔金额超过人民币 50 万元;当年该项目的支出占基金会当年总支出的 1/5 以上,或者单笔金额超过人民币 50 万元;聘请志愿者超过 20 人开展公益活动;持续时间超过 3 年等的运作行为。

第一百条　广州市民政局可依据本指引,对基金会法人治理的情况进行年度评估。对法人治理良好的基金会,在承接政府委托事项、购买服务等方面给予政策扶持。

第一百零一条　本指引所称"2/3""过半"等,均包含本数。

第一百零二条　本指引自公布之日起供基金会结合实际情况参考使用。

附录十二　与社会组织财务管理相关的法律法规、文件

生效日期	法规名称
1996 年 6 月 17 日	会计基础工作规范
1998 年 10 月 25 日	社会团体登记管理条例
1998 年 10 月 25 日	民办非企业单位登记管理暂行条例
1998 年 12 月 28 日	民办非企业单位登记暂行办法
1999 年 1 月 1 日	会计档案管理办法
1999 年 9 月 1 日	中华人民共和国公益事业捐赠法
2000 年 7 月 1 日	中华人民共和国国会计法
2001 年 5 月 1 日	中华人民共和国税收征收管理法(2015 修订版)
2001 年 6 月 22 日	内部会计控制规范
2002 年 11 月 5 日	财政部关于民办非企业单位使用票据等问题的通知
2003 年 5 月 1 日	财政部关于加强企业对外捐赠财务管理的通知
2003 年 9 月 10 日	基金会管理条例
2004 年 6 月 1 日	人民币银行结算账户管理办法
2005 年 1 月 1 日	民间非营利组织会计制度
2005 年 1 月 1 日	民间非营利组织新旧会计制度有关衔接问题的处理规定
2005 年 1 月 31 日	人民币银行结算账户管理办法实施细则
2008 年 1 月 1 日	关于公益性捐赠税前扣除有关问题的通知
2009 年 10 月 20 日	财政部关于企业公益性捐赠股权有关财务问题的通知
2011 年 2 月 1 日	国务院关于修改《中华人民共和国发票管理办法》的决定
2011 年 7 月 1 日	公益事业捐赠票据使用管理暂行办法
2014 年 12 月 16 日	人民银行关于加强社会团体分支(代表)机构财务管理的通知
2016 年 9 月 1 日	中华人民共和国慈善法

附录十三　社会组织筹资和财务管理的职业道德规范

本文是由加拿大慈善中心通过和加拿大慈善机构的领导人协商后发展出来的,其目标就是帮助慈善机构提高公信度以确保申请得到资助。

1. 捐赠人的权利

(1)所有的捐赠人(包括个人、企业和基金会)都应该得到与其资助款项相符的正式收据。合格的捐赠实物也应该得到与捐赠物品价值相符的收据。

(2)一个慈善机构的筹资申请书(申请书上还要注明机构的地址和联系方式)应该包括该机构的名称,并说明捐款的用途。

(3)捐赠人和潜在捐赠人有资格及时得到以下资料:

1)慈善机构最近的年报和决策层签字的财务报告;

2)国家税务局签发的慈善机构注册证;

3)慈善机构最近期地交给国家税务局的回访信息表中公开的部分;

4)慈善机构理事会成员名单;

5)一份筹资和财务职业道德规范。

(4)无论代表慈善机构从事筹资动员的个人是该机构的志愿者、员工还是外聘的顾问,他都应该清楚地告知捐赠人和潜在捐赠人他的身份。

(5)如果慈善机构认为一个捐赠意向会严重影响其自身的财务状况、收入、或和机构的利益相关者造成利益冲突,该机构就要鼓励捐赠人寻求独立的第三方意见。

(6)尊重捐赠人对其资料的保密要求。

(7)尊重捐赠人的隐私。不管捐赠人是否要求由慈善机构管理公布他们的联系方式,慈善机构的所有捐赠人资料都要保持严格保密。而捐赠者有权察看他们自己的准确捐赠记录。

(8)如果慈善机构有意出租、更改、或和其他机构分享筹资名单时,一个捐赠者有权要求将自己的资料删除。

(9)要尊重捐赠者和潜在捐赠者,当他们有如下要求时,每个社会组织一定要重视:

1)控制筹资请求的频度,不要频繁地打扰捐赠者;

2)不要通过电话或其他技术劝募(比如电子邮件和短信等);

3)收到关于慈善机构的印刷资料。

2. 筹资工作

(1)代表慈善机构而作的筹资工作应该是:真实的;精确表述机构的服务和活动并解释说明如何使用筹到的款项;尊重慈善活动受益人的隐私和尊严。

(2)代表慈善机构收集捐款或发动捐助的志愿者、员工和外聘协调员应该做到以下几点:

1)遵从本纲要;

2)公平、正直,遵守相关法律法规;

3)不接受和本机构目标使命相矛盾的捐赠。

(3)受薪的筹资员工,不管是机构固定员工还是外聘顾问,除了工资,服务费外,不应该根据筹资多少收取任何提成。筹资人员的薪酬制度(包括根据工作表现的奖惩方法)应该遵守机构的整体规章制度,以显示对其他岗位同事的公平。

(4)慈善机构不能以任何形式变卖资助者联系资料。如在特定情况下,任何转借、交换和分享慈善机构资助者资料都不能包括那些曾明确要求不公开个人资料的资助者。(这一点,在本文的 A8 项也有涉及)

3.财务透明度

(1)慈善机构的财务工作要遵循认真负责的态度,严格遵守本规范,并要执行各级政府的法律条文。

(2)所有的捐赠都要用于支持该慈善机构的工作。

(3)所有指明用途的资助都要按规定专款专用。如果项目或机构有变化,需要调整时,必须和资助方商量。如果资助方不同意将资金改作他用,按照规定,慈善机构应该将剩余款项归还资助者。如果资助者已亡故,或丧失能力,抑或慈善机构不能合法地签署协议,那么捐赠的使用方向应该尽量接近资助方的初衷。

(4)财务年报应该包括以下几项内容。

1)包涵的所有的资料都要真实、准确、公开;

2)包括筹资所得的总数(无论有无发票);

3)也包括筹资所有支出(包括工资和管理费用);

4)要包括各类慈善活动的开销;

5)还要符合国家税务局的财务制度和标准。

(5)行政办公费用和筹资工作本身的开支不应超过资源发动和管理效力方面的费用。在任何场合,慈善机构都要符合国家税务局对慈善事业开支的规定。

(6)慈善机构的理事会应该定期回顾该机构筹资项目的进度和收支有效性。

附录十四　筹资工作的十个要点

(作者　金·克莱恩)

在筹集捐款的方法与原理的培训讲座即将结束的时候,大家经常问及:"作为筹资员什么要点是必须铭记在心的?"通常,提问的人不是从事这项工作很短时间的志愿者,就是刚刚开始工作被无数细则淹没的新人,又或者是以前没有接触过这方面事务的员工。

通过这些年的反复思考我总结出筹集捐款的 10 个要点,这些要点不是按照其重要性或难度排列的,而是根据我对筹资工作的理解并结合这些年的筹资工作经验综合整理出来的。很可能其他一些有能力的筹资人会有不同的排列,但是一直以来这些要点使我的工作进行得很顺利,希望读者能够从中得到启发。

1.如果组织需要捐款,那么必须主动要求

虽然越来越多的人会主动捐款给一些慈善机构,但是还未能建立一个捐赠者基础。换言之,无法依赖这种"天上掉馅饼"的机会去运作机构。在没有被要求的情况下,很少有人能想到要捐钱给你的机构,这并不是因为他们的品格不够高尚或者以自我为中心,只是大多数人不知道运作一个社会性机构需要多少资金,这种机构如何获得资金。在不做说明的情况下人们不会知道组织的需要,会以为你的机构可以从其他地方得到支持。这就像不说出饥饿、不高兴或者需要建议,别人就不会知道是同样的道理。

人道之家的创办人米勒德富勒说过:"我一直积极的申请资助,如果不做请求,我得不到这么多的资金援助。"

2. 在存入善款之前要先答谢

一旦收到捐款,就要对捐赠人立即表示感谢。我要求自己先答谢,再去存款,这使我逼着自己尽快写感谢信。我严格的遵循这个不成文的规定是因为:如果我不及时写感谢信,又拖很长时间才去存钱,那么捐赠人会觉得我们并不是真的需要这些资金。

感谢信不需要很花俏也不要太冗长。即使写感谢信的人根本不认识捐赠者,信中仍然应该包括一些个人化的感谢。读者可以加入类似"希望能够拜访贵组织""欢迎参观我们的网站""节日快乐""非常感谢贵组织的慷慨馈赠,这对我们非常重要"之类的话。很多机构制作专有卡片让工作人员和志愿者把写感谢信在上面。在卡片的正面有这个机构的标志,在卡内的上半部分是相关的名人名言,后半部分用来写感谢语。因为卡片很小,所以不用写很多东西在上面。很多资料库会在输入捐赠人资料之后打印出感谢信,这样可以节省很多时间。当然如果在卡片的下方再写上个人感谢就更好了。

虽然迟到的感谢比不说强,但是统一复印的感谢信不能给人以深受感激地感觉。

总之,如果没有时间表达对捐赠者的谢意,那么申请的组织就不会获得捐赠。

3. 捐赠者不是自动提款机

在美国的一项调查显示,对一年内给出超过5 000美元的捐赠者提到"您与您支持的机构的关系是什么?"这样的问题时很多人给出了相似的答案,虽然这些捐赠者之间互相并不认识,并且捐赠的组织都不一样,但是大多数关于这个问题的回答是:"我很希望组织把我当作一个朋友对待,而不是自动提款机。当他们有需要的时候就找到我告诉我需要多少钱,然而在得到钱之后就再没音信,直到再次要钱的时候才会出现。"

这是对募捐工作的一种非常糟糕的指责。在培训时我讲过这种情况,经常会有人问"我们如何才能确保我们的捐赠者没有这样的感觉?"答案非常简单,"站在捐赠者的立场审视自己的工作。"

任何机构都有一些"高度拥护"的捐赠者,慈善机构期望他们不需要电话或者邮件提醒就持续性的捐款。这些人中的大多数几乎不需要特别的关注,他们像养仙人掌容易——只要浇一点水就能够成活,给他们很微小的关注就会使之很高兴。感谢信、简洁的讯笺、偶尔给与额外礼物的礼貌的邀请会使他们持续捐赠。

把捐赠者当作社会组织的"大使"对待,将他精心的写入组织的文字材料,这样捐赠者就可以自豪的把这些宣传材料给他的利益相关者看,尤其是当他所在的同行或者行业协会或商会讲座时,他会这个组织,此外,捐赠者也会主动地将组织的电子邮件转发给他的同事,同行,协会或商会从而增加宣传。

对待捐赠者像提供给组织经济上的支持的一个完整的人,这样就能从现有的捐赠者那里收到更多的经济支持,更多的捐款及更多的捐赠者。保持心境的平和不要把他们当作一个目标对待。

4. 大多数的钱来自于大众 而他们中的大多数人并不富裕

美国社会机构资金来源主要有以下三种:经营类收益(例如产品和服务费用),政府拨款(公共部门)和私营部门(包括基金会,企业和个人)。从近60年来的捐赠资料看,至少有80%的资金来自于个人。

2002年私营部门捐赠将近2 410亿美金,其中的84.2%(2 020亿)来自于个人。这些人都是普通人——没有在年龄、种族或者性别上的显著区别。收入的多少并不影响捐赠:中产阶层,劳动阶层和贫穷的人都慷慨的赠与,而且这些钱占总资金的比例很高。锡拉库扎大学麦克斯韦学校公民及公共事务学院的亚瑟布鲁克的一份研究表明,事实上19%的领救济的家庭平均每年还会捐赠72美元。

通常一些筹资员觉得筹不到钱是因为他们不认识富有的慈善家。其实找我们认识的人也是一种很大的帮助,并且足够完成任务了。70%的成年人会给予捐赠。把注意力放在这些人身上,并且教育年轻人使他们也成为捐赠者。

5. 人们有拒绝的权利

以前我做筹资训练时犯过的最大错误之一是没有给学员平衡并且强调好:当要求资金援助时,如何应对被拒绝的局面。没有人有义务支持捐助你的机构——无论你为他们做过什么,无论他们多有钱,无论他们给其他机构多少钱,无论他们与你的领导是多好的朋友,或者其他因素使他们看起来像是个捐赠者。

利用内疚心理,骗局或者操纵人们捐赠是不可以重复使用的策略。人们会回避使他们感觉不好的人,接近使他们感觉好的人。如果使说"不可以"的人感觉良好,那么就打开了一扇未来"能开的门",也许他们会介绍另一些人。

人们有很多理由说不:比如,他们现在没有多余的钱;他们刚刚把钱给了另一个机构;他们不愿意把钱给通过上门、打电话或者通过邮件索要的人;他们的家庭正处于一个难关;他们正巧心情不好。他们的拒绝不一定和你或者你的机构有关。有时人们说"不"是因为他们有其他要做的事,或者他们并不了解你的机构。我们被拒绝时经常会听到他们说"我需要更多的时间考虑""我需要更多的信息""我误解了你所说的话"。

所以,首先搞清楚人们是不是在拒绝,而不是有时候类似于"现在不""我不喜欢通过特别活动筹资"的话,当你确定人们拒绝的时候,要坦然的接受他,然后寻找下一个潜在资助者。写一封感谢信给拒绝你的人,告诉他们感谢其耐心,然后不要再想这件事。如果在一个星期之中没有听到几次这样的答复,说明没有向足够多的人提出请求。

6. 一个优秀的筹资员应具备的三个特性

一个好的筹资人除了具备一套专业技能以外还需要具有三个性格特点。第一,坚信所为之筹资的事业,当失败、觉得工作单调乏味、经济不稳定的时候仍然坚定信念。第二,心态平和,具有很高的向往和很低的期望,可以使人保持愉悦而不失望。第三,要相信人性本善。

募集捐款是一种职业,能够为各种慈善机构筹资的人绝对是有感染力的。筹资是一种达到目的的手段,是促进一个成文目标和实现使命必须的能力。

7. 筹集资金不能与追逐资金,紧缩资金与囤积资金混淆

很多团体经常困惑于什么是筹集资金。也许读者听说过一个基金会现在运用XYZ概念,而机构从来没有接触过这一领域或者从来没有思考过从事这一领域,不过无形中,是非常有资格做这样的事情。如果只是因为有一笔资金在那,而不是因为这个项目能够推动组织的使命,那么这种做法被称作追逐资金。很多组织到处追逐资金,这种做法使他们远离了本身的使命。

相仿的,如果你的机构陷入了赤字的情况,也许会删除一些项目预算,但这不能与筹集资金相混淆。赤字出现的时候紧缩资金的问题是,"我们如何才能削减开支?"募款的问题是"我们能从哪里获得更多的资金?"最后,虽然为贫困时期做准备,把资金放在一边;或者把年度运

作和项目款项的部分钱存入银行储蓄账户是个好主意,但是这很可能使储蓄发展为囤积。虽然有可能发生这种现象是因为没有充分的理由动用这些资金。

我知道一些团体宁可从员工和项目上节约开支也不动用存款来维持机构的运作,除非他们能收到新的资金。我还知道一些机构夸大了员工工资,购买装备,房租等的费用,从基金会或者个人捐赠处得到更多的钱,并且把多出来的钱存入银行——存起那些没有花费计划的钱。

一个组织存钱有这样的基本原理:为什么要把这些钱存起来?在什么样的情况下会花这些钱?没有计划的储蓄机构就是在囤积资金。

追逐资金,紧缩资金和囤积资金需要正确的引导,筹资工作的重点应该是:去积极的寻求资金,精打细算地花费,并留出一部分在紧急情况下进行现金周转、以及预留出未来工作款项。

8. 筹集资金是一种交换——人们会雇用你去完成不能够独自完成的工作

"筹资学校"的创办人,也是我多年的导师弗兰克·若思先生经常说起,要消除募集捐款就像乞讨的错误观念。乞讨是要求得到不配得到的东西。如果工作做得很出色,就会得到应得的捐款。需要做的事情就是怎样才能清楚的说明组织在做什么,并且让人们听进去,分享这些工作的价值,愿意用资金来换取这些工作,那么他们将雇用你来完成他们不能独自完成的工作。

9. 人们对筹资的忧虑来自于对金钱的忧虑

对于金钱的渴望可以说是能够学会的,也可以说是学不会的。如果读者曾经在小孩子的圈子里生活过,就会知道他们没有任何障碍去要东西,特别是钱。事实上,如果你对孩子说拒绝的话,他们会继续要求,或者重新提出他们的请求("我只把这钱用来买书")或者提出另一种方案("如果我洗盘子,你会给我钱吗?")。

所有关于钱的想法和感受都是被教会的,没有一个是与生俱来、或是遗传的。事实上在很多国家人们很随意地讨论有关钱的问题,讨论他们的收入、开销,询问别人薪水多少和花费几何是很稀松平常的,并不被认为没礼貌。

然而在美国,除了在特定的环境下,我们很少想过谈论钱或者要钱。我们中的很多人收过教导,认为金钱是隐私。数额的多少会引起人们难堪或是羞辱,然而金钱也是地位、权力的象征。很多人都希望拥有更多的钱,当然大部分人也承认钱不能购买快乐。

作为成年人,我们有权利——事实上也有义务——去检验我们的想法,去检验我们孩提时代就学到的这些知识是否正确,并且与成年人一样去证明这些想法是否有价值。大多数人已经改变了对种族、年龄、疾病、残疾、宗教、婚姻、如何养育子女以及什么样的食品更健康等的观念。随着学习,经历或者思考的积累,我们的价值观也随之改变。我们同样应该放精力审视对待金钱的态度。选择有益于身心健康的金钱观。

如何看待筹资只是我们金钱观中的一小部分。我们筹资态度中的最大转变是记住一个成功筹资的关键是,询问了多少人,而不是筹集来多少资金。这是因为一些人会说不,那是很正常的。询问越多的人,越多的人会答应请求。

最后,如果担心去要钱或者根本不去要,这是很正常的。但是问问自己是否信仰要比担心更重要,集中注意在为之奋斗的工作上,将帮助你冲破怀疑、胆怯和焦虑。

10. 筹资的四个步奏——计划、计划、计划、实施计划

尽管看上去有些滑稽,但是这是我从一个团体的组织者那里学来的公式,他强调筹资是三个部分的计划和一部分的实施。在我的职业生涯中,再将半成品进行到一个的成熟的筹资活

动和计划之后,我充分掌握了这一点。我制定预计计划,制定执行计划的计划,我从来没有走出计划。

我了解到(经过很艰难的过程)一小时的计划可以节省五个小时的时间,给与计划和工作多多的时间。计划也可以消除关于"我怎么才能把所有的事做完"世界末日般的糟糕感觉。他可以消除我们的危机心理,让我们和同事更好的相处。

我建议组织读一读关于计划的文章和书籍。我发现最简单的方法是先勾画出你想要得到的什么样的最终结果与什么时候产生这样的结果,然后从那个时间回到现在开始计划。比如,如果你希望你的机构到明年年底的时候有100个新成员,以家庭聚会来的方式为基本策略。你可以举行5~7个家庭聚会,每个聚会发展10~15个新成员。

一个聚会大概需要问三个人是否能够承办(通常只有一个人会接受这个任务)。因此,你大概需要联系15~20个可能的承办者以举办这样的家庭聚会。通常这些承办者需要一些书面资料或是了解他们将从你这里得到什么样的帮助。要在打第一个电话给有可能为你提供场地的这些承办者之前,你需要准备好资料,并且要在聚会举行的2个月之前打电话;材料需要在之后的两个星期内准备好;而主办者的确定也要在近似的时间内。

不要因为没有时间而忽略或者搁置计划准备工作,敷衍了事也极其不可取,别忘了古语说得好"欲速则不达"。

附录十五 某妇女法律服务中心三年战略规划

1. 背景

妇女法律服务中心(以下简称中心),××××年××月成立。形成了县有妇女法律服务中心、乡有妇女法律咨询站、村有妇女普法联防小组的三级工作网络。使1万多名妇女受益,为1 000多名贫困受害妇女提供了法律援助。为了更好地服务于农村妇女,也为了中心的可持续发展,特制定中心三年战略规划,以指导我们朝着事业的美好目标顺利前行。

2. 使命和愿景

(1)使命:依法维护妇女权益,维护法律公正,促进男女平等。

(2)愿景:通过我们的努力,女性法律上与男性平等的权利能够在社会生活中得到较充分的实现,女性享有与男性平等的机会,男女两性互相尊重,协调发展。

3. 评估环境

(1)内部优势:

1)得到了妇女和社会各界的认可,与政府有关部门关系融洽,工作上得到他们的重视和支持;

2)形成了县、乡、村三级工作网络;

3)工作人员素质不断提高,团结、敬业,有效地维护了妇女权益和司法公正;

4)财务管理方面诚实、廉洁、高效,历年审计未发现任何问题。

(2)内部劣势:

1)筹资能力欠缺,资金来源渠道狭窄;

2)办公工具落后,人力资源不足,与外界尤其与国外法援组织沟通能力较低;

3)缺乏远景规划;

4)在内部管理上有待更加科学民主；
5)对员工缺乏福利和奖惩机制。
(3)外部机遇：
1)妇女群众多样化的需求使中心面临更广阔的工作空间；
2)政府及社会各界越来越支持民间法援社团开展工作；
3)中心良好的工作业绩,使中心有获得更广泛资金支持的可能。
(4)外部挑战：
1)资助减少；
2)与法援社团有关的法律法规不够健全,影响了组织及人员注册,工作人员缺乏社会保障机制,吸引和留住高素质人才受到影响；
3)妇女群众及整个社会的法律意识有待提高。

4. 长期目标
1)目标1：提升常规工作水平,继续为妇女提供优质法律服务；
2)目标2：创新工作领域,使妇女维权工作再上新水平；
3)目标3：促进中心可持续发展；
4)目标4：为农村民间法律援助组织提供经验。

5. 具体目标
1)长期目标2.0：创新工作领域,使妇女维权工作再上新水平；
2)具体目标2.1：在2004年年底前,中心要能够为受害妇女提供规范的心理咨询服务；
3)具体目标2.2：每年开展社会性别培训,促进社会性别主流化；
4)具体目标2.3：在2004年初要建立"零家庭暴力"的组织机构,并每年开展"零家庭暴力社区活动"。

6. 行动计划
1)长期目标2.0：创新工作领域,使妇女维权工作再上新水平；
2)具体目标2.1：在××××年年底前,中心要能够为受害妇女提供规范的心理咨询；

编号	活动	负责人	日期	衡量指标	所需资源
2.1.1	请专家讲课		每年	一次	专家、组织学员、培训设备、资金
2.1.2	外出学习		每年	××人	

3)具体目标2.2：每年开展至少五次社会性别培训,促进社会性别主流化。

编号	活动	负责人	日期	衡量指标	所需资源
2.2.1	成立社会性别培训小组		2004.1	××人的小组	成立费用
2.2.2	培训者的培训		2004.1	××人×天	北京专家×名,培训、会务费用等
2.2.3	网络工作人员培训		每年	每年培训×人	培训场地和教材
2.2.4	执法人员培训		每年	××人×天	培训场地、学员食宿补贴
2.2.5	分管维权乡村干部培训		每年	每年培训×人	印刷培训材料

7. 监测与评估计划

（1）成立三人监评小组，分工负责工作完成情况统计，信息反馈，资料收集；

（2）监测与评估内容。

1）各项工作完成情况；

2）中心对当事人的影响；

3）司法局、公安局、法院和县乡领导等对中心的评价；

4）对中心工作人员的影响。

（3）监测与评估方法。

1）每月例会通报工作完成情况；

2）半年会，总结半年工作，对下半年工作进行安排调整；

3）全年会，总结全年工作，部署下半年工作；

4）问卷调查，访谈。

8. 活动时间表

编号 具体目标	活　动	2007年				2008年				2009年			
		一季度	二季度	三季度	四季度	一季度	二季度	三季度	四季度	一季度	二季度	三季度	四季度
提供规范的心理咨询服务	2.1.1：请专家讲课												
	2.1.2：外出学习												
开展社会性别培训，促进社会性别主流化。	2.2.1：成立培训小组												
	2.2.2：培训者的培训												
	2.2.3：网络工作人员培训												
	2.2.4：执法人员培训												
	2.2.5：乡村领导培训												
	2.2.6：中小学教师培训												
	2.2.7：受暴妇女培训												
开展零家庭暴力社区创建活动，依法保护受暴妇女合法权益	2.3.1：设立家暴投诉												
	2.3.2：印刷宣传资料												

附录十六 中国医师协会第三届理事会五年发展规划

（2013—2017年）

中国医师协会第三届理事会五年发展规划,根据党的十八大会议精神以及《中华人民共和国执业医师法》和《中国医师协会章程》制定,主要阐明协会未来五年的主要工作目标和任务。是协会各部门、二级机构和地方医师协会制定今后五年发展规划和年度工作计划的重要依据。

一、指导思想

高举中国特色社会主义伟大旗帜,以毛泽东思想、邓小平理论、"三个代表"重要思想、科学发展观为指导,深入学习贯彻党的十八大精神,深入分析面临的问题和挑战,理清工作思路和政策措施,解放思想、改革创新、凝聚力量,团结和带领广大医师践行医师的神圣职责与光荣使命,积极投身医药卫生体制改革,推动卫生事业科学发展,为提高人民健康水平而努力奋斗。

二、总体目标

紧紧围绕党的十八大关于医疗卫生工作的各项要求一个中心,突出"维权自律、服务监管"两项工作重点,发挥行业协会作用,着重强化自身组织建设,牢固树立为医师服务的意识,扎扎实实为医师做好服务工作,切实提高服务能力和服务水平,取得政府、社会和医师的信任与支持,实现协会事业健康稳步发展。

三、主要工作原则

（一）坚持依法和民主办会原则

按照民政部、卫生部要求,严格执行《中国医师协会章程》各项规定。补充完善协会规章制度,加强协会制度化、标准化、规范化、程序化,民主议事与集体决策相结合的内部自身制度建设。

（二）发挥协会桥梁和纽带作用

积极发挥协会桥梁纽带作用,代表医师密切与政府部门、社会各界和新闻媒体的沟通,反映广大医师特别是基层医师的心声和诉求。为国家修订《中华人民共和国执业医师法》和相关政策法规提供决策依据。

（三）加强行业自律和规范医师执业行为

秉承"服务、协调、自律、维权、监督、管理"的宗旨,加强行业自律,规范医师执业行为,致力于建设高素质医师队伍,提高广大医师的临床技术能力和职业道德水平。建立健全医师服务体系,把"为医师服务"的理念贯彻到协会工作的方方面面。

四、主要工作

(一)完善自身组织建设,提升综合实力

1. 第三届理事会将加强理事会建设,明确理事会职权,并忠实履行理事权利和义务。在会员代表大会闭会期间领导并推动本会及二级机构、地方医师协会开展日常工作,对会员代表大会负责。严格按照章程规定组织召开理事会、常务理事会以及会长办公会等会议,做到分工明确、各负其责。重大问题和业务活动坚持民主议事、集体决策。

2. 优化协会常设办事机构的部室设置,进一步明确协会各职能部门的业务界定,规范开展业务项目的立项、审批、过程管理和绩效评价,做到"有所为有所不为"。总会各部门要切实履行"服务、协调、监督、管理"责任,在提高自身服务能力的同时,结合本部门业务工作重点,每年开展1~2项专题课题研究,指导协会及二级机构、地方医师协会以及主办报刊开展工作。

3. 调整和完善各工作委员会机构,明确委员会职责任务。委员会主任委员、副主任委员原则上由协会会长、副会长担任,常务委员、委员由协会常务理事、理事担任。充分发挥理事会成员为协会服务、为医师服务的智库作用。

4. 巩固现有的二级分支机构,做好为机构的服务和管理。本着"促进行业规范发展,加强医师队伍建设"的原则,规范上报、审批流程,严格调控二级机构以及其分支机构的申请和成立。做到分会与分会之间,分会和专业委员会之间要有明确的业务界定,避免业务交叉。

二级机构要对应总会相关部门设立工作组,并指定一名副会长主管,在会长的领导下各负其责。总会各部门的工作要依靠专科医师分会(专业委员会)开展工作,特别是不能另行立项。多学科项目和特殊项目,由协会立项审批,根据项目特点授权相关部门执行。已经立项的要统一调整,实行归口管理。协会各部门要结合工作需要,每年组织召开一次专题工作会议,研究并决定年度工作计划。

5. 加强地方医师协会的沟通与协作,发挥地方医师协会作用。加强各地方医师协会之间的沟通和工作经验交流,指导地方医师协会探索和研究适合地方医师协会科学发展方向,促进地方医师协会独立自主办会的能力,保持行业组织建设和管理的独立性。推动地方医师协会扩大地区和市级医师协会的成立,打好"为医师服务"的网络基础。协调、指导尚未成立的省市两年内全部完成建会任务。

6. 提高医师入会积极性,扩大会员队伍。积极促进各地方医师协会和协会各二级机构大力发展会员,利用网络、会议等多种途径方便会员的加入。鼓励具备执业医师和执业助理医师资格的医师入会,倡导会员入会以后自愿缴纳会费。专科医师分会要加强专科医师入会工作。形成通过地方医师协会服务于每一位执业医师,通过专科医师分会服务于每一位专科医师的中国医师协会会员服务体系。到2017年,借助医师定期考核、专科医师准入等工作的开展,协会入会会员总数要达到国家公布的执业医师和执业助理医师总数的80%以上。

7. 加强和完善医师服务体系。中国医师协会(包括各部门和二级机构)组织召开的会议、培训以及公益活动等,做到总会为立项审批、服务协调、监督管理的主体,专科医师分会(专业委员会)为业务和学术组织主体,地方医师协会为会务承办主体,战略合作伙伴为支持主体的医师服务体系模式。调动协会各部门、二级机构、地方医师协会和战略合作伙伴的积极性,共同构建为医师服务的平台。

(二)积极推进维权、自律工作

1. 主动参与国家卫生法律法规的制定,尤其是《中华人民共和国执业医师法》的修订工作,在立法层面争取协会在国家制定大政方针、司法实践中的发言权和决策影响力。

2. 设立中国医师协会医师维权基金,建立协会的法律援助律师团。争取社会资金的支持,设立医师维权基金。建设一支遍及全国各地、有医学专业背景、志愿为医师维权的法律援助律师团。做到在出现伤害医师事件时,这些志愿者能够在第一时间、第一现场了解情况,发出维权声音并给予适宜的法律援助。

3. 开展法律法规、伦理学和人文医学等方面的培训,引导医师加强自律,改善医患关系、预防医疗差错,保障病人医疗安全,增强自我保护的维权意识。

4. 发挥协会内部国务院参事、人大代表、政协委员的作用,通过各种途径及时反映维护医师合法权益的最强呼声和诉求。

(三)认真做好医师定期考核,协助政府进行行业管理

认真做好卫生部委托我会医师定期考核工作,确保按计划组织好、协调好。作为协会"重中之重"的工作举全会之力抓好抓实。要做好卫生部委托的第三类医疗技术临床应用能力审核、住院医师规范化培训标准制定、修订和培训基地标准制定、修订等工作。要在卫生部门的指导下主动探索中国专科医师培养和准入制度建设,主动承担住院医师(包括全科医生、专科医师)规范化培训、培训基地建设、培训过程管理以及专科医师准入等关系医师队伍基本建设的相关任务,为政府进行医师队伍管理承担具体事务性工作。

建立协会卫生技术评估体系,按照国家规定认定或建设一批标准性的、具有示范作用的临床实验室、参比实验室,构成有助于卫生部第三类医疗技术临床应用能力和医疗安全管理的评价体系。配合卫生部医疗服务标准专业委员会做好标准制定和宣传推广工作。

(四)加强信息化系统建设

建立一个适应协会服务与管理需要的信息系统。实现协会各部门、二级机构、地方医师协会各项工作和活动的信息化交流与动态管理。发挥网站与政府部门、新闻媒体、社会各界良好沟通的能力。积极开展"走进医师"和"温暖医师"活动,宣传医师任劳任怨为人民健康服务的平凡事迹、无私忘我的职业精神以及对技术精益求精的社会责任。积极主动地为全国医师提供网络信息交流服务。

(五)建立以提高医师基本能力为核心的医学教育和远程培训服务平台

开展毕业后医学教育和继续医学教育等培训工作,在常规培训模式的基础上,重点研究发展包括视频教学技术、应用服务为一体的远程网络服务系统,汇聚政府、高等医学院校、医院、培训基地、企业以及投资机构等各方面的培训资源,组织专科医师分会(专业委员会)做好分专科、分层次的培训教材、课件研发以及教学应用等工作,建立全国执业医师、执业助理医师以及乡村医生培训体系。探索设立中国医师专科培训学院。

(六)加强国际交流,扩大国际合作

1. 加强国(境)外医师协会或相关组织的合作交流是协会十分重要的一项工作,要加强中国医师协会英文网站的投入和更新,让世界了解中国医师协会,了解中国的医师。

2. 加强与世界卫生组织(World Health Organization,WHO)、世界医师会、世界各国和我国台湾、香港、澳门地区在内的医师会、协会、学会沟通与交流,增进合作往来。要争取在五年内加入世界医师组织和亚太地区医师组织,通过多种渠道,建立关系密切的交流与合作,开辟多国医师交流阵地,为各部门和各专科医师分会(专业委员会)、地方医师协会以及主办报刊创造国际交流合作的条件和机会。

(七)强化编辑出版服务管理工作

充分发挥《中国医师》《医师报》等媒体和协会主办医学期刊的作用,宣传交流医师学术研究成果,传播和推广医师从业行为规范。

(八)开展公益性医学科普宣教活动

围绕医疗卫生、计划生育、环境保护特别是常见病、多发病、慢病防治标准规范等方面开展宣传普及工作。围绕世界卫生组织发布的相关卫生日开展公益活动,关心和帮助农村、基层的医疗卫生知识普及,促进其预防、医疗水平不断提高。使医学科普工作成为连接医师和大众、患者和谐沟通、相互支持、相互信任以及相互理解的桥梁。

(九)将具有影响力的品牌项目做大做强

协会要继续抓好现有品牌项目可持续性发展,提高国内、国际知名度。要精选 15~20 项做大做强并联合专科医师分会、地方医师协会联手开展品牌项目的开发利用。品牌项目包括以下几项。

(1)中国医师奖;
(2)医师节;
(3)《中国医师宣言》和新世纪医师职业精神的宣传推广;
(4)专科医师分会(专业委员会)年会;
(5)全国医师定期考核;
(6)三类技术临床应用能力评价;
(7)住院医师/专科医师规范化培训标准和培训基地标准制定、修订和服务;
(8)人文医学执业技能培训;
(9)临床适宜技术推广;
(10)"融化渐冻的心"等公益活动;
(11)整合资源,系统启动"走进医师"活动和"温暖医师行动"。开展医师执业状况和医师健康状况调查、医师工资福利问题研究等系列活动,将协会关心医师、温暖医师的行动落在实处。

(十)建立智库系统,开展软课题研究

从 2013 年开始,协会各部门及二级机构、地方医师协会以及战略合作伙伴共同成立课题研究协作组,每年有计划、有组织的开展 2~3 项课题研究。课题研究的重点方向是加强行业

协会自律性管理的政策和实践。课题研究目的要有利于提高协会系统政策理论水平、科学管理水平和自身建设能力;另一方面,要研究国内外临床医师的培养模式,结合《2012—2020卫生人才发展纲要》,提出符合中国国情的医师队伍建设路线,明确临床医师培养路径和培养标准。研究结果要有效提高总会各部门、二级机构和地方医师协会协同工作的能力,有效提高专兼职工作人员的工作水平,要能够向卫生部和国家有关部门提交有价值的行业资讯报告,为国家制订医疗卫生政策,加强医师人才队伍建设提供决策依据。

五、密切与各级政府行政部门的沟通

协会要争取政府行政部门特别是卫生行政部门的支持和指导,建立密切的部立的以协会院医师规范化培训为主导则沟通机制。总会和地方医师协会都要积极争取民政部(厅、局)、卫生部(厅、局)的支持和信任,重点在医师培养、准入、定期考核、行为规范等方面主动争取委托任务,并认真负责的承担具体事务性工作。

总会通过《工作简报》《中国医师》《医师报》等载体向有关部委(包括厅局、处室)以及兄弟学(协)会通报协会和地方医师协会工作,及时反映工作动态。

六、加强协会内部管理,提高服务水平

(1)出台符合协会发展实际需要的组织建设和奖惩机制等政策,实现定岗定编、分工合作以及同工同酬。根据协会综合效益、工作任务的完成结果和二级机构服务满意度以及地方医师协会合作满意度,评价个人工作业绩,给予合理的年终奖励。

(2)强化人力资源管理,做好协会专兼职工作人员绩效评价工作。加强人员培训,提升各层次人员的服务管理水平,打造一支高效率、高素质的服务团队。同时协会要通过多种形式的合作,争取社会支持,逐步改善工作条件,创造一个能够让优秀的专兼职人才志愿为协会、为医师服务的工作环境。

(3)提高个人全面工作能力,推进人事制度改革。协会专职工作人员推行社会公开招聘、竞争上岗、轮岗换岗、交流使用等措施。对人员每年考核一次并公示结果。要推行绩效工资制度改革,做到公开、公平、公正、择能、择需。

(4)营造宽松、和谐的内部工作氛围,做到人人对组织忠诚、对专家热忱,对同事和朋友真诚,相互信任、相互支持、相互尊重。

(5)切实关心职工生活、事业和家庭。做到有计划的丰富职工文化体育生活,提高职工工作兴趣,保障个人身心健康。每月有计划的组织学习,通过"请进来、送出去"的多种形式,向政府、兄弟学(协)会、优秀企业专家、学者学习管理经验,提高自身素养和工作能力。

(6)上下联动,共同履行"不以协会名义谋取私利,不做违法乱纪、有损协会形象的事情"的承诺。做到以服务取信于医师、取信于政府、取信于社会。

展望未来,任重而道远,中国医师协会第三届理事会将站在新的历史起点上,抓住党和国家对医药卫生事业前所未有的重视和社会各界的更多关注这个机遇,团结和带领各部门、各二级机构、各地方医师协会用党的十八大精神统一思想,把十八大精神积极转化为加强和改进协会工作的内在动力,承担行业管理的重任,承载广大医师的期望,建设一个充满朝气、富有活力、有归属感的"医师之家"。

附录十七　某社会工作机构绩效考核表(一)

被评估者姓名		职　务			机构名称	
序号	项目名称	项目内容	分值	评分标准		备注
1	缺勤	迟到、早退、工作时间无故外出	10 分	0.5 分/次 10 分/天		
2	工作业绩	按时完成街道及各条线布置的工作	60 分	酌情扣分,5~10 分/次		
		每月走访 20 户居民		户数不足,扣 5 分/户		
		按时值班并做好居民的来访接待,相关记录清晰		酌情扣分,5~10 分/次		
		工作期间无责任事故		酌情扣分,5~10 分/起;严重事故 20 分/起,被通报批评		
		其他完成的工作		根据未完成的情况酌情扣分		
3	奖励	获得荣誉	10 分	1~5 分/次		
		发表文章				
		工作创新				
4	团队合作	服从组织分配工作安排;重大活动积极主动配合;认真履行职责	10 分	酌情扣分 1~3 分/次		
5	突发事件处置	突发事件发生后相关人员第一时间到现场处理及时;其他工作人员待命,服从统一调度安排	10 分	酌情扣分 1~5 分/起		
考核时间			考核人			

附录十八 某社会工作机构绩效考核表(二)

姓名		职务		评价人				
组别		评价区间		年 月 — 年 月				
评分尺度及分数		优秀(10分)良好(8)一般(6分)较差(4分)极差(2分)			评分	本栏平均分	权衡系数	
评价范围	评价项目	评价内容						
第一部分 社会工作者 专业能力	专业操守	1.1 秉持社工专业理论					1	
		1.2 对社工专业的认同程度						
	业务能力	2.1 专业应用能力						
		2.2 业务能力成长情况						
	综合能力	3.1 沟通与协调能力					1	
		3.2 活动策划与组织能力						
		3.3 专业反思与成长能力						
		3.4 社会资源整合能力						
		3.5 创新意识与创新能力						
	工作表现	4.1 工作态度					2	
		4.2 责任心						
	专业应用情况	5.1 专业应用能力					1	
		5.2 工作安排与调整情况						
第二部分 社会工作者 服务质量	服务规范性	1.1 工作过程规范度					1	
		1.2 服务过程符合专业要求						
		1.3 遵守保密原则						
		1.4 意见收集						
		1.5 开展需求调查情况						
		1.6 服务计划科学性						
		1.7 过往评估情况						
		1.8 服务进度控制						
		1.9 服务质量控制						
		1.10 开展后测情况						
		1.11 服务成效评估						
		1.12 服务运行总结与反思						

续表

姓名		职务		评价人			
组别		评价区间	年 月— 年 月				
评分尺度及分数		优秀(10分)良好(8)一般(6分)较差(4分)极差(2分)			评分	本栏平均分	权衡系数
评价范围	评价项目	评价内容					
第二部分 社会工作者 服务质量	档案管理规范性	2.1 服务资料归档					1
		2.2 接案、预估及计划期工作记录					
		2.3 介入期的过程记录					
		2.4 结案、评估记录					
		2.5 对结案期工作记录的总体评价					
	服务成果	3.1 资源投入与服务产出匹配度					1
		3.2 服务的宣传效果					
		3.3 参与服务的人次					
		3.4 服务计划实施情况					
		3.5 服务目标达成情况					
		3.6 服务指标量完成					
		3.7 服务质量					
		3.8 服务的示范效应					
		3.9 服务成果发表情况					
		3.10 服务成果获奖情况					
	服务质量受认可度	4.1 机构的评价					2
		4.2 服务对象的反馈					
		4.3 用人单位的评价					
评价得分	Ⅰ把各栏平均分与对应系数相乘再相加起来所得总和						
出勤及奖惩	Ⅱ出勤:迟到、早退次×0.5+旷工天×2+事假天×0.4+病假天×0.2= 分						
	Ⅲ处罚:警告次×1+小过次×3+大过次×9= 分						
	Ⅳ奖励:表扬次×1+小功次×3+大功次×9= 分						
总分	Ⅰ分-Ⅱ分-Ⅲ分+Ⅳ分= 分						
评价等级	A.90分以上 B.70~89分 C.40~69分 D.40分以下						
评价者意见							

评价管理者签名:

参考文献

[1] 詹姆斯·P·盖拉特.非营利组织管理[M].北京:中国人民大学出版社,2013.
[2] 王名.非营利组织管理概论[M].北京:中国人民大学出版社,2002.
[3] 王名.非营利组织管理概论(修订版)[M].北京:中国人民大学出版社,2010.
[4] 王名.社会组织概论[M].北京:中国社会出版社,2010.
[5] 黄波,吴乐珍,古小华.非营利组织管理[M].北京:中国经济出版社,2008.
[6] 彼得·德鲁克.非营利组织的管理[M].吴振阳,译.北京:机械工业出版社,2009.
[7] 崔向华,张婷.非营利组织管理导引与案例[M].北京:中国人民大学出版社,2013.
[8] 菲利普·科特勒,艾伦·R·安德里亚森.非营利组织战略营销[M].北京:中国人民大学出版社,2003.
[9] 艾伦·R·安德里亚森,菲利普·科特勒.战略营销——这书籍非营利组织的视角[M].7版.原书第:王方华,周洁如,译.北京:机械工业出版社,2010.
[10] 李红艳.非政府组织管理研究[M].北京:知识产权出版社,2011.
[11] 郑国安,赵路,吴波尔,等.国外非营利组织的经营战略及相关财务管理[M].北京.机械工业出版社,2001.
[12] 李维安.非营利组织管理学[M].北京:高等教育出版社,2005.
[13] 邓国胜.非营利组织评估[M].北京:社会科学文献出版社,2001.
[14] 邓国胜.公益项目评估[M].北京:社会科学文献出版社,2003.
[15] 邓国胜.非营利组织管理案例与应用[M].北京:中国人民大学出版社,2004.
[16] 丁元竹.非政府公共部门与公共服务[M].北京:中国经济出版社,2005.
[17] 冯炜,孟雷.非营利组织营销[M].北京:科学出版社,2009.
[18] 张虎.企业公益战略[M].北京:中国经济出版社,2010.
[19] 刘勇,张虎.公益营销[M].北京:中国经济出版社,2011.
[20] 康晓光.非营利组织管理[M].北京:中国人民大学出版社,2011.
[21] 张远凤,邓汉慧,徐军玲.非营利组织管理:理论、制度与实务[M].北京:北京大学出版社,2016.
[22] 迈克尔·J·沃斯.非营利管理:原理与实务[M].3版.韩莹莹,张强,王峥,译.广州:华南理工大学出版社,2016.
[23] 玛丽恩·R,弗莱蒙特·史密斯.非营利组织的治理:联邦与州的法律与规制[M].金锦萍,译.北京:北京大学出版社,2016.
[24] 托马斯·沃尔夫,陈振明.管理21世纪的非营利组织[M].胡春艳,董文琪,译.北京:商务印书馆,2016.
[25] 赖斯,潘若琳.非营利创新管理[M].赵家珍,译.北京:北京大学出版社,2007.
[26] 赵建勇.政府与非营利组织会计学习指导书[M].北京:中国人民大学出版社,2010.
[27] 孙玉栋,张斌,樊勇.民间非营利组织会计实务[M].北京:清华大学出版社,2006.

[28] 徐顽强.非营利组织管理[M].北京:科学出版社,2013.
[29] 马庆钰,张小明,曹堂哲.社会组织能力建设[M].北京:中国社会出版社,2012.
[30] 景朝阳.民办非企业单位导论[M].北京:中国社会出版社,2012.
[31] 陶传进,刘忠祥.基金会导论[M].北京:中国社会出版社,2012.
[32] 徐家良.社会团体导论[M].北京:中国社会出版社,2011.
[33] 萧美娟,林国才,庄玉惜.NGO市场营销、募捐与问责[M].北京:社会科学文献出版社,2005.
[34] 亨利·罗伯特.罗伯特议事规则[M].袁天鹏,孙涤,译.南京:江苏科学技术出版社,2014.
[35] 莱斯特·M·萨拉蒙.全球公民社会[M].贾西津,译.北京:社会科学文献出版社.
[36] 莱斯特·M·萨拉蒙.公共服务中的伙伴——现代福利国家中政府与非营利组织的关系[M].田凯,译.北京:商务印书馆.2008.
[37] 朱云杰,孙林岩.发达国家非营利组织治理研究评述[J].经济管理.2005(12):91-96.
[38] 王春英.浅议我国NGO管理中的第三方评估机制[J].学会.2009(6):29-33.
[39] 赵秀芳,黄苏华.非营利组织治理问题研究综述[J].绍兴文理学院学报(社科版).2008(5):78-83.
[40] 程昔武,朱小平.非营利组织治理结构:特征分析与框架构建[J].审计与经济研究.2008(3):85-90.
[41] 何家成.国有企业与公司治理[J].公共管理高层论坛.2007(1):22-30.
[42] 唐广.论公司治理结构的评估[J].生产力研究.2006(11):44-48.
[43] 丁元竹.社会和谐需要善治机制[J].人民论坛.2006(20):40-46.
[44] 马迎贤.从代理理论的角度谈非营利组织治理[J].财会月刊.2006(11):90-96.
[45] 钱颜文,姚芳,孙林岩.非营利组织治理及其治理结构研究:一个对比的视角[J].科研管理.2006(2):55-60.
[46] 王明玉.中国社会组织能力培育机制研究[D].青岛:青岛大学.2014.
[47] 刘家骏.我国社会组织公信力方面存在的问题及对策研究[D].长沙:湘潭大学.2014.
[48] 韦国生.政府购买公共服务背景下社会组织孵化探究[D].南京:南京师范大学.2015.
[49] 夏佳.民间慈善组织在社会治理中的作用研究[D].南昌:南昌大学.2015.

跋

2017年3月，本书的编撰终告尾声。我们作为本书的编著者、事业的合作者、知识的教授者，在构思本书写作、出版事宜直至校稿完毕，已足有10年。10年里，受广州、深圳和珠海等城市社会服务领域不断活跃和繁荣发展的影响，以及在广东社会组织管理体制不断改革、进步和完善的大背景下，我们自2007年起所筹划、经营的专业——广州科技贸易职业学院社会工作专业（社会组织管理专业方向），也得到快速成长和发展，成为本地区有广泛社会影响力和示范作用的专业，并在2015年被广东省教育厅立项成为广东省高等职业教育第二类品牌专业。

本书是该项目的成果之一，是社会组织管理专业办学10年的理论和实践所凝聚的智慧结晶。

也是在这10年，被当时的广州市民间组织管理局领导比喻为"社会组织管理黄埔一期"的广州科技贸易职业学院的首届社会工作专业的2011年毕业生，经历了系统的学习和相应的实践锻炼后，至目前，已进入精英发展阶段。他们是我国第一批系统学习和系统实践社会组织管理理论的专业学子。之后，广东乃至全国各地陆续开展社会组织管理专业（方向、特色）的教学实践，收获颇丰。这些首创性的举动，昭示着我国社会组织实务型专业人才培养踏入正轨，同时必将全面推动社会组织经营管理人才专业化的进程。

在成书过程中，许多社会组织领域的思想大家和实践精英给予编著工作以充分地支持，包括协助提供资料、分析案例以及修订内容。例如，时任广州市社会组织管理局局长唐国平同志指导我们精准表达有关概念、协助解读文件精神、参与文字审校工作，并为本书认真作序；广州市社会组织等级评估专家黎春梅女士指导写作社会组织财务管理章节内容；广东省民政厅陈新锐同志协助梳理社会组织登记管理章节框架；广州科技贸易职业学院方强、丁霞、刘忠和王爱晶等同志为成书工作不断开拓、链接资源；特别是作为社会组织管理专业（方向）第一届专业委员会主任（时任广州市科学技术协会副主席）杨晓同志，在繁忙的工作之余，提供了大量宝贵的思路，为指导书籍出版倾注了心血，他凭借丰富的科技类社会组织管理和运营实践经验以及扎实的理论功底，在本书形成的最早期，赶在第一批新生入校前，编撰了《社会组织概论》作为试用教材，本书很多核心思想源自该试用教材。

本书由张玉玲和刘惠苑编著，其中张玉玲编写第1~3、6~8章以及附录部分，刘惠苑编写第4、5、9章。

写作本书曾参阅了相关文献和行业官网资料，在此，谨向其作者深表谢忱。

我们深感社会组织领域的知识浩如烟海、广袤无边，在本书成稿时，我们仍能够挖掘出很多需要深究、探索的问题，以及具有争鸣性质、不能完全确定的观点。这些问题和观点留待我们在今后的实践和研究过程中，不断归纳、总结和完善。我们将作为社会组织领域的探索者，一路前行，不忘初心。

编　者

2017年4月